마음을 다루면 자녀의 미래가 달라진다

성 경 적 인 자 녀 양 육 의 디 딤 돌

마음을 다루면 자녀의 미래가 달라진다

테드 트립 지음 | 조경애 · 조남민 옮김

디모데
Timothy Publishing House

아내 마지(Margy)에게.

그대의 도움과 지원 덕분에,

나는 여기에 적은 것들을 배우고

책으로 만들 수 있었습니다.

차례 CONTENTS

1st week

2nd week

2부 | 성장 단계에 맞는 자녀 양육

「마음을 다루면 자녀의 미래가 달라진다(Shepherding a Child's heart)」
가 출판된 지 10여 년 동안 나는 이 책의 자료로 수백 회 이상 강의를 해
왔다. 이러한 기회들을 통해 자녀 양육이라는 과제를 이해하는 데 필수
적인 몇 가지 성경적인 토대들에 대해 더욱 더 확신을 갖게 되었다.

하나님은 생명의 샘인 마음(잠 4:23)에 관심을 갖고 계신다. 부모들은
내적인 변화보다는 외적인 행동에 초점을 맞추는 경향이 있다. 우리는
'이유'보다는 행동 '자체'를 더 염려하는 경향이 있다. 따라서 대부분 행
동을 단속하고 억제하는 데 엄청난 에너지를 쏟는다. 행동에 초점을 맞
추는 그만큼 우리는 마음을 무시하게 된다.

마음을 무시하면 마음의 교묘한 우상들을 놓치게 된다. 로마서 1장은
모든 인간은 무엇인가를 섬기는 존재임을 분명히 밝히고 있다. 하나님을
경배하고 섬기든가, 혹은 하나님이 아닌 하나님의 대체물(창조주가 아니라
창조된 것들)을 예배하고 섬긴다는 것이다(롬 1:18-25). 자녀 양육이 행위로
집중될 때 우리는 빗나간 행동이 빗나간 마음의 반영이라는 사실을 아이
들에게 이해시키는 기회를 잃게 된다. 우리 아이들은 하나님이든, 혹은
하나님의 대체물이든(마음의 우상) 항상 무엇인가를 섬기고 있다.

마음을 무시하면 복음을 놓치게 된다. 자녀 양육의 목표가 단순히 적

절한 행동을 하도록 만드는 얕은 곳에 머물러 있을 때 우리는 행동을 추동하고 주도하는 내면의 문제, 마음의 문제를 우리 자녀들이 이해하도록 돕지 못할 것이다. 자기애, 반항, 분노, 원한, 시기심, 마음의 교만과 같은 내적인 문제들은 우리 자녀들에게 얼마나 은혜가 필요한지 알려준다. 자녀들의 문제가 부적절한 행동의 문제보다 더 심각한 것이라면, 즉 그 문제가 마음의 문제라면 은혜의 필요성이 확고해진다. 자녀들이(그리고 그들의 부모들이) 용서받고 변화받으며 죄에서 해방되어 하나님을 사랑하고 이웃들을 사랑할 능력을 가질 수 있도록 예수님은 이땅에 오셔서 완벽한 삶을 사시다가 영원한 희생 제물로 죽으셨다.

마음을 무시하면 하나님의 영광을 놓치게 된다. 다양한 형태의 우상 숭배에 빠진 자녀들(혹은 성인들)에게 필요한 것은 이방 신당들을 무너뜨리는 일뿐 아니라 하나님께 영광을 돌리는 것이다. 자녀들은 하나님을 예배하도록 준비되어 있다. 하나님이 부모들에게 주신 가장 중요한 소명 가운데 하나는 그들이 창조된 목적인, 하나님의 위대하심과 선하심과 영광을 드러내는 것이다. 부모들은 말과 행동으로, 자녀들에게 참되고 유일한 예배의 대상, 즉 성경의 하나님을 알려줄 기회를 갖는다. 우리는 자녀들이 경험할 수 있는 가장 큰 기쁨이 자신의 영광을 위해 그들을 만드신 하나님을 기뻐하는 데서 얻는 것임을 알고 있다.

이 책에 기록된 내용들을 가르치면서, 사람들이 내게 와서 "당신이 가르치는 이 진리들은 단순히 우리 자녀들에게만 해당될 뿐 아니라 나에게도 적용된다"고 말하는 것을 많이 들었다. 우리는 우리 자녀들을 위해 이 진리들을 직접 체득할 필요가 있다.

그러한 이유로, 「마음을 다루면 자녀의 미래가 달라진다」 개정판의 출간을 환영한다. 이 책에서 발견한 내용이 당신에게 패러다임의 전환이 된다면 당신의 삶과 자녀들의 삶에서 좋은 결실을 맺을 것이다.

　　여러분을 위한 나의 기도는 시편 78편 다윗 왕의 기도에 그대로 녹아 있다. 여러분이 자녀들에게 이 진리를 가르치고 본으로 직접 보여줄 뿐 아니라 아직 태어나지 않은 미래의 세대들도 자기 자녀들에게 그 진리들을 가르침으로 하나님께 소망을 두기를 간절히 기도한다.

테드 트립(Tedd Tripp)

이 책은 거의 완벽한 책이다. 테드 트립 박사는 자신이 무엇에 대해 말하고 있는지, 누구에게 말하고 있는지 훤히 알고 있다. 그는 아이들과, 부모… 그리고 하나님의 방법에 대해 잘 알고 있다.

자녀 양육을 다루는 대부분의 책들은, 자녀의 행동을 바르게 하거나 아이가 높은 자존감을 갖는 방법에 대해 조언하고 있다. 그래서 자녀 양육의 목적이 마치, 어떤 행동을 조정하거나 자기 실체에 대해 아는 것처럼 되어가고 있다. 전자는 부모의 기대에 최고로 부응하고, 후자는 아이의 희망 사항을 만족시켜 준다.

그러나 아이의 마음을 목양하는 것은 매우 다른 의미를 담고 있다. 이 책은 부모가 자녀를 양육할 때 어떤 목표를 가져야 하며, 그 목표를 추구하는 데 실제적으로 어떻게 해야 하는지 가르쳐준다. 정말 중요한 것을 가르칠 때 자녀의 시선을 집중시키는 방법과 아울러, 말과 행동으로 자녀의 마음을 다루는 방법도 가르쳐준다. 또한 자녀들에게 말하는 방법과 그 내용도 담고 있다. 그뿐이 아니다. 아이들을 지혜롭게 사랑하기 위해서 대화와 징계가 어떻게 함께 어우러지는지도 보여준다.

이 책은 어린아이가 자라서 유년의 아이가 되고 더 자라 십대가 되면서 부모의 목표를 어떻게 수정해야 하는지도 가르쳐주고 있다. 자녀의

11

마음을 목양하는 것을 통해 부모의 마음을 겸손하게 해줄 것이며, 지금과는 다른 모습의 부모가 되고 싶은 마음을 불어넣어줄 것이다. 이 책은 교훈과 실례를 통해 그 방법들을 풀어나갈 것이다.

자녀 양육에 대한 대부분의 책들이 아이들이나 부모의 상태를 실제로는 이해하지 못하고 있는 경우도 많다. 대개 그런 책들이 주는 조언은, 성경적인 진리가 아닌 것을 담고 있거나 현실과는 동떨어진 것일 때가 많다. 전체적인 비전이 잘못되었기 때문에 유익한 조언과 그렇지 못한 조언이 뒤섞여 엉망인 책들을 나는 많이 보았다. 짧지만 유익한 충고 역시 지혜롭게 자녀를 양육하기 위해서 균형을 갖추어야 할 요소들을 간과하고 있기 때문에 실패하고 있다. 그런 점에서 자녀 양육에 대한 테드 트립 박사의 책은 확실히 다르다. 기본 토대가 바르게 잡혀 있다. 이 책은 부모와 자녀를 정확하게 이해하고 있기 때문에 독자들을 바른 지름길로 그리고 지혜로운 길로 인도해줄 것이다.

테드 트립 박사는 우리들에게 비전을 제시하고 그것을 실제적으로 적용할 수 있도록 도와준다. 이보다 더 좋을 수 없을 것이다. 테드 트립 박사는 경험 많은 부모이자 목회자이며, 카운슬러이면서 학교 교장이다. 무엇보다도 하나님의 음성에 귀를 기울이는 사람이다. 그가 하는 말에 귀를 기울이고 자녀의 마음을 목양하는 것이 어떤 의미인지 생각해보는 것은 매우 유익한 일이 될 것이다.

데이빗 포울리슨(David Powlison)
크리스천 카운슬링 교육협회
(Christian Counseling and Education Foundation)

　제니퍼는 계속 숙제를 해가지 않았다. 담임 선생님은 제니퍼의 부모에게 도움을 청하기 위해 전화를 걸었다. 그러나 제니퍼의 부모는 담임 선생님을 도와줄 수 없었다. 열두 살짜리 제니퍼는 부모의 말을 전혀 듣지 않았기 때문이다. 부모의 권위 아래 있지 않았던 것이다. 제니퍼의 부모는 오히려 자신들이 못하는 일을 학교가 대신 해주기를 바라고 있었다.

　이것은 아주 흔한 이야기다. 많은 미국 아이들이 열 살에서 열두 살 사이에 집을 떠난다. 나는 지금 뉴욕 시나 우리 주변에서 어슬렁거리는 불쌍한 떠돌이 아이들을 말하는 것이 아니다. 10-12세 된 많은 아이들이 실제로 그들의 삶의 권위이자 참고서인 부모를 떠나고 있다는 말이다.

　우리 문화는 자녀 양육에 있어서 길을 잃어버린 지 오래다. 마치 나침반도 조정키도 없는 배와 같다. 방향 감각도 없고 스스로 헤쳐나갈 능력도 없다.

　도대체 왜 이런 일이 벌어졌는가? 우리 시대와 문화가 낳은 문제들이 서로 얽히고설키면서 문제는 한층 심화되었다.

　많은 사람들이 자녀를 키우고는 있지만, 진정한 의미의 부모가 되는 것을 원치는 않는다. 우리 문화는 성취에 대한 개인의 갈증을 해소해야 한다고 사람들에게 확신을 심어주고 있다. 이러한 자기 집중이라는 문화적인 분위기는 아이들을 상당한 부담으로 느끼게 한다. 그래서 부모들은 자녀들과 최소한의 시간을 보낸다. 옛날의 양적인 시간 개념보다 질적인 시간 개념이 훨씬 더 매력적으로 설득력을 얻고 있다.

오늘의 부모는 권위를 잃어버린 세대 중의 하나다. 1960년대 인종 차별 반대 운동과 반전 운동은 그들 부모 세대의 사고에 깊은 영향을 주었다. 저항 운동은 권위와 개인의 권리에 대해 생각하는 방법을 바꾸어 놓았다.

그 결과, 문화적인 분위기는 아버지가 집에서 '보스'가 되는 것을 인정하지 않았다. 어머니는 아버지 말에 순종하지 않았고 그나마 순종하는 척도 하지 않았다. 일터에서 아버지의 모습은 어떤가? 사장을 어려워한다거나 급작스런 해고의 두려움 속에서 일하지 않는다. 이전의 보스들은 보너스나 장려금 같은 편리한 방법을 쓰고 있다.

그렇다면 요점은 무엇인가? 바로 이것이다. 이런 환경 아래에서 자란 아이들은 더 이상 학교에서 나란히 줄을 맞춰 앉아 있지 않는다. 그들에게 부모로부터 허락을 구하는 것이란 있을 수 없는 일이다. 부모에게 말 대답하는 것도 아주 예사로운 일이다. 그들은 인생에서 일정 부분 있어야 할 순종의 역할을 거부한 지 오래다.

그러면 자녀 양육 방법은 어떤가? 전통적인 양육 방법은 더이상 아무런 효과도 없다. 예전의 권위주의적인 방법은 역효과만 불러오고 그렇다고 달리 새로운 방법이 있는 것도 아니다.

교회는 더 한심한 수준이다. "말 들어. 그렇지 않으면 이놈 한다"는 식의 케케묵은 양육 방법을 아직도 쓰고 있다. 이것은 효과적인 것처럼 보였고, 아이들도 순종하는 것처럼 보였다. 겉으로만 보면 어느 정도 그랬다는 말이다. 그러나 이제는 전혀 먹혀들지 않는다. 왜냐하면 우리 문화는 지난 세대에 그랬던 것처럼 더이상 권위에 반응을 보이지 않기 때문이다. 그런 방법의 단순성을 제대로 깨닫지도 못한 채, 그저 그런 식의 양육 방법이 사라져가는 것을 안타까워하고만 있다. 이 양육 방법의 비성경적인 부분과 목표들을 올바로 깨닫지 못하고 간과하고 있다는 사실에나는 두려움을 느낀다.

오늘의 부모는 좌절하고 혼동하고 있다. 아이들은 아이들대로 자기가해야 할 행동은 하지 않고 부모들이 왜 그렇게 하는지 이해하지 못하고있다. 결국 많은 사람들이 이젠 문제 해결이 불가능하다고 결론내린 것처럼 보인다. 좌절한 나머지 문제를 아예 외면해버린 사람도 있다. 그런가 하면 1950년대 존 웨인식 방법을 시도하는 사람도 있다. 그러는 동안아이들 한 세대는 훌쩍 지나가버리고 만다.

복음주의적인 교회 문화도 사회와 비슷한 형편에 처해 있다. 우리는지금 많은 아이들을 잃었다. 부모들은 아이들의 사춘기가 오는 것을 두려워할 정도다. 십대를 둔 부모들은 곧 그런 날이 온다며 걱정해주곤 한다. 우리 아이 셋 모두가 십대였을 때 나는 사람들로부터 많은 위로를 들었다. 그리고 종종 아이들이 자라면 문제도 덩달아 커진다는 이야기를듣곤 했다.

이 책의 목적은 이런 상황이 희망이 없는 것은 아니라는 것을 보여주려는 데 있다. 21세기에도 우리는 거룩한 방법으로 자녀를 키울 수 있다. 지레 겁먹고 이 일이 불가능하다는 결론에 굴복할 필요는 없다. 지난 경험들이 실패한 것이 뻔하다고 말할지 모르지만, 그 경험이란 것들이 얼마나 불완전한 지침이란 말인가.

유일하게 안전한 지침이 있다면 그것은 성경뿐이다. 무한한 지식을 가진 하나님의 계시인 성경은 우리에게 절대적인 진리를 줄 수 있다. 하나님은 우리들에게 절대적이고 완전한 진리를 주셨다. 그 진리 속에는, 자녀 양육에 필요한 모든 것들이 들어 있다. 아이들, 부모, 가정 생활, 가치, 훈련, 양육, 징계 등 이해할 수 있는 정확한 것들만 제시하고 있다.

하나님의 방법이 부적당하다고 증명된 적은 단 한 번도 없다. 단지 하나님의 방법을 시도한 적이 없을 뿐이다. 지난 세대에 우리가 성경적인 방법으로 자녀를 양육하지 않았기 때문에, 여러 문화적인 문제들이 고스란히 교회에 들어왔다. 교회는 그저 해오던 것을 그대로 해왔을 뿐이다. 불행하게도 문화가 변하면서 기존의 방법들이 효과가 없어졌는데도 그냥 해오던 대로 하고 있다.

그렇다면 이제 자녀 양육에 관한 성경적인 견해들을 전체적으로 점검해보기로 하자. 자녀 양육이라는 임무는 다방면에 걸친 것이다. 그 임무는 부모가 권위자가 되어 자녀들이 하나님의 세계 안에서 자신들을 이해하도록 양육하고, 분명한 관점을 가지고 복음을 지킴으로써 그들이 복음을 내면화할 수 있게 하며, 언젠가 하나님께 속한 사람들로서 부모와의 상호관계 속에서 살아가도록 해주는 것을 포함한다.

권위

하나님은 모든 피조물들로 하여금 권위 아래 살도록 명령하셨다. 하나님은 부모에게 권위이시고, 가정·교회·정부·기업 등 하나님이 세우신 기관의 사람들에게 권위를 주셨다. 그러므로 부모가 자녀들에 대해 권위를 갖는 것에 당황할 필요는 없다.

부모는 하나님 대신 권위를 행사하는 사람이다. 부모 자신의 방법이나 편의를 위한 것이 아니라, 아이들의 유익을 위하여 하나님을 대신해 아이들을 지도해야 한다.

오늘의 우리 문화는 양극단으로 치닫는 경향이 두드러지고 있다. 권위에 있어서는, 존 웨인 같은 지독한 권위주의로 가든가 아니면 너무나 무기력한 방향으로 치우쳐 있다. 하나님은 하나님의 말씀으로, 또는 친히 본을 보이심으로 부모로 하여금 진실로 온유한 권위를 행사하도록 부르셨다. 하나님은 부모가 원하는 것을 아이들에게 시키라고 부모를 세운 것이 아니다. 부모로 하여금 진정한 봉사자가 되어 부모라는 인생 안에 준비되어 있는 권위를 행사하라고 부르셨다. 아이들의 인생에 있어서 부모의 권위가 갖는 목적은 아이들을 부모의 힘 아래 두려는 것이 절대로 아니다. 아이들이 하나님의 권위 아래에서 자유롭게 사는 자기 절제를 가진 사람이 되도록 그들에게 능력을 주는 것이 곧 부모가 할 일이다.

예수님은 이것을 본으로 보여주셨다. 종으로 오셨고 우리에게 명령하셨으며, 모든 권세를 다 가지셨다. 예수님은 섬기는 통치자셨으며 통치하는 종이셨다. 하나님 나라의 백성을 위해 친절하게 주권적 권위를 행사하셨다. 요한복음 13장을 보라. 하나님이 모든 것을 자신의 권위 아래 두셨다는 것을 아는 예수님은 수건을 두르고 제자들의 발을 씻기셨다. 예수님의 권위에 복종하는 사람은 복음의 자유 안에서 마음껏 삶을 누리도록 능력을 부여받았다.

부모는 부모의 권위를 행사해야 한다. 아이들은 부모에게 순종하고 존경하도록 하나님이 명령하셨기 때문에, 부모는 아이들에게 순종할 것을 요구해야 한다. 잔인한 감독으로서가 아니라 아이들을 정말 사랑하는 사람으로서 권위를 행사해야 한다.

부모가 '자비심 많은 독재자'인 것을 아는 아이들은 집을 떠나지 않는다. 자기의 필요가 충족되는 가정이라면 아이들은 거의 집을 나가지 않는다. 자신이 사랑받고 존중받고 있다는 것을 느끼는 그런 관계를 누가 마다하겠는가? 자신을 이해해주는 부모를 누가 떠나겠는가?

학교 행정가로서, 부모로서, 목회자로서, 또 상담가로서 보낸 지난 35년을 돌이켜볼 때 내가 얻은 결론은, 참으로 친절하고 이타적인 권위에 대해 아이들은 대부분 저항하지 않는다는 것이다.

목양

부모와 자녀의 관계를 가장 잘 설명해주는 것이 권위라고 한다면, 부모가 자녀에게 해주어야 할 것을 가장 잘 설명해주는 말은 목양이다. 부모는 자녀의 안내자다. 이 목양의 과정을 통해 아이들은 자신과 그들이 살고 있는 세계를 이해한다. 부모는 아이에 대한 평가와 반응을 통해 아이를 목양한다. 부모는 아이의 행동에 대해 '무엇' 뿐만 아니라 '왜' 까지도 이해하도록 목양해야 한다. 목자인 부모는 아이가 하나님에 의한, 그리고 하나님을 위한 창조물이라는 것을 이해하도록 돕고 싶어 한다. 그러나 그것은 단지 교훈만으로 가르칠 수 없다. 부모는 아이가 그것을 발견할 수 있도록 인도해야 한다. 자녀의 생각을 목양하고 지혜와 분별력을 배우도록 도와야 한다.

목양의 과정은 아이에게 이렇게 저렇게 하라고 하거나, 어떻게 생각하라고 말하는 것보다 더 풍성한 관계다. 그것은 인생의 의미와 목적을 보여주는 정직하고 마음을 연 대화를 통해 부모의 삶을 아이에게 투자하는 것을 포함한다. 또한 단순히 지시만 하는 것이 아니라 자기 자신을 숨김없이 털어놓고 서로 대화를 나누는 가운데 지도하는 것이다. 가치나 영적인 생명력은 그저 가르친다고 되는 일이 아니다. 그것은 배워가는 것이다.

잠언 13장 20절은 "지혜로운 자와 동행하면 지혜를 얻는다"고 말한다. 현명한 부모라면 양육의 목적이 단순히 토론하기 위한 것이 아니라, 가족을 향하여 성실하게 사는 삶의 신선함과 생동력을 보여주는 것에 있음을 알 것이다. 자녀 양육은 하나님의 지혜를 따르는 방법으로 아이의 마음을 목양하는 것이다.

사람들은 나에게 우리 아이들이 하나님을 믿는 사람이 될 것이라고 예상했었느냐고 자주 물어왔다. 그때마다 나는 복음은 능력이 있고 매력적인 것이라고 대답하곤 했다. 특별히 복음은 타락한 인간의 필요를 충족시켜준다. 그래서 나는 하나님의 말씀이 우리 아이들의 구원을 위한 하나님의 능력이라고 생각했다. 그러나 그 생각은 복음의 능력과 인간의 필요의 적합성에 따른 것이지 믿는 자녀를 생산하는 어떤 공식에 근거한 것은 아니었다.

자녀 양육의 중심 초점은 복음이다. 부모는 단순히 아이들의 행동만 지시할 것이 아니라 아이들의 마음 자세를 지도해야 한다. 아이들의 죄와 실패가 무엇인지 보여줄 뿐만 아니라 그 이유에 대해서도 가르쳐주어야 한다. 아이들은 외적으로는 '무엇을' 잘못했는지 알아야 하고, 내적으로는 '왜' 그렇게 했는지 알 필요가 있다. 부모는 하나님이 안팎으로 일하신다는 것을 아이들이 알도록 도와주어야 한다. 그러므로 부모에게 주어진 자녀 양육의 목표는 단순히 행동이 괜찮은 수준에 머물러서는 안 된다. 아이들은 왜 자신이 죄를 짓는지, 또 내적인 변화를 어떻게 알 수 있는지 이해해야 한다.

복음에 초점을 맞춘다는 것이 자녀들로 하여금 회개와 예수 그리스도께 대한 믿음을 통한 죄의 용서를 알도록 돕는 것 이상이라는 사실을 부모들도 알고 있다. 복음에는 내적인 변화와 권한 위임에 대한 약속이 있다. 에스겔 36장은 복음의 충만함을 잘 표현해주고 있다. "맑은 물을 너희에게 뿌려서 너희로 정결하게 하되 곧 너희 모든 더러운 것에서와 모든 우상 숭배에서 너희를 정결하게 할 것이며"(25절). 용서의 은혜가 복음 가운데서 발견된다. "또 새 영을 너희 속에 두고 새 마음을 너희에게 주되 너희 육신에서 굳은 마음을 제거하고 부드러운 마음을 줄 것이며"(26절). 내적인 변화의 은혜가 복음 가운데서 발견된다. "또 내 영을 너희 속에 두어 너희로 내 율례를 행하게 하리니 너희가 내 규례를 지켜 행할지라"(27절). 삶에 대한 권한 위임의 은혜가 복음 가운데서 발견된다. 복음은 부모와 자녀들이 각자 자신 안에 있는 최악의 것들, 곧 죄, 부정함, 연약함에 직면할 수 있도록 해주고, 소망을 발견하게 한다. 왜냐하면 은혜는 강력한 것이기 때문이다.

부모는 가끔 자녀에게 지킬 만한 기준을 제시한다. 부모는 자녀들이 크리스천이 아니라면 마음으로부터 하나님께 순종할 수 없다고 생각한다. 예를 들어, 성경은 우리에게 잘못 하는 사람에게 선을 베풀라고 말한다. 그러나 아이들한테는 학교 운동장 귀퉁이에서 위협을 받게 되면 그런 아이들쯤은 무시해버리라고 말한다. 아니면 더 나쁘게 말해서, 먼저 맞게 되면 너도 똑같이 때려주라고 하기도 한다.

이런 비성경적인 상담은 아이들을 십자가에서 멀어지게 만든다. 자신을 괴롭히는 사람을 무시하는 데는 굳이 하나님의 은혜가 필요 없다. 자기 권리를 주장하는 데에도 초자연적인 은혜는 필요 없다. 그러나 자신을 핍박하는 사람에게 선을 행하기 위해서는, 자신에게 부당한 대우를 하는 사람을 위해 기도하기 위해서는, 그리고 유일하게 공정하신 심판관인 하나님을 전적으로 신뢰하기 위해서는 자녀들이 그들 스스로의 영적인 빈곤감과 변화를 이끌어내는 복음의 능력과 정면 대응할 것을 요구해야한다.

하나님의 율법은 자연인에게 그리 쉽지 않다. 그 기준은 매우 높기 때문에 하나님의 초자연적인 은혜로부터 멀어져서는 도저히 성취될 수 없다. 하나님의 법은 우리가 그분의 은혜를 필요로 한다는 것을 가르친다. 부모가 하나님의 기준을 제시하지 못한다면, 그것은 자녀들로부터 복음의 은혜를 빼앗는 것과 같다.

복음의 내면화

궁극적인 목표는 자녀가 복음의 메시지를 내면화하는 데 있다. 크리스천 가정에서 아이들은 복음이 주장하는 것을 점검하고 그 진리를 받아들일 것인지 결정해야 한다. 그 과정을 이렇게 생각해보자. 아이는 거리를 두고 복음을 듣고 그것을 받아들일 것인지 말 것인지 이리저리 궁리한다.

부모는 그 아이를 도와서 믿음에 대해 가지고 있었던 모든 의문을 올바로 알게 해주는 아주 좋은 기회를 얻게 된 것이다. 하나님의 말씀은 확고하다. 크리스천의 믿음은 면밀하고 정직한 검사, 세밀한 검사에도 바로 서 있어야 한다. 모든 사람이 모든 질문을 해야 할 의무를 가진 것은 아니지만, 모든 사람은 스스로 의문시하는 것들을 모두 질문할 의무를 가지고 있다.

하나님 아래서 인간으로서의 상호 관계

최근에 아들과 함께 이야기를 나누었다. 그 아이는 하나님이 자기에게 가르쳐준 것들을 이야기했다. 그는 신학적인 방법이 아니라, 하나님을 아는 것이 어떤 것인지 스스로의 내면에서 새롭게 통찰한 것을 말했다.

이야기를 나누면서 나는 아들이 아니라 마치 다른 어느 누군가와 이야기를 나누는 느낌을 받았다. 나는 그를 가르치고 있는 것이 아니었다. 우리는 서로 하나님을 아는 것에 대한 좋은 이야기들을 나누었을 따름이다. 한때는 내가 가르치고 훈육하며 위하여 기도에 힘썼던 아이가, 이제는 한 인격체가 되어 나와 멋진 관계에 새롭게 서는 것을 느꼈다.

오, 하나님. 정말 감사합니다.

1부

성경적인
자녀 양육의 기초

1장

행동으로 마음을 읽는다

성경은 마음이 삶을 움직이는 중심부라고 가르치고 있다. 한 개인의 인생은 자신의 마음을 그대로 비춰낸 것이다. 잠언 4장 23절을 묵상해보라. "모든 지킬 만한 것 중에 더욱 네 마음을 지키라 생명의 근원이 이에서 남이니라."

이 그림이 담고 있는 메시지에 주목하라. 마음은 인생의 모든 문제들이 솟구쳐나오는 샘물과 같다. 이 주제는 성경의 여러 곳에서 거듭 언급된다. 한 사람의 행동은 마음에서 우러나오는 것을 표현한 것이다.

우리는 이렇게 생각해볼 수 있다. 마음이 행동을 결정한다고. 우리가 말하고 행동하는 것은 곧 우리 마음이 향하고 있는 것을 표현한다. 마가복음 7장 21절에서는 "속에서 곧 사람의 마음에서 나오는 것은 악한 생각 곧 음란과 도둑질과 살인과 간음과 탐욕과 악독과 속임과 음탕과 질투와 비방과 교만과 우매함이니"라고 말한다. 이러한 행동과 말로부터 나오는 악한 것들은 모두 마음에서 나오는 것이다.

그러므로 자녀들이 말하고 행동하는 것은 그들의 마음을 반영하고 있는 것이다.

누가복음 6장 45절은 그것을 이렇게 확증해준다.

"선한 사람은 마음에 쌓은 선에서 선을 내고 악한 자는 그 쌓은 악에서 악을 내나니 이는 마음에 가득한 것을 입으로 말함이니라."

이것은 아이들을 양육하는 부모의 임무를 생각해볼 때 아주 유익한 말씀이다. 이런 말씀들은 근본적인 문제는 행동이 아니라고 가르친다. 가장 근본적인 문제는 항상 마음속에서 일어나고 있는 것이다. 마음이 우리 삶을 움직이는 중심부임을 기억하라.

부모들은 흔히 행동에 온통 신경을 빼앗기고 있다. 부모가 훈육하는 목적이 자녀의 행동 변화에 있다면 그 이유를 쉽게 이해할 수 있다. 바른 가르침이 필요하다고 일깨우는 것은 아이의 행동에 대해서다. 아이의 행동은 부모를 자극하고 그 행동 자체는 부모의 관심을 끈다. 그래서 행동에 초점을 맞추게 된다. 결국 부모는 자기가 좋아하지 않는 행동은 용납하지 못하지만 좋아하는 행동을 했을 때는 아이를 잘 가르쳤다고 생각한다.

"무엇이 문제인가?" 부모들은 이렇게 물어올지도 모르겠다. 문제는 자녀의 필요는 정도에서 벗어난 행동, 그 이상이라는 것이다. 원인 없는 행동은 없음을 기억하라. 행위, 즉 말하고 행동하는 모든 것은 그 사람의 마음을 반영하고 있다. 정말 자녀를 돕고 싶다면 자녀의 행동을 움직이는 속마음에 관심을 기울여야 할 것이다.

마음이 변화하지 않는 행동만의 변화는 바람직하지 않다. 오히려 그것은 비난만 받을 뿐이다. 예수님이 바리새인들을 책망하신 것도 바로 그들의 형식주의 때문이었다. 마태복음 15장에서 예수님은 바리새인들이 그들의 마음은 하나님으로부터 멀리 있으면서 입술로만 하나님께 영광 돌리는 것을 비난하셨다. 예수님은 겉은 닦으면서 안은 여전히 더러운 것을 혹평하셨다. 그렇지만 이것은 오늘날 부모가 자녀들을 키울 때 자주 범하는 실수다. 변화된 행동을 요구하면서 행위를 움직이는 마음은 무시할 때가 많기 때문이다.

그러면 부모는 자녀를 바르게 하고 징계할 때 어떻게 해야 하는가? 적절한 행동을 요구해야 한다. 하나님의 법이 그렇게 할 것을 요구하고 있다. 하지만 거기에 만족할 수만은 없다. 빗나간 자녀의 마음이 어떻게 그릇된 행동을 초래했는지 이해하고, 또 아이들이 스스로를 이해하도록 도와주어야 한다. 자녀의 마음이 왜 그렇게 행동하게 했는지, 왜 하나님을 알고 신뢰하고 순종하는 것을 거부하고 있는지, 자녀의 무능력이 어떻게 그릇된 말과 행동을 하게 했는지 이해해야 한다.

두 명 이상의 자녀가 있는 가정의 예를 들어보자. 아이들은 놀다가 장난감을 두고 싸우기 시작한다. 전형적인 반응은 이렇게 묻는 것이다. "누가 먼저 이걸 가지고 논다고 그랬지?" 이런 식의 반응은 마음의 문제를 다루지 못한다. "누가 먼저 가졌느냐"는 공정성에 관한 문제다. 정당성으

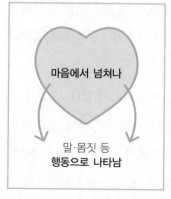

마음에서 넘쳐나

말·몸짓 등
행동으로 나타남

〈그림 1〉 **마음이 행동을 결정한다**

로 따지면 먼저 장난감을 갖고 놀기 시작한 아이에게 우선권을 주게 된다. 그러나 이 상황을 마음의 문제로 본다면 문제는 달라진다.

여기 두 명의 범죄자가 있다. 두 아이 모두가 서로에게 마음의 강팍함을 그대로 드러내고 있다. 둘 다 이기적이다. 모두 이런 마음이다. "난 너와 너의 행복에는 관심이 없어. 그것이 네게 어떤 의미가 있는지 모르지만 난 너와는 상관 없이 행복할 거야."

마음의 문제를 다루는 문제 앞에는 죄를 지은 두 어린아이가 있다. 두 아이는 모두 다른 사람 앞에서 자신을 우선으로 여기고 있다. 지금 이 아이들은 하나님의 법을 깨뜨리고 있다. 물론 조건은 다르다. 한 아이는 다른 아이가 가진 장남감을 빼앗고 있고, 다른 아이는 우선권을 누리고 있다. 환경은 다르지만 마음의 문제는 똑같다.

"난 나의 행복을 원해. 네가 그 대가를 치르더라도."

우리는 마음의 태도가 어떻게 행위를 좌우하는지 보았다. 이것은 언제나 사실이다. 모든 행위는 마음의 태도와 관련되어 있다. 그러므로 훈육할 때는 마음의 태도를 다루어야 한다.

이것을 먼저 이해하면 훈육하는 일은 아주 크게 달라진다. 마음을 문제 삼지, 행위를 문제 삼지 않게 되는 것이다. 이것은 변화된 행동보다 더 깊은 것을 바르게 하는 데 초점을 맞춘다. 부모가 직시해야 할 것은 마음속에서 움직이는 것이다. 부모의 관심은 자녀의 죄를 드러내고 죄가 삐뚤어진 마음을 어떻게 반영하는지 알도록 도와주는 것이다. 이렇게 함으로써 자녀를 예수님의 십자가로 인도할 수 있다. 이것은 구세주가 필요함을 강조할 수 있는 근거가 된다. 이것은 우리의 마음을 바꾸고, 죄에 얽매인 사람들을 자유롭게 하기 위해 아들을 보내신 하나님의 영광을 나타낼 수 있는 기회다.

이 책이 강조하고 싶은 가장 기본적인 토대는 바로 이것이다. 마음은 생명의 근원이다. 그러므로 자녀 양육은 마음을 목양하는 것과 관련되어 있다. 부모는 자녀들을 위해 겉으로 드러나는 행동에서 마음의 문제를 읽고, 마음을 다루는 것을 배워야 한다. 간단히 말해 부모는 아이들을 그저 야단만 칠 것이 아니라 그들의 마음을 인도하는 법을 배워야 한다. 만족할 수 없는 것으로 영혼의 갈증을 풀려고 한다면 그것을 판별할 수 있도록 자녀를 도우라. 그래서 부모는 자녀들이 그리스도의 십자가에 분명히 초점을 맞추도록 도와야 한다.

한 가지 제안을 하고 싶다. 행동은 마음에서 나온 것이므로 바르게 함과 징계와 훈련 등 모든 자녀 양육에 있어 마음에 초점을 맞추라. 자녀 양육의 기본 과제는 자녀들의 마음을 목양하는 것이다. 이 제안은 바르게 함, 징계, 훈련 등 자녀 양육 부문에 걸쳐 좋은 정보를 줄 것이다. 이것은 부모의 목표를 좌우할 것이며 방법을 알려줄 것이다. 어떻게 아이들이 성장하는지 모형을 구체화시켜줄 것이다.

이 책은 자녀 양육의 모든 부분을 언급할 것이다. 부모의 태도를 성경적인 안목에서 살펴볼 것이고, 자녀의 성장 발달에 따라 양육의 목표에 초점을 맞출 것이다. 훈련 방법들도 다시 생각해볼 것이다. 이 모든 주제들의 가장 핵심적인 문제는 아이들의 마음을 목양하는 것이다.

나는 이 책에서 단순히 귀만 솔깃한 방법을 제공하려는 것이 아니다. 문제 없는 아이를 보장하는 새로운 계획을 발표하려는 것도 아니다. 부모의 삶을 침해하지 않으면서 아이의 욕구를 충족시키는 단순한 방법을 제시하려는 것도 아니다. 나는 하나님이 부모에게 주신 훈련시키는 일을 신선한 방법으로 개척해나가려고 한다. 냉소적인 시선으로 인생을 살지 않은 경험 많은 선배로서 이야기해보려고 한다. 나는 이 작업을 앞두고 다소 흥분되어 있는 것이 사실이다. 하나님은 가정에서 부모로 하여금 교회를 위한 거룩한 씨를 키우게 하셨다고 확신하기 때문에 희망으로 가득 차 있는 것이다.

나는 이 책에 있는 원리들을 지지하는 가정들을 많이 보았다. 자기 자신과 삶에 깨어 있는 아이들, 행복하고 생산적인 아이들을 목양하는 부모들을 보았다. 나는 최근에 그런 가정을 방문한 일이 있다. 그 가정은 살아 있고 활기찼다. 아이들이 사춘기인데도 집에 있었다. 왜냐하면 집은 신나는 곳이기 때문이었다. 엄마 아빠를 존경하는 가정, 그들에게 조언을 구하는 가정이었다. 숨막히는 열기가 아닌, 신선하게 다가와 생명을 주는 부드러운 바람처럼 성경과 성경적인 진리가 모든 대화에 흐르고 있었다. 이 가정은 5대째 믿음을 지키며 살았고, 6대째 자손들이 우리가 보는 그 빛 안에서 생명의 근원이신 하나님을 배우고 있었다.

이것들은 모두 노력과 헌신을 통해 얻을 만한 것들이자 가치 있는 비전이다.

자녀 양육에서 혼란스러운 문제에 대해 답을 얻고 싶다면 성경으로 돌아가야 한다. 이를 위해 성경은 우리에게 필요한 모든 영역과 개념을 충분히 그리고 분명하게 제공하고 있다고 나는 확신한다. 교회는 너무 오랫동안 자녀 양육에 관한 문제에 답하기 위해 성경적인 사고와 비성경적인 사고를 통합하려고 시도해왔다. 그러나 결과는 쓴 열매를 생산해냈을 뿐이다. 부모는 자신의 역할을 성경적으로 이해해야 한다.

부모는 자녀에게 영향을 주는 두 가지 큰 문제와 관련해서 자녀를 이해해야 한다.

첫째, 아이와 삶의 모양을 만드는 영향들과의 관계
둘째, 아이와 하나님과의 관계

다음 장에서는 이 두 부분에 대한 어린이의 성장에 대해 토론할 것이다.

1. 아이들을 훈육하고 바르게 하는 데 있어서 마음을 다루는 것의 중요성을 설명해보라.

2. 행동을 좌우하는 데 마음이 중심부인 이유를 말해보라.

3. 분명히 마음의 문제가 더 중요한데도 관심이 행동에 치우치기 쉬운 이유는 무엇인가?

4. 마음의 변화 없는 행동의 변화는 왜 잘못된 것인가?

5. 훈육의 목적이 마음을 지도하는 것일 때 징계와 바르게 함에 대한 접근은 어떻게 달라지는가?

2장
자녀의 성장: 삶의 모양을 만드는 영향들

열한 살 난 아들 녀석은 돼지를 키우고 있었는데 그것 때문에 좀 곤란한 일이 있었다. 돼지들이 주둥이로 물통을 엎질러서 깨끗하고 시원한 물을 마실 수 없게 됐기 때문이다. 결국 우리는 물통이 넘어지지 않도록 그것을 콘크리트로 튼튼하게 만들기로 했다. 나무로 틀을 만들고 콘크리트를 부었다.

일을 하면서 나는 아이들에게 어릴 때의 삶이 지금 하고 있는 일과 얼마나 흡사한지 말해주었다. 가정의 구조는 이 틀과 같고 그들의 삶은 이 부어놓은 콘크리트와 같다고. 나무 틀을 없애고 전보다 더 튼튼한 콘크리트 새 물통이 생긴 것을 보면서, 어린 시절에 배운 것들은 이렇게 콘크리트처럼 굳어져 어른이 되었을 때 생활 습관이 되는 것이라고. 아이들은 공손하고 조심스러운 태도로 내 이야기를 들었다. 그러나 잠시 숨을 돌리는 사이 아이들은 놀고 싶어서 단박에 뛰어나갔다. 내가 말한 어릴 적 삶과 돼지 물통의 비유에 별로 감동받지 않은 것이 분명했다.

아이들은 아직 이렇게 깊은 생각을 할 준비가 되어 있지 않다. 그들을 탓해서는 안 된다. 자녀들의 삶의 모양을 만드는 영향들을 전체적으로 깊이 생각해보는 것은 쉬운 일이 아니다. 아이들의 성격은 주위 생활 형편에 따라 환경에 적응하면서 형성된다. 그러므로 가정 생활의 모든 문제는 자녀가 어떤 사람으로 성장해가는가에 깊은 영향을 미친다.

모양을 만드는 영향들

자녀들의 성격이 어떻게 형성되어가는지 이해를 돕는 그림이 여기 있다. '모양을 만드는 영향들(Shaping influences)'이라는 말은 새로울지 모르지만 그것이 뜻하는 바는 인간성을 거론해온 것만큼이나 오래되었다. 이 영향들은 자녀들이 한 개인으로 성격이 형성되는 데 촉진제 역할을 하는 것으로, 성장 과정에서 겪는 사건이나 상황이다. 하지만 삶의 모양은 저절로 만들어지지 않는다. 왜냐하면 자녀들이 사건이나 상황에 대처하는 반응은 그 사건이나 상황이 아이에게 미치는 영향을 결정하기 때문이다.

성경은 어릴 때의 경험이 일생에 영향을 준다고 분명히 말하고 있다.

가족에 관한 주요 말씀들(신명기 6장, 에베소서 6장, 골로새서 3장)은 어린 시절의 경험이 일생에 미치는 영향을 말해주고 있다. 성경은 모양을 만드는 영향에 대해 언급하면서 부모의 관심을 촉구한다.

아이가 어떤 인격체가 되는가는 두 가지 요소가 결합된 결과다. 첫째
는 그의 생활 경험이고, 둘째는 아이가 그 경험과 어떻게 상호 작용을 하
느냐 하는 것이다. 아래 그림은 삶의 모양을 만드는 영향들에 대해 설명
하고 있다. 다음 장에서는 이 영향에 대해 아이들이 어떻게 대응하는지
알아볼 것이다. 아이는 단순히 생활 환경에 따라 행동하는 것이 아니라
대응한다. 아이는 하나님을 향한 자기 마음에 따라 대처한다. 이 그림을
이해하는 것은 아이에게 어떤 면에서 짜임새 있는 지침과 목양이 필요한
지 이해하는 데 도움을 줄 것이다.

〈그림 2〉의 화살표들은 모양을 만드는 영향들을 표시하고 있다. 부모
의 영향이 미치는 곳에서나 미치지 않는 곳에서나 영향을 주는 모든 화
살표들은 아이 가까이에 있고, 아이의 생활에 강한 영향을 미친다.

〈그림 2〉 **삶의 모양을 만드는 영향들**

가정 생활의 구조

화살표들 중 하나는 가정 생활의 구조다. 당신 가정은 전통적인 핵가족인가? 아이는 양부모와 함께 생활한 적이 있는가? 몇 세대가 같이 살고 있는가? 친부모가 함께 살면서 가정을 꾸려가고 있는가? 자녀를 양육하는 데 부모는 어떻게 하고 있는가? 다른 아이들도 있는가? 가정 생활이 한 아이를 중심으로 움직이고 있는가? 아이들의 출생 순서는 어떠한가? 연령, 능력, 관심, 또는 개성 등에 있어 아이들 간의 관계는 어떤가? 가까운 관계인가, 먼 관계인가? 아이의 개성이 가족들과 얼마나 조화를 이루고 있는가?

샐리와 그녀의 남편은 상담받기를 원했다. 신혼이었지만, 그녀에게는 어려운 문제가 있었다. 샐리가 극복해야 할 가장 어려운 문제는 남편이 샐리 자신을 중심으로 생활하지 않는다는 것이었다. 그녀는 무남독녀로 자랐다. 샐리의 부모는 그녀를 물질적으로 풍족하게 키웠다. 또 샐리가 원하는 것이나 필요한 것들을 제일 우선으로 여겼다. 그러나 지금 샐리는 사랑받고 있지 않다고 느끼고 있다.

이유는 남편이 그녀가 바라는 대로 가정 생활을 꾸려나가지 않기 때문이다. 어릴 때의 가정 생활이 남편에 대한 소망과 기대를 견고하게 만들어주었기 때문이다.

가족의 가치관

또 다른 화살표는 가족의 가치관을 말해준다. 부모들에게는 어떤 것이 중요한가? 어떤 일은 야단치고 어떤 일은 그냥저냥 넘어가는가? 물질보다 사람이 더 중요한가? 바지가 터진 것을 더 강조하는가, 아니면 학생들과 싸우는 것에 더 관심을 갖는가? 아이들은 어떤 철학이나 사상을 배웠는가? 아이들이 있으면서도 없는 것같이 조용한 가정인가? 가정 생활에서 정해진 규칙과 무언의 규칙들에는 어떤 것이 있는가? 하나님은 가정 어디에 자리 잡고 계신가? 하나님을 알고 하나님을 사랑하는 가운데 생활하고 있는가? 아니면 그와는 다른 차원에서 생활하고 있는가?

"누가 철학과 헛된 속임수로 너희를 사로잡을까 주의하라 이것은 사람의 전통과 세상의 초등 학문을 따름이요 그리스도를 따름이 아니니라" (골 2:8). 부모는 반드시 이렇게 질문해봐야 할 것이다. 우리 가정의 가치는 사람들의 전통에 근거하고 있는가, 아니면 이 세상 기본 원칙에 따라 살고 있는가? 아니면 그리스도를 따라 살고 있는가?

나는 최근에 열 살짜리 사내아이에게 이렇게 물어본 적이 있다. "아주 값비싼 화병을 깨트리는 것과 부모님이 확실하게 말씀하신 명령에 순종하지 않는 것 중 어떤 것이 더 문제가 될까?" 아이는 조금도 주저하지 않고 비싼 화병을 깨는 것이 훨씬 더 나쁜 것이라고 대답했다. 이 아이의 대답은 자기가 살고 있는 가정의 가치관을 그대로 보여주고 있다. 그는 부모가 순종하지 않는 아이보다 화병을 더 중요하게 생각한다고 믿고 있는 것이다. 이것은 들어서 아는 것이 아니라 직감으로 아는 것이다. 이러한 가치들은 공허하고 잘못된 사고에 근거하고 있다.

가족의 가치관에는 또 다른 면도 있다. 가족 내의 울타리는 무엇인가? 어디에 비밀이 숨어 있고 어디서 그런 비밀을 말하고 있는가? 이웃과의 관계는 활짝 열려 있는가, 아니면 닫혀 있는가? 가족 주위의 울타리는 얼마나 높은가? 그 울타리의 어느 부분이 뚫려 있는가? 가까운 친척에게 말하지 않는 문제를 이웃에게 모두 말하는 가족도 있다. 형제에게는 도움을 청하면서도 가까운 이웃의 도움은 전혀 고려하지 않는 가정도 있다(잠 27:10과는 다르게). 아버지의 수입을 전혀 모르고 자라는 아이들이 있는가 하면, 그날그날의 은행 잔고까지 알면서 자라는 아이들도 있다.

어떤 부모는 아이들에게 비밀을 말하지 않는다. 또 어떤 아이들은 친구들끼리 비밀을 말하면서도 부모에게는 입을 다문다. 엄마와 아이들이 공유하는 비밀을 아빠에게는 쉬쉬한다. 반대로 아빠와 아이들이 한편이 되어 엄마에게만 비밀로 감추는 경우도 있다. 각 가정마다 자기만의 울타리를 확보하고 있다. 이 울타리라는 것은 서로 의논하거나 생각해보지 않아도 엄연히 존재하고 있다.

가족의 역할

가정 안에서는 가족 구성원들이 해야 할 여러 역할들이 있다. 가정의 모든 부분에 관여하는 아버지가 있는가 하면, 너무 바빠서 가정에서 하는 일과는 아무 상관 없이 지내는 아버지도 있다. 누가 돈을 내느냐, 가족을 대표해 누가 약속을 하느냐 등등 그런 여러 일들은 가족 구성원의 역할에 대해 많은 것을 시사해준다. 아이들도 가정에서 해야 할 역할이 있다.

나는 아이들이 아버지가 양말과 구두를 신는 것을 도와주는 한 가정을 알고 있다. 아버지가 너무 뚱뚱해서 그 일을 혼자서 하지 못하기 때문이다. 그 아버지는 거칠고 혹독한 방식으로 이 일을 아이들에게 시키면서 가정 내에서 그들의 위치와 관련해 강력한 영향력을 행사하고 있다.

가정 문제의 해결

결혼 상담을 해본 사람이라면 누구나 문제를 해결하는 데 가족의 영향이 아주 중요하다고 말한다. 문제를 어떻게 상담해야 하는지 가족은 알고 있는가? 그들은 문제를 해결해주는가? 아니면 그대로 방치해두는가? 문제를 해결하는데 성격적인 근거에 준해서 해결하는가? 아니면 완력으로 해결하는가? 가족들이 갈등을 해결하기 위해 한아름 장미꽃을 주는 것 같은 방법을 사용하는가? "미련한 자는 자기 행위를 바른 줄로 여기나 지혜로운 자는 권고를 듣느니라 미련한 자는 분노를 당장에 나타내거니와 슬기로운 자는 수욕을 참느니라"(잠 12:15-16)는 말씀을 생각해보라. 아이는 가정에서 주변의 영향에 따라 미련한 자로, 또는 슬기롭고 지혜로운 자로 길러진다.

새미는 무슨 일이든 싫어하는 일이 생기면 화를 내며 언제나 유치원 교실 밖으로 나가버리곤 했다. 선생님은 그의 부모에게 상담을 요청했다. 상담 도중 새미의 아버지는 낙담한 나머지 밖으로 뛰쳐나갔다. 선생님은 왜 새미가 그렇게 행동하는지 잘 알게 되었다.

가족의 내력

또 한 가지 영향을 주는 요인이 있다. 각 가정은 그 나름대로 역사가 있다. 아기가 태어나는가 하면 가족 중 누군가가 죽는 경우도 있다. 결혼도 하고 이혼도 한다. 가족들은 사회적으로 안정과 불안정을 경험한다. 돈이 충분한 경우도 있고 그렇지 않은 경우도 있다. 어떤 사람은 건강을 즐기지만 어떤 사람은 병고를 치르느라 어려움을 겪고 있다. 한곳에 뿌리를 내리고 이웃과 잘 사는가 하면 계속 이사하면서 사는 사람도 있다.

최근에 나는 자녀 문제로 고민하고 있는 한 여성을 도우며 시간을 보낸 적이 있다. 우리가 나눴던 대화를 잠깐 살펴보자.

"부인은 어릴 때 몇 번이나 이사하셨습니까?"

"많이요."

"다섯 번 아니면 열 번 정도요?"

"아, 아니요 더 많이요."

"스무 번 이상은 아니겠지요?"

여기서 부인은 잠시 멈추더니 천천히 세어보았다.

"스무 번이 넘는데요."

나중에 그 부인에게 들어보니 동생과 함께 이사 횟수를 세어 봤더니 열여덟 살이 되기 전까지 무려 46번이나 이사했다고 한다. 이 가족의 과거는 그 부인의 가치관과 관점에 큰 영향을 주었음에 틀림없다.

이 간단한 사례는 우리 삶에 영향을 미치는 여러 상황들의 지극히 일부에 지나지 않는다. 이것들이 우리에게 영향을 미치고 있다는 것은 부인할 수 없는 사실이다.

실패에 대한 가족들의 반응

부모들이 아이들의 실수를 어떻게 다루고 해결하느냐 하는 것도 모양을 만드는 문제와 관련 있다. 어린 시절은 어설픈 시도와 실패의 노력들로 가득 차 있다. 이 복잡한 세상사를 터득하기 위해 미성숙한 아이들이 실수를 하는 것은 당연한 일이다. 우리가 다루려는 것들 중 중요한 것은 아이들의 실수를 다루는 방법이다.

아이들은 스스로 어리석다고 느끼고 있는가? 그들은 잘못한 일에 대해 놀림을 당하고 있는가? 한 가족원이 낭패를 당한 일로 온 가족이 한바탕 웃어버리는가? 실패로 끝난 시도를 칭찬받을 만한 노력으로 봐주는 매우 훌륭한 능력을 가지고 있는 부모들도 있다. 그들은 항상 격려한다. 그들은 큰 실수가 남기는 영향을 최소화시키려는 데 아주 숙련되어 있다. 아이는 그것이 칭찬인지 시끄러운 잔소리인지, 아니면 이 둘을 조합한 것인지 잘 분별할 줄 안다. 그것은 또한 아이의 삶의 모양을 만드는 강력한 영향들 가운데 하나다.

모양을 만드는 영향들에 대한 오해

삶의 모양을 만드는 영향과 관련해 두 가지 오해가 있다. 첫 번째 오해는 모양을 만드는 영향들을 결정적인 요인으로 보는 것이다. 어린아이는 성장 환경의 어쩔 수 없는 희생자라고 생각하는 것은 잘못이다. 두 번째 오해는 부인하는 것이다. 어린아이의 어릴 때 경험이 아이에게 영향을 미치지 않는다고 말하는 것은 잘못이다. 잠언 29장 21절과 같은 말씀들은 어렸을 적 경험의 중요성을 아주 잘 보여준다. 우리는 그 말씀에서 어릴 때부터 제멋대로 자란 종은 나중에 슬픔을 가져오게 된다는 것을 알 수 있다.

부정론이나 결정론은 옳지 않다. 우리는 주변의 영향들을 성경적으로 이해해야 한다. 그렇게 이해해야 부모로서의 역할을 다하는 데 도움이 된다.

아이들에게 최상의 영향 요건을 제공하는 것이 아이를 제대로 양육하는 것이라고 생각한다면, 정말 크게 오해하고 있는 것이다. 많은 크리스천 부모들이 그런 식으로 '크리스천으로서의 결정론'을 택하고 있다. 대개의 부모들은 이렇게 단정짓기 쉽다. 아이를 잘 보호하면서 잘 키워준다면, 아이를 항상 긍정적으로 대해준다면, 아이를 미션 스쿨에 보낸다면, 가정을 좋은 학교로 만든다면, 될 수 있는 대로 아이들에게 최고의 경험을 제공한다면, 자녀가 올바르게 자랄 것이라고 결론짓는다.

이렇게 생각하는 부모들은 바른 환경이 바른 아이를 만들 것이라고 확신한다. 아이들을 아무 느낌도 생각도 없는 하나의 개체로 보면서 말이다. 이러한 생각은 기독교의 옷을 걸친 매우 단순한 결정론이다.

내 친구 중에는 도자기를 만드는 친구가 있다. 그의 말에 따르면 도공이 사용하는 흙이 자기의 종류를 좌우한다고 한다. 흙은 도공의 손에서 단순히 수동적이지만은 않다. 흙은 도공에게 대응한다. 어떤 흙은 탄력적이고 유연하다. 또 어떤 흙은 부서지기 쉬워서 일하기 힘들다고 한다.

그 친구의 관찰은 아주 좋은 비유다. 물론 부모는 가장 안정된 환경과 영향을 제공하는 데 관심을 가져야 한다. 그러나 단순히 수동적인 찰흙으로 모양을 만들고 있다고 가정을 해서는 안 될 것이다. 찰흙은 모양을 만드는 데 대응한다. 모양을 잘 형성하는 흙이 있는가 하면 어떤 흙은 형틀에 잘 맞지 않는다. 마찬가지로 아이들은 삶의 모양을 만드는 데 결코 수동적으로 대응하지만은 않는다. 아이들은 오히려 적극적으로 대응한다.

자녀들은 자신의 삶에서 하나님을 향한 마음에 따라 대응하고 있다. 하나님을 알고 사랑한다면, 하나님을 아는 것이 어떤 상황에서든지 자신에게 평안을 줄 수 있다는 것을 기꺼이 받아들이고 있다면, 그 아이는 모양을 만드는 부모의 수고에 건설적으로 대응할 것이다.

만약 하나님을 모르고 하나님을 사랑하지 않고 자기 영혼의 목마름을 "…물을 가두지 못할 터진 웅덩이…"(렘 2:13)에 채우려고 한다면, 이 아이는 부모가 기울이는 최고의 노력에 반항하고 있는 것이다. 부모는 하나님이 명령하신 모든 것을 해야 한다. 그러나 그 결과는 부모가 올바른 방법으로 올바른 것을 했는지 안 했는지 여부보다 훨씬 복잡하다. 아이들에게는 부모의 자녀 양육의 방법에 대해 반응하는 만큼의 책임이 있다.

결정론은 부모로 하여금 좋은 모양을 만드는 영향이 저절로 좋은 아이를 만들어준다고 결론내린다. 이것은 후에 인생에서 보다 더 쓴 열매를 맺게 할 것이다. 규범이 없고 문제를 일으키는 십대를 보면 대개 부모들은 그렇게 아이들을 만들어버린 주변 영향에 문제가 있다고 결론내린다. 좀 더 좋은 가정을 가졌더라면 문제가 없었을 것이라고 생각한다. 그러나 그들은 아이들이 단순히 삶의 모양을 만드는 영향에 의해서만 결정되지 않는다는 것을 잊고 있다. 마음은 생명의 근원이라는 잠언 4장 23절 말씀의 가르침을 기억하라. 아이의 마음은 아이가 부모의 자녀 양육에 어떻게 대응하느냐를 결정한다.

에버렛 부부에게는 매우 반항적인 열다섯 살 난 아들이 있었다. 그들은 아이를 키우면서 많은 실수가 있었다는 것을 알고 있다. 그러나 정작 그들의 실수는 아이에게 필요한 것을 보지 못한 것이었다. 아들을 볼 때마다 그들은 자신들의 실패만 보았을 뿐이다. 결과적으로 그들 부부는 자기 아들이 죄짓는 것을 선택하는 아이라고 생각하지 못했다. 그들은 아이가 하나님을 믿지 않고 하나님께 순종하지 않는다는 것을 인정하지 않았다. 그들이 완전한 부모가 아니라는 것은 사실이다. 그러나 그들의 아들도 좋은 아들이 아니라는 것 역시 사실이었다.

이러한 관점은 사람이 마음 내키는 대로 움직이는 피조물이라는 사실을 인정하지 않는 것이다. 유아기에 있다고 해서 아이는 아무 생각 없는 존재가 아니다. 아이들은 나름대로 생활에 적응하고 있다. 우리는 이것을 다음 장에서 살펴볼 것이다.

1. 자녀의 생활에서 삶의 모양을 만드는 가장 두드러진 영향은 어떤 것들인가?

2. 당신의 가정 구조는 어떠한가? 그것은 자녀들에게 어떤 영향을 주고 있는가?

3. 당신의 자녀는 가정의 가치를 어떻게 인식하고 있는가?

4. 당신의 가정에는 어디에 비밀이 있는가?

   아이들에게 너무 많은 것을 알려줌으로써 너무 벅찬 문제와 많은 짐을 지우고 있는 것은 아닌가?

   반면에 너무 알려주지 않아 실제 생활은 전혀 모른 채 하나님을 의지하지 않는 것은 아닌가?

5. 당신의 가정은 누가 제일 어른인가? 중앙 집권적인가? 아니면 가족이 모두 모여 결정하는가?

6. 다툼을 해결하는 방법은 대개 어떤 형태인가?

   이런 해결책들은 아이들 각각에게 어떤 영향을 주는가? 변화될 것이 확실한가? 그렇다면 어떤 변화들이 있는가?

7. 당신의 가정에서는 무엇을 성공이나 실패라고 생각하는가?

8. 가족사에 중점이 되었던 사건들은 무엇인가? 그 사건들은 어떤 영향을 주었는가? 또 아이들에게는 어떤 영향을 주었는가?

9. 당신은 자녀 양육에 대한 관점에 결정론자의 경향을 띠고 있는가? 아이들은 그들 삶에서 모양을 만드는 영향에 적극적으로 대응하고 있는가?

   당신은 그들이 어떻게 대응한다고 보는가?

3장

자녀의 성장: 하나님을 향한 마음

대학교 때 처음으로 요트를 탈 기회가 있었다. 그때 배운 놀라운 사실을 나는 지금도 기억한다. 그것은 요트가 가는 방향은 바람의 방향에 따른 것이 아니라 돛의 움직임에 따라 좌우된다는 것이다. 어떤 면에서 하나님을 향한 마음(Godward orientation)을 심는 것도 한 어린 아이의 인생에 돛을 고정시키는 것과 같다. 인생에서 어떤 영향을 받았든지, 그러한 영향에 대한 반응을 결정하는 것은 하나님을 향한 아이 자신의 마음이다.

잠언 9장 7-9절 말씀에는 책망과 교훈에 반응하는 지혜로운 사람과 미련한 사람을 대조적으로 보여주고 있다. "거만한 자를 징계하는 자는 도리어 능욕을 받고 악인을 책망하는 자는 도리어 흠이 잡히느니라 거만한 자를 책망하지 말라 그가 너를 미워할까 두려우니라 지혜 있는 자를

49

책망하라 그가 너를 사랑하리라 지혜 있는 자에게 교훈을 더하라 그가 더욱 지혜로워질 것이요 의로운 사람을 가르치라 그의 학식이 더하리라." 10절에서는 한 어린아이가 거만한 자나 지혜로운 자로 대응하는 것을 무엇이 결정하는지 말해준다. 사람을 지혜롭게 하는 것은 주님을 경외하는 일이다. 또 책망에 어떻게 대응하는가 결정하는 것은 바로 지혜다.

하나님을 향한 마음

다음 그림은 언약의 존재로서 아이를 나타낸다. 모든 인간은 하나님을 향한 마음을 갖고 있다는 것을 다시 상기시키기 위해 이 용어를 쓰기로 한다. 모든 사람은 종교적이며 아이들도 예배자들이다. 그들은 여호와를 섬기든지 아니면 우상을 섬긴다. 아이들도 절대로 중립적이지 않다. 그들도 자신의 종교적인 네트워크를 통해 인생의 경험들을 걸러낸다.

로마서 1장 18-19절 말씀을 다시 보자. "하나님의 진노가 불의로 진리를 막는 사람들의 모든 경건하지 않음과 불의에 대하여 하늘로부터 나타나나니 이는 하나님을 알 만한 것이 그들 속에 보임이라 하나님께서 이를 그들에게 보이셨느니라." 모든 사람은 진리에 대해 명확한 하나님의 계시를 갖고 있다. 그러나 악한 사람은 그 진리를 무시해버린다. 그들은 진리 알기를 거부하며 단순히 하나님이 만드신 피조물에게 복종한다. 그들은 하나님을 알되 하나님을 영화롭게 하지 않고, 그들의 생각이 허망하여져서 결국 우상을 섬긴다고 사도 바울은 계속해서 말하고 있다.

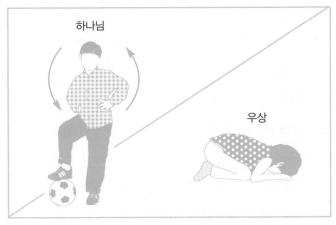

〈그림 3〉 **하나님을 향한 마음**

로마서 1장에서는 자녀들이 믿음으로 하나님께 나아가거나 불의로 진리를 저버린다고 말하고 있다. 아이들이 믿음으로 하나님께 나아간다면 하나님을 알고 섬김으로 완전함을 찾을 것이다. 그들이 불의로 진리를 저버린다면 궁극적으로는 창조주가 아닌 피조물을 섬기는 것이다. 이것이 바로 여기서 말하는 하나님을 향한 마음의 의미다.

두 길 중 하나를 택하는 것

위의 그림 왼쪽 부분은 유일하고 진실하신 하나님을 경배하는 사람을 나타내고 있다. 하나님을 향한 화살표는 그 마음의 방향을 보여준다. 그는 더욱 하나님을 알고 섬기기를 원한다. 하나님으로부터 나온 화살표는 하나님의 소유인 사람에 대한 하나님의 주도적이며 지속적인 활동을 뜻한다. 오른쪽 밑에는 우상을 섬기는 사람을 볼 수 있다. 그는 하나님이 아닌 것들 또는 절대로 완전하지 않은 것에 절하고 있다.

어린아이는 자신의 종교적인 헌신을 분명하게 의식하지 못할지 모르지만 결코 중립적이지는 않다. 하나님의 형상으로 만들어진 사람은 예배 지향적으로 만들어졌다. 어린아이일지라도 그들은 하나님을 경배하고 섬기거나 아니면 우상을 경배하고 섬긴다.

다윗은 시편 58편 3절에서 "악인은 모태에서부터 멀어졌음이여 나면서부터 곁길로 나아가 거짓을 말하는도다"라고 이것을 상기시키고 있다. 시편 51편 5절 말씀은 더욱 익숙한 구절이다. "내가 죄악중에서 출생하였음이여 어머니가 죄 중에서 나를 잉태하였나이다." 이런 구절들이 주는 교훈은 매우 의미 심장하다. 어머니의 태 속에 있는 아이나 곧 태어나는 아이일지라도 다 죄가 있으며 제멋대로라고 말한다. 우리는 종종 사람이 죄를 지을 때 죄인이 된다고 배웠다. 그러나 성경은 사람이 죄인이므로 죄를 짓는다고 가르친다. 아이들은 태어나면서부터 결코 도덕적으로 중립적이지 않다.

아이를 징계하는 정당한 이유는 "아이의 마음에는 미련한 것이 얽혔으나 징계하는 채찍이 이를 멀리 쫓아내리라"(잠 22:15)는 말씀에서 찾을 수 있다. 잠언의 요점은 어린아이의 마음에 잘못된 것이 있으면 그것을 고쳐야 한다는 것이다. 바로잡아야 할 것은 구조뿐만이 아니라 마음이다.

마음은 중립적이지 않다

중립적인 유년기란 없기 때문에 아이들은 하나님을 섬기든지 우상을 섬기게 마련이다. 그 우상들은 눈에 보이는 조각상이 아니라 바로 마음의 미묘한 우상들이다. 성경은 사람을 경외하는 것이나 악한 마음을 품는 것, 욕망 그리고 교만이라는 말을 사용하고 있다. 이런 우상들은 세상과의 일치, 세상적인 마음, 땅의 것을 사랑하는 것이다. 또한 아이의 마음을 지배하는 마음의 동기, 욕망, 목표, 소망, 기대들이 바로 그것이다. 이러한 것들은 더 자세히 말할 필요도 없다.

아이들은 유년기를 거치기 시작하면서 하나님을 향하는 마음으로부터 영향을 받는다. 그들은 여호와 하나님을 알고 사랑하고 섬기는 믿음의 자녀로 반응하든가, 하나님을 알지도 못하고 섬기지도 않는 신앙이 없는 어리석은 자녀로 반응한다. 요점은 아이들이 반응한다는 것이다. 그들은 결코 중립적이지 않다. 아이들은 단순히 부모가 아이들에게 주입한 대로 움직이지 않는다. 자녀들은 진실한 믿음의 삶을 살아가든지, 아니면 불신앙의 우상과 어울려 살든지 둘 중 하나를 택하기 마련이다.

아이들은 누구를 예배하는가?

이 문제는 명령형으로 명백히 할 수 있다. 자녀 양육은 좋은 가르침만 제공하는 것이 아니다. 자녀 양육은 건설적인 가정의 분위기를 형성하는 것이나 부모와 아이가 좋은 관계를 갖는 것만을 의미하지 않는다. 거기에는 또 다른 면이 있다. 아이들과 살아계신 하나님과의 관계 부분이다. 아이들은 하나님을 경배하고, 봉사하고, 하나님이 누구신지 깨달아가면서 성장하든지, 아니면 하나님과 상관 없이 삶이란 어떤 의미가 있는지 찾으며 살아간다.

자신의 마음에 하나님이 없다고 말하는 어리석은 자로 살고 있다면 그 아이는 경배하지 않으며 사는 것이 아니라 단순히 하나님이 아닌 다른 것을 경배하고 있는 것이다. 부모의 책임은 오직 홀로 경배받기에 합당하신 하나님을 경배하며, 자기 마음을 하나님께 향하도록 아이를 인도하는 것이다. 문제는 "아이가 예배드리는가?"가 아니라 "누구에게 예배드리는가?"에 있다.

자녀 양육의 의미

자녀 양육에 관한 기존의 책들과 이 책의 다른 점은 바로 이것이다. 자녀 양육에 관한 대부분의 책들은 자녀들에게 건설적인 영향을 형성해 주는 데 많은 도움을 준다. 조언과 창조적인 아이디어로 아이가 여러 상황에 잘 대처하고 옳게 성장하기를 기대하면서 최대한 성경적으로 사는 모양을 이끌어내는 영향에 대해 다루고 있다. 그러나 이 책은 인생에 대한 성경적인 지침들에 대한 아이디어를 제공할 뿐만 아니라, 아이의 마음에 손을 내밀어 지도하는 방법을 제시하고 있다.

잠언 4장 23절을 기억하라. 마음은 생명의 근원이다. 자녀 양육은 단지 아이의 삶에 결정적인 모양을 만드는 영향을 만들어주는 데만 관심을 두어서는 안 된다. 삶은 마음으로부터 용솟음치는 것이다.

나는 이 세상에서 제일 작은 전쟁터인 어린아이의 마음을 다루는 부모들을 돕는 데 관심이 있다. 부모는 자녀들을 하나님의 형상으로 만들어진 피조물로 생각해야 한다. 살아계신 하나님을 알고 섬길 때 아이들은 비로소 온전함과 행복을 느낄 수 있다.

자녀 양육에서 부모가 해야 할 일은 앞의 그림에서 나온 두 문제와 관련이 있다. 부모는 자녀에게 가장 좋은 삶의 영향들을 조성해주고 싶어 한다. 또 아이들에게 필요한 안정과 보호를 제공하는 가정이 되기를 원할 뿐만 아니라, 실패한 죄인들을 위해 하나님이 주신 은혜와 자비가 있는 좋은 관계를 가정에서 갖기 원한다. 부모는 아이에게 적절한 벌을 주어 죄에 대한 하나님의 거룩한 관점을 보여주고 싶어 한다. 그래서 성경적인 가정의 가치관을 갖기를 기대한다. 또한 혼잡하지 않고 좀 더 잘 정돈된 가정을 갖기 위해 모든 일들을 잘 단속하고 싶어 한다. 아울러 아이들에게 건강하고 건설적인 분위기를 만들어주고 싶어 한다.

그 모든 일은 중요하지만 이런 것들이 다 맞아떨어진다고 해서 그것이 전부는 아니다. 우리 아이들은 단지 이런 영향에 의해서만 만들어지지 않는다. 아이들은 이 모든 것들에 대해 반응한다. 자신이 선택한 신앙의 대상에 따라 상호 작용한다. 하나님의 선하심과 자비하심에 믿음으로 순응하든지 아니면 불신앙으로 대항한다. 살아계신 하나님을 사랑하고 신뢰하든지 아니면 갖가지 모양의 우상과 자기 신뢰에 집착한다. 이 말은 삶의 모양에 영향을 미치는 본질이 무엇인가에 따라서가 아니라, 이러한 영향 안에서 아이가 하나님께 어떻게 대응하는가 하는 문제다.

아이가 살아가면서 결정하는 것은 곧 아이의 마음속에 있는 하나님을 향한 마음이기 때문에, 부모는 결코 아이의 문제가 단순히 미성숙하기 때문이라고 결론내려서는 안 된다. 이기심은 저절로 없어지지 않는다. 권위에 대한 반항도 저절로 없어지지 않는다. 이러한 것들은 미성숙의 표현일 뿐만 아니라 아이의 마음에 우상이 있기 때문이다.

알버트는 거짓말하는 아이였다. 그는 아버지의 눈치를 보며 아버지 모르게 행동했다. 그는 자기에게 이익이 되는 것이 없는데도 거짓말을 했다. 종종 부모의 돈을 훔치기도 했다. 그의 아버지는 아들이 그렇게 행동하는 것은 미성숙하기 때문이라고 고집했다. 알버트가 미성숙하다는 아버지의 생각은 맞지만, 그가 미성숙하다는 것이 그가 신뢰할 수 없는 아이가 될 이유는 되지 않는다. 그가 신뢰받을 수 없는 이유는 그가 죄인이기 때문이다. 알버트는 하나님 없는 삶에 의미를 부여하려고 했다. 하나님의 권위에 대한 반항과 스스로 권위를 가지려는 우상 속에서 그는 믿음 없는 아이가 되었다. 알버트의 부모는 그의 행동이 하나님을 떠난 마음을 보여주고 있다는 것을 인정할 때까지 그를 도울 수 없었다.

하나님을 향한 마음의 중요성

성경에 있는 사건들은 삶의 모양을 만드는 영향이 전부가 아니라고 말한다. 요셉을 생각해보라. 그의 어린 시절의 경험은 이상적인 것과는 너무 거리가 멀었다. 어려서 어머니가 돌아가셨고 아버지의 총애를 독차지했다. 그의 꿈들은 형제들의 미움을 부채질했고, 아버지의 권위로 구별해준 겉옷은 더욱 형제들과 멀어지게 했다. 형제들은 그를 배반하고 웅덩이에 던졌다. 그때 마침 지나가던 노예 상인들이 그를 사서 이익을 남기려고 되팔았다. 보디발의 집에서 요셉은 영예와 충성에도 불구하고 더욱 고난을 당했다. 그는 감옥에 갇혔으며 거기서도 그가 도와준 사람들로부터 버림받았다. 요셉은 원한이 많고, 냉소적이며, 분개하기 잘하고, 분노에 찬 사람일 것이라고 생각할 수도 있다. 사람의 성품을 만드는 데 영향을 주는 환경이 전부라고 한다면 그렇게 생각할 수도 있을 것이다. 하지만 우리는 거기서 특별한 어떤 것을 발견할 수 있다. 형제들이 무릎 꿇고 엎드려 자비를 구했을 때 요셉은 이렇게 말했다. "두려워하지 마소서 내가 하나님을 대신하리이까 당신들은 나를 해하려 하였으나 하나님은 그것을 선으로 바꾸사 오늘과 같이 많은 백성의 생명을 구원하게 하시려 하셨나니 당신들은 두려워하지 마소서 내가 당신들과 당신들의 자녀를 기르리이다 하고 그들을 간곡한 말로 위로하였더라"(창 50:19-20).

요셉의 경우를 어떻게 설명할 수 있을까? 어려운 환경 속에서 그는 자신을 하나님께 온전히 맡겼다. 하나님은 그와 살아 있는 관계를 가지며 그를 환경에 대처하는 사람으로 만드셨다. 요셉은 삶의 환경을 통해서가 아니라 하나님의 끊임 없는 사랑과 하나님이 약속하신 자비 안에서 하나님을 사랑했고, 자신이 해야 할 일을 찾았다.

나아만 부인의 여종의 경우는 어떠한가? 적군들은 이스라엘에 있는 그녀의 집에서 그녀를 데려다 아람 장군의 종으로 만들었다. 그녀는 전쟁의 노략품이었다. 그녀의 인생에서 환경은 이상적인 것과는 거리가 멀었지만 그녀는 여호와 앞에 성실했다. 주인이 아파서 치료가 필요할 때 이 소녀는 하나님의 능력을 알고 있었을 뿐만 아니라 더 나아가 어디에 이스라엘 선지자가 있는지 알려주었다. 이스라엘 왕은 선지자를 알지 못했거나 하나님의 권능에 대해 깊은 믿음이 없었다. 그는 이 위기를 두려움과 불신앙으로 대했다(왕하 5:6-7). 그러나 왜 이 소녀는 다르게 대처했는가? 분명히 사람에게는 환경과는 다른 무엇이 있다. 그 여종은 자신이 자란 어려운 환경에도 불구하고 여호와를 향한 지속적인 믿음을 갖고 있었다.

요약

자녀가 어떤 사람이 되는가를 좌우하는 두 가지 문제는 첫째, 삶의 모양을 만드는 영향을 조성해주는 것과 둘째, 하나님을 향한 그들의 마음이다. 그러므로 자녀 양육에서는 이 두 가지 문제를 모두 다루어야 한다. 우선 부모는 부모의 통제 아래 아이의 삶에 어떤 영향을 주어야 하는지 관심을 가져야 한다(죽음과 같은 일들은 우리가 할 수 없는 일이지만). 둘째, 부모는 자녀를 향해 적극적으로 하나님을 향한 마음을 목양하는 것이다. 이런 모든 일에 자녀들이 하나님을 알고 공경하는 사람이 되게 하기 위해, 하나님이 부모의 노력과 아이들의 반응 가운데 역사하실 것을 기도해야 한다.

부모로서 자신이 해야 할 일을 이해하려고 힘쓸 때 〈그림 2〉와 〈그림 3〉에서 보는 것처럼 올바른 지시와 방향을 제공해줄 수 있을 것이다. 부모는 성경적인 삶의 모양을 만드는 영향에 관심을 가지면서, 하나님을 알고 섬기는 자녀들의 마음을 목양해야 한다.

다음 장에서 우리는 자녀 양육의 기본적인 문제를 점검할 것이다. 하나님의 대행자로서 부모의 역할은 무엇인가? 부모가 맡은 임무의 본질은 무엇인가? 훈육과 바르게 하는 기능은 무엇인가?

자녀 양육
체크 리스트

1. 당신은 자녀 양육에 대해 결정론자의 견해를 가지고 있는가? 자녀의 생활에서 모양을 만드는 영향에 자녀들이 적극적으로 반응하는가? 그들이 반응하는지 어떻게 알 수 있는가?

2. 하나님을 향한 자녀의 마음은 어떠한가? 그들의 삶과 행동을 통해 하나님을 아바 아버지, 목자, 주님, 절대 주관자, 왕으로 모시고 살고 있음을 알 수 있는가? 아니면 쾌락, 인정, 용납, 아니면 다른 거짓 신을 위해 살고 있는가?

3. 자녀의 내면에서 볼 수 있는 우상에 도전하기 위해 아이의 마음을 끄는 매력적인 방법들을 구상해보라.

4. 하나님을 향한 마음의 심오한 문제에 대해 어떻게 바르게 초점을 맞출 수 있는가? 또한 만족할 수 없는 것에 시간과 노력을 쏟고 있는지 점검하도록 부모는 어떻게 도울 수 있는가?

5. 주님이 자녀들에게 임재하시기를 배우자와 함께 기도하는가? 궁극적으로 하나님은 자녀의 마음속에서 어떤 일을 주관하시는가?

5

4장

부모의 책임

사내아이들은 창고에서 손수레를 손보고 있었다. 딸아이는 창고에 가서 아이들에게 저녁을 먹으러 들어오라고 했다.

"들어와서 씻고 저녁 먹을 준비해. 빨리!"

딸아이는 짐짓 권위적으로 말했다.

"애들 들어오니?" 들어오는 딸에게 아내가 물었다.

"들어오라고 했어요." 딸아이는 시원찮게 대답하는 눈치였다.

아이들은 왜 들어오지 않았는가? 그 이유는 아이들을 들어오라고 부른 것은 아이들의 누나였고, 아이들은 누나의 권위에 따르려 하지 않았기 때문이다.

딸아이는 다시 창고에 가서 똑같은 말을 전하면서 "엄마가 말씀하셨어"라고 권위 있는 두 단어를 덧붙였다.

아이들에게 집에 들어오라는 딸아이의 말에는 권위가 없었다. 딸아이가 두 번째로 아이들을 불렀을 때 엄마를 대신해서 불렀다. 아이들은 그제서야 움직이기 시작했다.

권위에 대한 혼동

우리 문화는 권위를 싫어한다. 단순히 권위 아래 있는 것을 싫어한다기보다 권위 그 자체를 싫어하는 분위기다. 가정에서 권위로 인해 불쾌감이 생기는 것을 보면 금방 알 수 있다.

우리는 권위를 성경적으로 이해할 필요가 있다. 여기에는 많은 문제제기가 있다. 아이들에 대해 부모가 가진 권위의 본질은 무엇인가? 절대적인가, 아니면 상대적인가? 몸집이 아이들보다 더 크다고 해서 부모는 권위를 가지는가? 아니면 경험이 더 많고 똑똑하기 때문에 책임을 갖는 것인가? 부모는 죄인이 아니고 아이들은 죄인이기 때문인가? 부모는 아이들에게 부모가 원하는 것을 하라고 말할 권리가 있는가?

이런 질문에 제대로 답하지 못한다면 우리는 하나님과 아이들에게 부모의 의무를 수행하는 데 일시적이고 불안정한 상태에 있을 것이다.

부모가 지닌 권위의 특성과 한계에 대한 확신이 없다면 오히려 아이들은 큰 어려움을 겪게 될 것이다. 아이들은 부모가 무엇을 원하는지 예상할 수 없다. 왜냐하면 기본적인 규칙들이 계속 바뀌기 때문이다. 그렇게 되면 아이들은 지혜를 가르치는 하나님 말씀의 절대적인 원칙을 결코 배우지 못할 것이다.

우리가 살고 있는 문화는 권위에 대한 성경적인 이해가 없다. 우리는 권위를 압도적인 힘이나 또는 그 힘에 대한 동의로부터 나오는 것으로 생각한다. 그래서 우리가 반응할 수 있는 유일한 길은 반항하거나 비굴하게 복종하는 것이다. 우리 문화는 지적인 사람들, 곧 사고하는 사람들이 기꺼이 그들 자신을 권위 아래 순종하는 것에 대한 개념이 없다. 만일 우리가 자녀들이 독립적인 결정을 하도록 허락한다면, 그것은 그들에게 자유에 대한 그릇된 생각과 관점을 심어주는 것이다. 자유는 자율 속에 있는 것이 아니라 순종 속에 있는 것이다(시 119:44-45).

요즘 세태를 보면 부모는 흔히 즉흥적으로 말한다. 아이들을 양육하는 데 따르는 성경의 명령을 이해하지 못하고 있기 때문이다. 자녀 양육의 목적은 대개 순간적인 위로와 편안함에서 벗어나지 못하는 수준이다. 아이들에게 시달릴 때 부모가 순종을 요구하면 그때 보여주는 아이들의 순종은 부모를 편하게 해주는 편리한 방법이다. 그러나 크리스천 부모들은 하나님이 원하시는 자녀 양육을 분명히 이해하고, 아이들은 하나님이 항상 순종하도록 부르셨다는 사실로 훈련받아야 한다.

자녀를 양육해야 할 소명

부모에게는 책임이 있다. 왜냐하면 하나님이 부모를 자녀의 생활에서 권위자로 부르셨기 때문이다. 부모에게는 하나님을 대신해서 행사해야 할 권위가 있다. 엄마나 아빠로서 부모의 권한을 행사하는 것이 아니라 하나님의 권한을 대행하는 것이다.

부모는 하나님의 명령에 따라 행해야 한다. 부모는 하나님이 주신 책임을 완수해야 한다. 부모는 자기 만족이나 즐거움 때문에 자녀를 돌보는 것이 아니라 하나님을 기쁘게 해드리기 위해 그렇게 해야 한다.

부모는 의무적인 모든 일을 이러한 관점에서 해야 한다. 부모는 자녀에게 지시하는 것이나, 돌보는 것이나, 영양을 공급하는 것이나, 바르게 교육하는 것이나, 훈육하는 것 등 모든 것을 책임지고 수행할 의무가 있다. 하나님이 그렇게 하도록 부모를 부르셨기 때문이다. 부모는 하나님이 자녀들에게 하나님을 대신해서 권위를 행사하는 책임을 주셨다는 것을 확신하고 행동해야 한다. 창세기 18장 19절에서, 하나님은 "내가 그로 그 자식과 권속에게 명하여 여호와의 도를 지켜 의와 공도를 행하게 하려고 그를 택하였나니…"라고 말씀하셨다. 아브라함은 하나님의 심부름꾼이었다. 그는 하나님이 하시려는 일을 수행했다. 하나님이 이러한 일을 맡기기 위해 그를 부르셨다. 그는 소속이 없는 사람이 아니었다. 아브라함은 자기 자신에 대한 일을 설명하지 않았다. 하나님이 일을 정하시고 아브라함은 하나님을 대신해서 행동했을 뿐이다.

신명기 6장은 부모의 책임에 대해 이런 점을 강조하고 있다. 2절에 하나님은 이스라엘과 그 자녀들, 그리고 자손들에게 하나님의 말씀을 지켜 하나님을 경외하라는 목표를 말씀하신다. 하나님의 계명을 전해 받은 사람은 부모다. 하나님은 부모에게 집에 앉아 있을 때나, 길을 걸을 때나, 누워 있을 때나, 일어날 때나, 자녀들을 훈련시키라고 명령하신다. 하나님은 목적을 갖고 계신다. 하나님의 방법은 한 세대가 다른 세대를 따르는 것이다. 하나님은 부모의 가르침을 통해 이 목적을 성취해나가신다.

에베소서 6장 4절을 보면 하나님은 아이들을 하나님의 가르침과 훈련으로 양육하라고 명령하신다. 이것은 단순히 훈련시키고 가르치라는 명령이 아니다. 하나님을 대신해 하나님의 훈련과 가르침을 제공하라는 말이다. 이 간단한 원리를 이해한다면 우리가 해야 할 일은 분명해진다. 우리가 하나님의 주요한 훈련과 가르침을 제공하는 대행자라면 우리 역시 권위 아래 있는 사람이다. 부모와 자녀는 한 배에 타고 있다. 우리는 모두 하나님의 권위 아래 있다. 각기 다른 역할을 맡고 있지만 한 주인을 모시고 있다.

바르게 교육하는 과정에서 부모가 거룩하지 못한 화를 낸다면 그것은 잘못이다. 그렇다면 용서를 구해야 한다. 아이를 훈육시킬 권리는 하나님이 부모에게 주신 소명에 따라야 하며, 자기 뜻대로 해서는 안 된다.

거룩하지 못한 화, 곧 부모가 자녀로부터 원하는 것을 얻지 못함으로 인한 분노는 훈육 과정을 망칠 것이다. 자녀가 부모가 원하는 대로 하고 있지 않다고 해서 화를 낸다면, 그것은 훈육을 자녀와 하나님 사이의 문제가 아닌, 부모와 자녀 사이의 문제로 만드는 것이다. 순종하지 않는 것은 하나님께 순종하지 않는 것이다. 존중하지 않는 것은 하나님을 존중하지 않는 것이다. 이 문제는 인간 사이에 존재하는 다툼이라기보다는 오히려 자녀를 하나님께 순종케 하고자 하는 부모의 고집이다. 왜냐하면 하나님께 순종하는 것이 선하고 옳은 것이기 때문이다.

우리는 의로운 분노가 있다는 것을 안다. 하지만 의로운 분노는 우리에 대한 모욕보다는 오히려 하나님을 모욕한 것에 대해 반응한다. 부모는 "내가 옳고 화가 나기 때문에 나의 분노는 의로운 분노다"라고 말하기 쉽다. 부모가 화가 나는 것은 단지 부모가 원하는 것을 얻지 못했기 때문일 것이다.

순종에의 소명

부모는 아이에게 자기 뜻을 관철시키기 위해 완력으로 순종을 요구해서는 안 된다. 절대로 그렇게 해서는 안 된다! 부모는 생명을 인도하는 바른 징계의 가르침으로(잠 6:23) 자녀를 대해야 한다. 하나님이 부모에게 이 일을 맡기셨기 때문에 하나님을 대신해서 자녀를 맡아야 한다.

이제는 가정에서 이런 대화가 더 많이 오고가야 한다.

아빠: "너는 아빠에게 순종하지 않았지?"

아이: "예, 순종하지 않았어요."

아빠: "네가 말을 안 들으면 아빠가 어떻게 해야 되는지 가르쳐 주신 하나님 말씀을 기억하니?"

아이: "저를 혼내셔야 해요."

아빠: "그래, 혼내야 돼. 내가 너를 혼내지 않으면 아빠가 하나님 말씀에 순종하지 않는 것이고, 그렇게 되면 우리 둘 다 잘못하는 것이란다. 이것은 너에게나 아빠에게 좋은 일이 아니지?"

아이: (내키지 않는 목소리로) "예, 안 좋아요."

이런 대화는 어떤 의미가 있는가? 부모는 심술이 나서 아이를 혼내는 것이 아니다. 아이의 무례함이 싫어서 아이를 순종하게 하려는 것도 아니다. 아이에게 무조건 화를 내는 것이 아니다. 부모는 아이와 마찬가지로 하나님의 다스리심과 권위 아래 있다. 하나님이 부모를 부르셨으므로 회피해서는 안 된다. 부모는 하나님의 지시에 따라 행해야 한다. 하나님이 지시하셨기 때문에 부모는 그분께 순종해야 한다.

확신을 가지고

이 대목에서 부모는 폭넓은 자유를 누릴 수 있다. 지시하고 바로잡고 훈련시킬 때 부모는 자기 뜻대로 행하는 것이 아니라 하나님을 대신해서 한다. 부모는 자신이 책임 맡은 것이 옳은지 그른지 궁금해할 필요가 없다. 하나님이 부모에게 주신 책임을 수행하는 것이므로 아이로부터 인준받을 필요가 없는 것이다.

마땅히 행할 일

부모가 하나님의 대행자임을 이해하는 것은 지시할 권리뿐만이 아니다. 이것은 또한 마땅히 행해야 할 것을 알게 하는 것이다. 부모에게는 선택의 여지가 없다. 자녀를 맡아 잘 길러야 한다. 하나님께 순종하면서 그렇게 해야 한다. 이것이 부모의 의무다.

예를 들면, 내가 사는 펜실베이니아 주에서는 아이를 학대하는 어떤 일도 학교에 보고해야 한다. 이 법은 단순히 학대를 보고할 권리를 말하는 것이 아니다. 학대하는 것을 보고하는 것은 의무 사항이다. 학교 담당

자는 어떤 사건을 보고 해야 하는가 판단을 결정할 재량권이 없다. 법이 이것을 요구하고 있기 때문이다. 마찬가지로 부모가 하나님으로부터 부르심을 받아 아이를 키우는 책임자라는 사실, 그 하나만으로 부모에게는 권위뿐만 아니라 훈련시킬 책임도 함께 주어졌다.

학교 운영에 참여하는 한 사람으로서 나는 대부분의 부모들이 아이들의 생활을 책임져야 한다는 타당성과 필연성을 이해하지 못하고 있는 것을 종종 보았다. 오히려 부모들은 조언자가 되려고 한다.

예를 들면 이렇게 말하는 부모는 많지 않다.

"아침은 오트밀이야. 아주 영양가가 높아. 어서 먹으렴. 네가 더 좋아하는 것은 다음에 해줄게." 그 대신 많은 부모들이 이렇게 말한다. "아침에 뭘 먹고 싶니? 내가 준비한 오트밀이 싫다고? 그럼 어떤 것이 먹고 싶니?"

이렇게 말하는 것은 듣기 좋고 교양 있는 소리처럼 들린다. 그러나 실제로는 어떤 결과를 초래하는가? 아이는 자신이 당당한 결정권자라고 배운다. 부모는 단지 선택권을 제시하는 사람일 뿐이라고 생각한다.

이런 시나리오는 아이들의 일들, 즉 옷, 시간표, 교제, 자유 시간의 선택 등에서 계속 벌어지고 있다. 아이는 여섯 살, 여덟 살 또는 열 살이 되면서 스스로가 자신의 주인이 된다. 열세 살까지도 아이는 제멋대로 한다. 부모들은 호소하고, 낙담하거나 화가 나서 윽박지르며 큰소리로 위협할 수 있지만, 아이는 이미 오래전에 자기 자신의 주인이 되어 있다.

이 부모는 이미 오래전에 아이의 생활에 결정을 내리는 특권을 포기한 것이다. 왜 이런 일이 일어났을까? 그것은 아이가 어렸을 때부터 부모가 선택해야 할 여러 상황을 아이 자신이 결정하게 한 탓이다.

이렇게 논박하는 사람도 있을 것이다. "아이들로 하여금 결정하게 함으로써 아이는 결정하는 법을 배운다. 우리는 단지 아이들이 현명한 결정을 내리는 사람이 되기를 원할 뿐이다." 이렇게 말하는 사람은 가장 중요한 것을 잊고 있다. 자신을 대신해서 결정을 내리고 지혜로운 방향을 제시하는 신실한 부모를 보면서 아이들은 결정을 잘 내리는 아이로 성장할 것이다.

결정을 내리기 전에 아이 스스로가 권위 아래 있다는 것을 아는 것은 매우 중요하다. 하나님이 아이들을 사랑하셔서 그들을 지도하고 인도하는 부모를 주셨다는 것을 가르치라. 아이들은 부모로부터 배움으로써 지혜로운 결정을 내리는 법을 배운다. 그러므로 부모들은 책임 의식을 가져야 한다.

부모는 이것을 기쁜 마음으로 은혜롭게 받아들이며 아이들의 일에 권위를 가지고 개입해야 한다.

자녀 양육의 정의

하나님이 부모를 대리자로 부르셨다는 것을 기억하면서 부모가 해야 할 일을 정의해보자. 요즘 풍토를 보면 부모가 아이들을 돌보려는 노력은 점점 줄어들고 있다. 부모들은 흔히 좁은 의미의 의무에 매달린다. 아이에게 의식주와 질적인 시간만 보장해준다.

이런 나태한 관점과는 달리 하나님은 부모에게 자녀 양육을 맡기면서 아이들을 돌보는 사람으로서 더 심오한 일을 주셨다. 부모는 하나님을 대신해서 자녀를 키우는 것이다. 하나님이 부모에게 주신 일은 간단하고 편리한 시간표대로 짜인 일이 아니다. 이것은 모든 것에 영향을 미친다. 훈련과 목양은 부모가 자녀와 함께 있을 동안 내내 계속된다. 걸을 때나 말할 때나 쉴 때나 언제든지, 부모는 아이를 도와 그의 삶과 그 자신 그리고 자신의 필요들을 성경적인 관점에서 이해하도록 해야 한다(신 6:6-7).

또 아이를 키울 때는 친근한 관계를 가져야 한다. 부모는 아이의 관심사가 무엇인지 알아야 한다. 창세기 18장에서 말씀하신 것처럼 하나님의 방법으로 아이들을 지도하려고 한다면 부모는, 아이들과 그들이 좋아하는 것이 무엇인지 알아야 한다. 이러한 일들은 단순히 의식주를 해결해 주는 데서 그치는 것이 아니다.

분명한 목적들

부모는 어떤 목적을 가지고 아이들을 훈련시키고 있는지 깊이 생각해야 한다. 부모들은 대개 아이들의 강점과 약점을 곧바로 대답하지 못한다. 또 아이들의 약한 부분을 강하게 한다든지, 강점을 칭찬하고 격려하는 것이 무엇인지 분명히 말하는 것도 쉽지 않다. 남편과 아내가 서로 아이들의 단기 및 장기 목표를 가지고 의논하는 것도 드문 일이다. 그들은 부모로서 자녀를 양육하는 방법을 개발하지 않는다. 그들은 하나님을 전적으로 의뢰하지 않는다. 그들은 하나님이 아이들에 대해 어떻게 말씀하셨는지, 하나님이 요구하시는 것이 무엇인지 모른다. 또 단순히 행동에 관한 것보다 마음가짐을 바르게 하는 방법이나 해결책에 대해서는 거의 생각해보지 않았다. 그래서 유감스럽게도 아이들을 바르게 하는 과정에서 오히려 아이들을 당혹스럽게 하거나 노엽게 하는 일들이 자주 일어난다.

왜 그런가? 그 이유는 우리가 생각하는 자녀 양육에 목양을 포함시키지 않았기 때문이다. 우리 문화는 부모를 아이들을 돌보는 어른이라고 생각한다. 같이 웃으며 지내는 시간을 질적인 시간으로 생각한다. 같이 웃고 즐기는 것이 잘못된 생각은 아니지만, 아이들을 하나님의 방법으로 지도하는 것과는 다르다.

그러나 우리 문화와는 달리 창세기 18장은, 부모가 아이들로 하여금 옳고 의로운 일을 하게 함으로써 하나님의 도를 지키도록 아이들을 지도하라고 말한다. 부모가 된다는 것은 아이들을 위해 하나님을 대신해 방향을 보여주는 일이 아니다. 지도자들은 책임이 있다. 그것은 아이들이 행동에 대한 하나님의 기준이 무엇인지 알게 하고, 또 이해하도록 돕는 것이다. 그것은 그들의 본성이 죄인이라고 가르치는 것을 의미한다. 또한 죄인을 위한 그리스도의 삶과 죽음으로 보여주신 하나님의 은혜와 사랑을 가르치는 것도 포함된다.

자녀 양육에 겸손한 자세를

하나님의 대행자로서 행동해야 한다는 것은 우리가 부모임을 인식하게 하고 우리를 겸손하게 만든다. 우리가 하나님의 명령대로 자녀를 올바르게 키워야 한다는 사실을 깨닫는 것은 매우 중요한 일이다. 우리는 하나님의 대행자로서 아이의 죄를 아이 자신에게 보여준다. 한 나라의 영사가 자기 나라를 대표해 의식적으로 일하는 것처럼, 부모는 아이들에 대해 하나님의 대행자라는 사실을 인식해야 한다. 세상에 어떤 일들도 이것보다 더 부모를 진지하게 만들고 겸손하게 만드는 것은 없다.

나는 수없이 많이 화를 낸 것과 죄스런 행동에 대해 아이들에게 용서를 구하며 이렇게 말했다. "얘야, 내가 너에게 죄를 지었구나. 내가 거룩하지 못한 화를 냈구나. 말하지 말았어야 할 것을 말했단다. 잘못했다. 하나님이 나에게 이렇게 중요한 일을 맡기셨는데 내지 말았어야 할 화를 냈구나. 용서해주렴."

부모는 훈육을 빌미로 자신의 생각대로 일을 처리하거나 아이들에게 화를 내서는 안 된다. 하나님은 부모에게 주신 권위에 반항하는 것을 싫어하시기 때문에 훈육한다는 것을 아이들에게 분명히 알려주어야 한다. 그러므로 부모는 아이들의 행동이 마음에 들지 않는다는 이유로 화를 내며 훈육해서는 안 된다.

〈 분냄은 설 곳이 없다 〉

아이들을 훈계하고 벌을 줄 때 화를 내는 것이 마땅하다고 생각하는 부모들에게 다시 한 번 충고하고 싶다. 많은 부모들이 화를 내고나서는, 아이들이 순종하지 않은 것에 대해 정말 무서운 것이 무엇인지 보여주려고 화를 냈다고 이유를 설명한다. 그래서 징계할 때는 엄마 아빠가 있는 그대로 화를 내면서 아이들을 다룬다. 그렇지만 그때 아이들이 배우는 것은 사람을 두려워하는 것이지, 하나님을 경외하는 것이 아니다.

야고보서 1장은 부모가 화를 냄으로써 아이를 훈육하는 것은 잘못된 생각이라고 말한다.

> "내 사랑하는 형제들아 너희가 알지니 사람마다 듣기는 속히 하고
> 말하기는 더디 하며 성내기도 더디 하라 사람의 성내는 것이 하나님
> 의 의를 이루지 못함이라"(약 1:19-20).

사도 야고보는 매우 단호한 어조로 강조한다. 하나님이 원하시는 의로운 생활은 절제 없이 화를 내는 것이 아니다. 화를 내면 아이들은 부모를 두려워할지도 모른다. 그러나 이것이 성경적인 의를 낳지는 않는다.

부모가 화를 내서 아이의 행동이 변했다면 그것은 아이를 하나님께 이끌지 못한 것이다. 오히려 반대로 하나님으로부터 멀어지게 한다. 이것은 사람을 두려워하는 또 하나의 우상을 갖게 할 뿐이다. 야고보 사도가 "내 사랑하는 형제들아 너희가 알지니…"라고 강조한 것은 당연한 일이었다.

하나님이 명령하셨기 때문에 자녀를 징계한다면 부모는 분을 냄으로써 일을 그르치지 말아야 한다. 징계는 아이들의 무례함에 화난 부모의 모습을 보여주는 것이 아니다. 그것은 오히려 죄성으로 인한 아이들의 행동이 하나님께 죄를 지은 것임을 상기시키는 것이다. 이것은 죄에 대한 하나님의 견책임을 알려주어야 한다. 하나님은 왕이시다. 그렇기 때문에 그분의 자녀들은 하나님께 순종해야 한다.

아이들에게 이로운 점

부모는 하나님의 이름으로 하나님을 대신해 아이에게 다가간다. 자녀들은 부모에게 올바른 가르침을 받아야 한다는 것을 배운다. 이것은 하나님이 정하신 방법이기 때문이다. 아이들은 잘못했을 때 부모로부터 바른 가르침을 받아야 한다고 배운다. 이것은 부모가 항상 옳기 때문이 아니라 채찍과 꾸지람이 지혜를 주며, 누구든지 훈계를 잘 받는 자는 슬기롭게 된다고 하나님이 말씀하셨기 때문이다(잠 15:5, 29:15).

이 사실을 받아들이는 아이는 올바른 가르침이나 훈계를 배울 것이다. 나는 아이들을 보면서 한편으로는 놀랍고 한편으로는 겸손하게 되었다. 10대 후반의 아이도, 20대 초반의 아이도 모두 훈계를 잘 받아들인다. 이것은 내가 그들에게 가장 좋은 방법이나 행동을 취했기 때문이 아니라 잠언 15장 32절 말씀에 따라 그들의 마음을 움직였기 때문이다.

"훈계 받기를 싫어하는 자는 자기의 영혼을 경히 여김이라 견책을 달게 받는 자는 지식을 얻느니라." 아이들은 아버지가 하나님의 대행자라는 것과, 하나님의 방법으로 지도하는 권위를 행사하기 위해 하나님이 아버지를 사용하고 계시다는 것을 이해하고 있다. 그러므로 내가 비록 하나님의 일을 하는 데 온전하지 못하더라도 징계를 통해 그들이 명철을 얻게 된다는 것을 알고 있었던 것이다.

이러한 문제들을 바르게 분별하는 것은 하나님이 부모에게 명하신 일을 하는 데 힘과 용기를 줄 것이다. 부모는 아이들에게 권위를 가지고 있다. 왜냐하면 하나님은 아이들을 지도하라고 부모를 부르셨기 때문이다 (창 18:19). 부모는 하나님의 권위 아래서 아이들을 지도해야 한다. 부모가 아이들을 책임져야 하는 권리도 하나님의 권위로부터 온 것이다. 부모라는 역할을 일시적으로 받아들이거나 이 일에 거드름을 피우는 일이란 있을 수 없다. 부모는 하나님의 대행자로서 하나님의 길을 아이에게 가르쳐야 한다. 부모는 하나님의 대행자로서 아이들이 세상에서 하나님으로부터 지음받은 자라는 것을 깨닫도록 도와주어야 한다. 부모는 아이들에게 하나님의 은혜와 용서에 대한 필요를 알려주는 하나님의 대변자다. 일을 수행하는 데 하나님이 힘과 지혜를 주시도록 간구하라.

징계하는 역할을 감당할 때 부모가 확실히 알아야 할 것은 자신이 하나님의 대행자라는 중요한 사실과 하나님이 부르셨으므로 자신에게 책임이 있다는 것이다.

징계, 처벌보다는 바르게 가르침

버릇 없이 행동하는 아이들에게 따끔한 가르침이 필요할 때, 아이에게 화를 냄으로써 징계를 시작하는 것은 분명히 부모 중심적이다. 그런 양육 태도는 화를 내거나 상당한 보상을 받는 데 초점을 맞춘 것이다. 그러나 징계가 하나님 중심으로 이루어진다면 회복에 초점을 맞출 것이다.

그렇게 할 때만이 바르게 될 수 있다. 이것은 하나님이 불순종하는 아이를 순종의 길에 다시 서게 하는 방법이며, 잘못된 것을 바로잡는 것이다.

징계, 사랑의 표현

목회자 회의에서 잠시 쉬는 시간에 어떤 사람과 대화를 나누던 중 우연히 옆 사람들의 대화를 듣게 되었다. 그들은 아이들에 관해 이야기를 하고 있었다. 나는 듣기가 민망했다. 한 아버지는 이렇게 말했다.

"나는 애들에게 아주 강하게 대하는 편이야. 항상 벌을 주고 있어. 정말 그렇게 해야 돼. 우리 집사람은 아이들을 너무 사랑해서 벌을 주지 못한다네."

또 다른 아버지는 이렇게 말했다.

"자네나 자네 부인이 좀 균형을 맞춰 훈육해야 되는 거 아닌가?"

이에 대해 또 다른 아버지는 이렇게 답했다. "맞네, 우리는 사랑과 벌을 주는 것에 균형을 맞춰야 할 필요가 있어."

도넛을 먹다가 나는 갑자기 목이 메었다. 그리고 성경 말씀이 떠올랐다. "대저 여호와께서 그 사랑하시는 자를 징계하시기를 마치 아비가 그 기뻐하는 아들을 징계함같이 하시느니라"(잠 3:12). "매를 아끼는 자는 그의 자식을 미워함이라 자식을 사랑하는 자는 근실히 징계하느니라"(잠 13:24). "무릇 내가 사랑하는 자를 책망하여 징계하노니"(계 3:19). 어떻게 벌과 사랑의 균형을 맞춘단 말인가? 벌을 주는 것도 사랑의 한 표현인데 말이다.

이것은 흔히 들을 수 있는 이야기다. 많은 부모들이 징계에 대한 성경적인 관점을 이해하지 못하고 있다. 그들은 징계를 아이들이 저지른 잘못에 대해 마땅히 받아야 할 벌로 생각하는 경향이 있다. 히브리서 12장에도 분명히 나와 있듯이 징계는 처벌이 아니라 바로잡는 것이다. 히브리서 12장은 징계를 아들에게 하는 격려의 말로 간주하고 있다. 징계는 아바 아버지로서 우리와 함께하시는 하나님을 인식하는 표시다. 하나님의 거룩하심에 우리를 참여케 하시려고 하나님은 우리의 유익을 위해 징계하신다. 징계는 고통스러운 일이지만 의로움과 평화를 가져온다. 징계는 사랑과 균형을 맞추는 것이라기보다 깊은 사랑의 또 다른 표현이다.

하나님은 우리가 진정한 징계가 무엇인지 알기를 원하신다. 징계의 일차적인 기능은 처벌이 아니다. 그것은 바로잡는 것이다. 징계의 일차적인 의미는 상당한 보응을 취하는 것이 아니라 바르게 하는 것이다. 아이를 징계하는 것은 부모가 사망의 길로 가는 아이를 돌아서게 하는 것이다(잠 19:18).

이러한 사실을 항상 기억하는 것은 왜 어려운 일인가? 그것은 이미 앞에서 말한 것들 때문이다. 부모는 자신을 하나님의 대행자라고 생각하지 않는다. 그래서 아이들이 부모를 화나게 할 때 아이들을 꾸짖는다. 부모에게 꾸짖는다는 의미는 아이들을 위험한 곳에서 구출해내는 것이 아니라, 부모의 실망이나 불만을 발산하는 것일 뿐이다. "난 너에게 지쳤어. 또 나를 화나게 하는구나. 네가 잘못한 것이 무엇인지 알 때까지 난 너를 때리고 야단치거나, 아니면 구석진 방에 가둬버릴 거야."

지금 이야기한 것은 징계가 아니라 처벌이다. 이것은 경건하지 못한 자녀 학대다. 이렇게 아이들을 다루는 것은 의와 평강의 열매를 맺는 것이 아니라 아이들을 침울하게 하고 분노하게 만든다. 눈에 거슬린다는 이유로 적대시하는 사람, 그리고 그 사람의 뜻에 반항하는 아이들이 뭐가 이상하단 말인가?

부정적인 벌보다 긍정적인 가르침으로서의 징계는 반드시 행동의 결과로 나타난다. 행동의 결과는 하나님이 그의 백성들을 훈련시키시는 한 부분이다. 성경은 순종에 대한 축복, 그리고 죄와 불순종으로 말미암는 파멸이 가져오는 적절한 결과를 잘 보여준다. 이것은 다음에 좀 더 깊이 살펴보기로 하자.

잘 훈련된 아이들은 부모에게 기쁨(잠 23:15, 16, 24)임에 틀림없다. 한편 부모는 하나님의 대행자로서 단순히 자기 이익을 바라는 일들이나 개인의 편리함을 위해 아이들을 징계해서는 안 된다. 부모는 바르게 훈련시키기 위해 하나님 말씀의 절대적인 원칙에 따라야 한다. 징계에 관한 문제들은 성격 형성과 하나님을 영화롭게 하는 것에 대한 것이다. 바르게 함과 징계하는 것은 타협할 수 없는 하나님의 방법이자 기준이다.

징계에 있어서 부모의 목표는 아이에게 유익을 주는 데 있다. 부모는 삶에 대한 책망과 간절한 호소로 자녀에게 다가가야 한다. 징계는 바르게 하는 목적을 갖고 있다. 이것은 바르게 하는 것이지 처벌이 아니다. 이것은 고통을 가져오는 것이 아니라 성장하도록 하는 것이다.

자녀 양육과 관련되어 관심을 가져야 할 부분은 또 있다. 부모는 하나님의 대행자로서 역할한다는 것 이상으로 이해하고 있어야 한다. 부모는 징계의 본질 그 이상으로 관심을 가져야 한다. 부모는 목표 지향적이어야 한다. 다음 장에서 부모의 목표에 대해 알아볼 것이다. 자녀를 양육하

는 성경의 목표는 무엇인가? 여기서 평가하고 짚고 넘어가야 할 우리의
문화는 무엇인가?

자녀 양육 체크 리스트

1. 부모의 권위가 갖는 본질은 무엇인가? 그것은 성경적인 관점과 어떻게 일 치하는가?

2. 아이들에 대한 부모의 징계가 하나님의 권위를 따르기보다 인간관계를 따를 때가 많은가?

3. 징계에 있어서 아이들을 생명의 길로 인도하는 데 초점을 맞추기 위해 부 모가 할 수 있는 일은 무엇인가?

4. 부모의 권위를 아이들에게 어떻게 표현하는가? 혹시 이렇게 말한 적은 없 는가? "나는 네 아빠(또는 엄마)야. 그러니까 너는 나랑 같이 사는 한 내 말을 들어야 해."

5. 징계할 때 하나님의 대행자로서 부모가 해야 할 일을 어떻게 설명할 것인 가? 자신이 하나님의 대행자임을 인식한다면 징계하는 방법을 어떻게 바 꿀 것인가?

6. 조용히 앉아서 다음의 항목에 대해 분석해보라.
   훈련의 목적, 아이의 강점과 약점, 단기 및 장기 목표들, 자녀 양육의 전 략들.

Shepherding a Child's Heart

5장

목표를 점검하라

상쾌하고 시원한 가을날이었다. 가벼운 비가 뿌렸지만 그
날은 유서 깊은 서부 펜실베이니아 홈커밍 데이였다. 음악이 연주됐다.
미래의 미국 농부들로부터 외국 전쟁에서 돌아온 재향 군인까지 여러 그
룹들이 행진을 했다. 우리는 우산 밑에서 추위에 떨면서도 그 재미나는
자리를 떠날 수가 없었다. 퍼레이드의 마지막에는 서너 살 된 어린아이
들의 행진이 있었다. 뒤쪽의 한 아이가 내 눈을 사로잡았다. 그 여자아이
는 세 살도 채 안 된 것처럼 보였다. 꼭 끼는 옷이 아이의 몸을 그대로 다
드러내고 있었다. 그 아이는 울고 있었다. 이슬비 속에서 행진할 때 그 여
자아이는 자꾸 줄 밖으로 나와 엄마에게로 뛰어갔다. 엄마는 그때마다
그 아이가 있어야 할 자리로 계속 돌려보냈다. 나는 그때 흐느끼면서 행
진하던 아이의 눈에 비친 절망과 혼란을 잊을 수가 없다.

이 엄마의 행동을 보면 확실한 양육의 목표가 있음을 알 수 있다. 그 엄마는 딸이 다른 사람의 부러움을 사는 사람이 되기를 원했다. 꿈을 이루려면 어릴 때부터 그렇게 준비시켜야 비로소 가능하다고 생각했던 것이다. 그것이 그 엄마에게 중요했다. 엄마의 계획이나 그 아이가 어떤 유년 시절을 보내게 될지 상상해보는 일은 별로 어렵지 않다.

물론 나는 그 엄마를 알지 못한다. 그 사람의 구체적인 목표도 모른다. 또 왜 의식적으로 그 아이를 행렬에 세워두고 끝까지 대열에서 이탈하지 못하게 했는지도 모른다. 내가 확실히 알 수 있는 것은 엄마가 그 아이에게 목표를 갖고 있다는 것이다. 이렇게 부모들은 모두 자녀들에 대한 목표가 있다.

비성경적인 목표들

아이들을 키울 때 선택하는 목표들이 있다. 어떤 사람들은 부모의 목표를 분명하게 말한다. 그 목표들은 부모들이 하는 선택을 보면 알 수 있다.

모든 부모는 자녀들이 성공하고 무엇이든지 잘해서 행복하고 편안하게 살기를 바란다. 성공에 대한 소망은 사람에 따라 모양과 정의가 다르지만 어쨌든 모든 부모는 성공하고 행복한 자녀를 원한다. 부모는 아이들이 어른이 되었을 때 어려운 문제에 부닥치지 않고 좋은 기회로만 가득 찬 인생을 살기를 원한다. 성공의 정의와 상관 없이 아무튼 자녀의 성공을 소원한다. 또 자녀 양육 자체가 미래의 성공과 관련이 있다고 믿는다.

성공으로 가기 위해서는 여러 방법이 있다. 성공하는 자녀로 만들기 위해 부모를 돕는 일은 어느새 성공 사업의 하나로 자리잡았다. 성공으로 안내하는 방법이라고 소개된 책들은 무수히 많다. 프로그램이 개발되고 상품화된다. 심리학이나 신학, 교육, 체육, 동기 부여 등에 있어서 전문가들이 전력적으로 많은 연구를 해냈다. 그러면 자녀를 성공하도록 준비시키는, 요즘 유행하는 몇 가지 방법을 점검해보기로 하자.

특별한 기능 개발

자녀를 보다 넓은 범위의 활동에 참여시키기 위해 부모는 자녀들에게 야구, 축구, 하키, 미식 축구, 체조, 수영, 무용과 피아노를 가르치는 데 열심을 내고 있다. 이러한 기능이 나쁜 것은 아니며 삶에서도 상당한 위치를 차지한다. 그러나 얼마나 많은 활동을 하게 했느냐가 부모를 평가하는 기준이 되는가? 또는 얼마나 많은 기능을 습득했느냐가 아이를 평가하는 기준이 되는가?

열성적인 과외 활동이 아무리 유익하다지만 크리스천 부모로서 당신은, 이런 활동을 함께하는 코치나 선생님이 가르치는 가치에 얼마나 많은 관심을 갖고 있는가?

이러한 과외 활동에 성경적인 내용이 수반되어 있는가? 아이들은 올바른 자기 이미지, 스포츠맨십, 충성심, 자제, 지구력, 인내심, 우애, 성실, 권리, 경쟁 그리고 권위에 대한 존경 등에 있어서 성경적인 가르침을 받고 있는가?

우리는 성공이 무엇인지 분명히 알아야 한다. 진정한 성공이란 이런 활동을 통해 배우는 기능에 달려 있는가? 무엇이 성경적인 성공의 정의인가?

심리학적인 해결책에 의존하는 것

어떤 부모들은 심리학적인 목표에 더 많은 노력을 기울인다. 부모들은 어린 시절의 생생한 기억을 떠올리며 심리학적인 해결책에 매달린다. 책과 잡지는 이런 부모들에게 좋은 중개자다. 이러한 것들은 자녀를 양육하는 데 자신이 없는 엄마 아빠들을 대상으로 최근에 인기 있는 심리학을 계속해서 소개한다. 이 분야에서 소위 전문가라고 불리우는 이들은 자녀들이 어떻게 자부심을 확립해나갈 수 있는지 가르쳐줄 것을 약속한다.

그러나 혹시 어떤 책에서든 다른 사람을 존경하는 아이가 되도록 도와주겠다고 약속한 것을 본 적이 있는가? 아이들에게 어떻게 하면 다른 사람들이 자신을 섬기도록 할 수 있는지 그 방법을 가르치고 있다면, 리더가 곧 섬기는 종이어야 하는 하나님 나라에서 살아가는 방법은 어떻게 가르칠 것인가?

아동 심리학자들 중에는 타인에게 이용당하고 있다는 느낌에 호소하면서 자녀들에게 사람들과 효율적으로 어울리는 요령들을 제시하는 사람도 있다. 즉, 교묘히 속이기 쉬운 요령을 알려주는 것이다. 또 다른 전문가들은 아이들에게 너무 지나치게 관심을 기울이는 염려를 지적하면서 예의바른 아이로 키울 것을 약속한다. 각종 문화 센터에 개설된 강의에는 인기 있는 아동 심리학이 항상 포함되어 있다. 부모들이 사가는 아동 심리에 관한 백만 부나 되는 책은 어떤 방법으로 아이들을 훈련시켜야 하는지 가르치는 전문가들에게 머리를 조아리게 만든다. 그러나 이러한 심리학적인 목표들이 크리스천들에게 가치 있는 목표들인지는 부모가 먼저 따져봐야 한다.

구원 문제와 아이들

자녀들의 구원 문제에 열심을 내는 부모들을 만났다. 그 부모들은 자녀가 '죄인의 기도'를 하는지에 관심이 많았다. 그들은 자녀들이 예수님을 영접하기를 원했다. 그들은 아이를 어린이 구원 잔치, 복음 클럽, 여름캠프 혹은 예수님을 신뢰하는 아이로 키우는 과정이 개설되어 있는 곳이면 어디든 데리고 간다.

그들은 자녀가 구원받기만 하면 생활의 모든 문제가 해결될 것이라고 믿는다. 때때로 부모들은 자신의 경험을 돌아보았을 때 영적인 분수령이 구원받는 것이었기 때문에 이 방법이 옳다고 생각한다. 그래서 자녀들도 같은 경험을 하기를 기대한다.

이것은 매우 까다로운 문제로, 두 가지 사실로 나눠볼 수 있다. 첫째, 아이가 구원받았는지 확실히 알 수 없다. 산상수훈의 마지막 부분에 "주여, 주여"와 같은 구절들은 잘못된 길로 인도받은 거짓 믿음을 나타내고 있다. 마음은 자신조차도 속일 수 있다. 그래서 성경은 스스로 속는 위험에 대해 경고하며 믿음에 있는지 시험해볼 것을 권면하고 있다. 둘째, 한 어린이의 그리스도에 대한 믿음의 고백이 자녀 양육의 기본 문제를 바꿀 수는 없다. 부모의 목표는 변하지 않는다. 또 아이가 해야 할 과제들도 바꾸지 않는다. 아이는 구원받기 전에 일정한 훈련을 받아야 하지만 영적인 침체와 부흥을 계속 겪을 것이다. 아이가 그리스도를 영접하기로 결정하더라도 부모의 임무는 달라지지 않는다.

성경에는 자녀들의 마음을 지도하고 훈련하며 교육하고 징계할 필요를 가르치는 많은 구절들이 있다. 이런 많은 말씀 중 그 어떤 것도 아이들이 '죄인의 기도'를 하게 하는 데 초점을 맞추고 있지는 않다.

가정 예배

부모들 중에는 "같이 기도하는 가족은 떨어져 있지 않고 함께 한다"는 확신으로 가족이 함께 매일 성경 읽는 시간을 갖는 경우도 있다. 당연히 가족 전원이 참석해야 한다. 그들은 매일매일 헌신에 대한 필요를 강조한다. 그래서 가정 예배와 같은 진정한 영성과 바꿀 가치가 있는 것은 아무것도 없다고 생각한다.

나는 한 번도 빠뜨리지 않고 가정 예배를 드리는 가정을 보았다. 매일매일 성경을 읽고 기도한다. 그러나 가정 생활과 가치를 보면 규칙적인 가정 예배와 실생활과는 아무런 연관이 없었다. 가정 예배는 가치 있지만 실생활과 무관한, 영성 없는 가정 예배는 아무 소용 없다.

품행이 방정한 아이들

어떤 부모들은 자녀들을 품행이 방정한 아이들로 키우는 데 전력을 다한다. 부모는 아이들이 예의 바르게 자라도록 힘쓴다. 아이들에게 대화하는 법을 가르친다. 아이들이 사교적이기를 기대하며 손님이 오셨을 때는 손님을 편안하게 해주기를 원한다. 부모는 아이들이 손님에게 친절하기를 원한다. 세상에서 성공하기 위해서는 노련한 기량이 필요하기 때문이다. 부모는 아이들에게서 이러한 사회성을 볼 때 기쁨을 느낀다.

나는 세 명의 자녀를 키운 목회자다. 품행이 방정한 어린이를 비하하는 것은 아니지만 품행이 방정한 아이로 키우는 것이 가치 있는 목적은 아니다. 그것은 성경적인 자녀 교육의 부산물이지 목표는 될 수 없다.

다른 사람을 기쁘게 하기 위해 아이들에게 정해진 어떤 반응을 요구해서는 안 된다. 그렇게 하고 싶은 유혹이 많은 것도 사실이다. 어떤 부모들은 다른 사람들이 옳다고 생각하는 대로 자녀들을 바로잡아야 한다는 압박감을 갖고 있다. 어쩌면 자신은 괜찮다고 생각하는 것을 아이가 행동하거나 말했을 때, 같은 방에 있는 다른 사람들은 오해할 수도 있다고 생각한다. 그들이 인정하지 않는 것 때문에 마음이 불편해서, 부모는 다른 사람들을 위해 아이를 바로 고쳐줘야 할 필요를 느끼는 것이다.

그렇게 받아들인다면 이 자녀 양육은 행동에 초점을 맞추고 있는 것이다. 이것은 아이의 마음을 성경적으로 다루지 못하게 방해한다. 이런 사람들에게 가장 중요한 문제는 하나님이 어떻게 생각하시느냐보다 다른 사람이 어떻게 생각하느냐다. 행동을 바꾸려는 조급한 압박감은 인내심과 거룩한 가르침을 망친다. 자녀 양육의 목적이 품행이 방정한 자녀를 갖는 데 있다면 우리는 좀 더 편한 것에 대한 유혹을 떨쳐버릴 수 없을 것이다.

그러면 항상 올바른 일을 하도록 훈련받은 아이는 어떻게 될까? 예의는 바르지만 성경에 뿌리를 두고 있지 않다면 그것은 교묘하게 다른 사람을 속이는 도구가 될 수 있다. 자녀들은 미묘하게 그러나 아주 깊이 자신을 위하는 방법으로 다른 사람을 이용하는 법을 배우게 된다. 그래서 어떤 아이들은 다른 사람을 매우 잘 속이고 다른 사람을 함부로 경멸한다. 반면에 사기꾼과 위선자를 보고 자란 아이들은 문화의 관례를 거부하는 뻔뻔스럽고 어리석은 사람이 된다. 60년대 후반과 70년대 초반의 젊은이들은 허세를 배격하고 진실해지고 싶다는 이유로 기본적인 예의를 거부했다. 기존의 허위에 대한 반작용으로 예의를 버린 것인데, 그것은 결국 섬기는 자로 키우라는 성경의 가르침을 배격하는 결과를 가져왔다.

좋은 교육

학교 행정가로 일하는 동안 나는 좋은 교육이 자녀 양육의 목표인 부모들을 많이 보았다. 이 부모들은 아주 열성적이었다. 그들은 매일 밤 몇 시간씩 공부한다. 자극하고 격려하고 경고하면서 자녀의 성공을 위해서는 무엇이든 한다. 그들의 목표는 자녀들이 공부를 잘해서 상을 받고 학문적으로 인정받는 것을 보는 것이다. 그들은 교육이 성공을 가져온다고 믿고 있다. 하지만 불행하게도 환멸을 느끼고 상처받은 사람들의 상당수가 철저하게 교육받은 사람들이다. 교육을 잘 받고도 인생을 잘 이해하지 못하는 일은 너무 많다.

통제

적절한 목표가 전혀 없는 부모도 있다. 그들은 단지 자녀를 통제하려고만 한다. 이 부모들은 자녀들이 주의 깊고 바른 행동을 하며 선하고 착하기를 바란다. 그러면서 자녀들에게 그들이 어렸을 때는 어땠는지 상기시킨다. 그들은 '오랫동안 실험해본 결과 정말로 효과적인' 훈육 방법, 즉 무엇이든지 부모들이 했던 것 중 가장 효과적인 것을 그대로 한다. 그들은 다루기에 만만한 아이들을 원한다.

어떤 순간에 어떤 일이든지 그들은 자녀들이 옳은 일을 하기를 원하며, 적어도 부모가 아이들을 통제할 수 있어야 한다고 생각한다. 그러나 통제의 목적은 특정한 성격 형성이 목적에 있지 않다. 문제는 개인적인 편리와 대중 앞에서의 체면을 위해 아이들을 통제한다는 것이다.

문화적 영향에 대한 성경의 경고

구약을 공부한 사람이라면 누구나 하나님이 가나안 사람들의 영향에 민감한 이스라엘 백성들에게 특별한 관심을 갖고 계셨다는 것을 알 것이다. 하나님은 이스라엘 백성들에게 자비를 갖지 말고 그 나라들을 내쫓으라고 명령하셨다. 이스라엘 백성이 가나안 사람들과 같이 살게 되면 결국 타락하게 되리라는 것을 하나님은 알고 계셨다.

구약의 이스라엘 민족처럼 우리도 이 세대의 문화에 많은 영향을 받고 있다. 이스라엘처럼 우리도 하나님 여호와가 싫어하시는 것이면 거부해야 한다.

우리가 여태까지 그려온 비성경적인 목표들을 정확하게 알고 있어야 하는 것도 하나님이 싫어하시는 것이면 거부해야 하기 때문이다. 성경적인 목표를 포용하는 것은 또 다른 일이다. 아이들에게 지도가 필요한 영역들은 많다. 그러나 어떤 목표가 아동 발달의 단계에서 정말 적합한 것인가?

우리 삶의 길잡이가 되어주고 주의를 집중시키는 성경적인 목표는 무엇인가? 또한 우리의 자녀 교육을 좌우하는 성경적인 목표는 무엇인가? 가치 있는 성경적인 목표는 무엇인가? 교리 문답의 첫 문항은 이 질문의 답을 잘 보여준다.

질문: 인간의 궁극적인 목적은 무엇인가?
대답: 인간의 궁극적인 목적은 하나님을 영화롭게 하고 하나님을 영원토록 즐거워하는 것이다.

이외에 가치 있는 다른 목적이 있는가? 당신은 자녀와 함께 바로 여기서부터 시작할 용의가 있는가? 우리는 하나님의 지식을 거부하는 이 문화에서 자녀가 잘 살아갈 수 있도록 준비시켜야 한다. 하나님의 기준을 가르치지 않고 아이들을 더 잘되게 하기 위해 그들의 능력, 재능, 재질, 지능을 사용하라고 가르친다면, 그것은 그들을 하나님으로부터 떠나게 하는 것과 같다. 자녀 양육이 "인간의 궁극적인 목적은 하나님을 영화롭게 하고 하나님을 영원히 즐거워하는 것" 외에 다른 목적을 갖고 있다면 당신은 아이들에게 이 세대의 문화에 맞춰 살라고 가르치는 것이다.

그렇다면 어떻게 해야 하는가? 자녀들의 욕망과 소원을 주시해야 한다. 그들이 가는 곳과 하는 일에서 영혼의 기쁨을 찾아야 한다고 가르쳐야 한다. 즐기고 싶은 아이들의 욕구를 만족시켜주면 결국 어린아이들은 하나님으로부터 멀어지는 것으로 가득 차게 된다. 부모는 아이들에게 물질적인 것을 주고 그들이 새로 갖게 된 것을 기뻐하는 모습을 보고 즐거워한다. 그리고 아이들이 언젠가 하나님을 알고 섬기는 데에서만 인생의 가치를 찾을 수 있음을 깨닫게 되기를 기대한다.

하나님을 향한 마음이라는 입장을 견지하면서도 부모는 자녀들을 물질주의의 우상 속에서 훈련시키고 있다. 성경의 진리를 깊이 깨닫지 못하고 자라면 사춘기나 젊은 시절을 보낼 때 독실한 신앙심을 가질 수 없는 건 당연하다.

그렇게 되면 의심할 여지없이 아이들을 잃고 만다. 우리는 인간의 궁극적인 목적이 무엇인지 분명히 인식하지 못했기 때문에 아이들을 잃는 것이다. 인간의 궁극적인 목적은 하나님을 영화롭게 하고 영원히 하나님을 즐기는 것이므로, 부모의 목적은 모든 상황에서 성경적인 세계관을 아이들 앞에서 보여주는 것이어야 한다. 아주 어린시절부터 그들은 하나님의 형상대로 지음받은 피조물이라는 것과, 하나님을 위해 만들어졌다는 것을 배워야 한다. 하나님을 찾을 때 그들은 비로소 "자기 자신을 찾을 수 있다"는 것을 배워야 한다. 아이들이 하나님 앞에 서서 "하늘에서는 주 외에 누가 내게 있으리요 땅에서는 주 밖에 내가 사모할 이 없나이다"(시 73:25)라고 고백할 때 실제 삶을 경험하기 시작한다는 것을 차차 알아야 한다. 이것이 자녀에게 바라는 것이라면 매일매일의 삶이 이 목적에 부합하는 것인지 확인해야 한다.

뒤죽박죽인 메시지들

시편 36편은 빛을 보는 것은 오직 하나님의 빛 안에서만 가능하다고 말한다. 그러나 부모는 자녀들에게 다른 세계를 제시하고 있다. 하나님을 모르는 문화에 아이들이 적응하도록 돕는다면서, 인생의 문제를 해결하는 데 있어서 성경적이지 않은 방법과 목표를 제시한다. 실제로 부모는 비성경적인 사고를 하도록 자녀들을 훈련시킨다. 이러한 비성경적인 사고와 행동의 습관은 하나님의 영광을 위해 사는 인생의 목적과 배치된다.

예를 들어 자녀에게 부모와 다른 사람으로부터 인정받기 위해 순종하며 행동하라고 가르친다면, 그것은 비성경적인 목적을 제시하는 것이다. 하나님은 우리가 모든 것을 하나님의 영광을 위해 해야 한다고 말씀하신다. 하나님의 눈은 우리를 주시하고 계신다. 그분은 의로운 자에게 상주시는 분이다. 사람들은 순종하는 아이에게 잘 대해준다. 그러나 부모는 순종함으로써 얻는 이익을 순종의 중요한 이유로 만들어서는 안 된다.

또 다른 예도 도움이 될 것이다. 딸아이가 학교 버스에서 욕하는 아이들과 만났을 때 어떻게 하라고 조언할 것인가? 악은 악으로 갚는 경향에 따라 많은 부모들은 그대로 맞대응해서 싸우라고 내버려둔다. 또 어떤 부모들은 자녀들에게 괴롭히는 아이들을 그냥 무시하라고 가르친다. 그것은 성경적인 태도인가? 그렇지 않다. 하나님은 악을 선으로 갚으라고 하시고, "…원수 갚는 것이 내게 있으니 내가 갚으리라"(롬 12:19)고 말씀하시며 항상 하나님의 보호에 우리를 맡기라고 하신다.

성경적인 상담은 자녀들이 그들 자신을 하나님의 보호와 보살피심에 맡기라고 말한다. 또 원수의 필요에 민감할 것을 가르친다. "원수가 주리거든 먹이고"(롬 12:20). 이것 또한 우리를 저주하는 사람을 축복하라는 말씀을 상기시킨다. 간단히 말해 성경적인 상담 안에서만 가능한 조언이다. 이 조언은 아이를 직접 하나님께로 인도하며 자신의 재원이나 능력에 의지하지 말 것을 요구한다.

다음 장에서 우리는 인간의 궁극적인 목적에 비추어 이러한 목표들을 다시 생각해볼 것이다.

자녀 양육 체크 리스트

1. 당신은 성공을 어떻게 정의하는가? 당신의 자녀는 다음의 문장을 어떻게 완성하는가? "엄마와 아빠가 내게 원하는 것은… 이다."

2. 비성경적인 목표들로 우리는 많은 갈등을 겪는다. 이런 비성경적인 목표 중 당신의 자녀 양육에 가장 불리한 영향을 주는 것은 무엇인가?

3. 부모는 자녀에게 영향을 준다는 것을 기억하라. 부모를 움직이는 것은 무엇인가? 매일매일 부모를 몰아붙이는 것은 무엇인가? 부모가 두려워하고, 사랑하고, 걱정하는 것은 무엇인가? 당신의 가정에서는 어떤 가치관을 가르치고 있는가?

4. 구약의 이스라엘처럼 우리도 주변 문화에 영향을 받고 있다. 문화는 아이들에 대한 부모의 관점과, 아이들을 위한 부모의 목표에 어떤 영향을 주고 있는가?

5. 우리는 하나님의 영광을 위해 산다는 생각에 맞게 살고 있는가? 이런 생각을 할 때 마음속에 기쁨이 차오르는가? 아니면 그저 시답잖은 종교 개념에 불과하다는 생각이 드는가?

6. 사회가 요구하는 대로 그 역할을 다하도록 자녀에게 알게 모르게 가르치는 미묘한 것들은 무엇인가?

7. 당신은 자녀들에게 어떤 뒤섞인 메시지를 전하고 있는가?

- 네가 최선을 다하는 것이 중요해. : 네 성적표에서 다시는 C를 보고 싶지 않구나.

- 인생의 목표는 절대로 돈이 아니야. : 네가 널 위해 무엇을 해주었는지 잘 생각해봐.

8. 진정한 영적 지도는 양육의 문제지 그저 그들을 구원시키기 위해 에너지를 소모하는 것이 전부가 아니다. 이 점은 당신이 자녀들을 돌보는 데 어떤 영향을 주는가?

9. 당신의 가정에서 지키고 있는 여러 규칙들은 하나님의 영광을 위해 사는 진정한 영적 상태와 일치하는가?

6장

목표를 수정하라

집을 지을 때 맨 먼저 하는 일은 땅을 파는 것이다. 땅을 파는 사람이 해야 하는 일은 집터를 준비하는 것이다. 그리고 집 지을 터를 마련하기 위해 잡목, 죽은 나무들 그리고 필요 없는 그루터기를 치워야 한다. 지금까지 다뤄온 것들은 바로 터를 준비하는 일이었다. 그래서 우리는 잡목을 없앴고 지금은 터 위에다 집을 지을 준비를 다 마쳤다.

비성경적인 목표의 재고

앞 장에서 다룬 목표들이 가치 없는 것이었다면 인간의 궁극적 목표인 하나님을 영화롭게 하고 영원히 하나님을 즐거워하는 견지에서 우리의 목표를 다시 점검해봐야 할 것이다.

특별한 기능의 개발

자녀가 다양하고 폭넓은 활동에 참여할 때 생기는 그들의 문제는 무엇인가? 미국의 많은 부모들은 아이들을 공립학교에 보내는 것은 허락하지 않으면서 댄스 클럽에는 보낸다. 이런 부모들은 아이들이 학교에서 세속적인 인본주의의 영향을 받는 것은 거부하면서도 비성경적인 아름다움을 강조하는 댄스 클럽에 가는 데는 문제가 있다고 생각하지 않는다.

부모들에게 왜 아이들을 그런 클럽에 보내느냐고 물으면 아이들이 자기 가치를 인식하는 데 도움이 되기 때문이라고 설명한다. 삶의 목표 중 자기 가치의 발달이라는 목표가 성경 어디에 나와 있단 말인가? 그렇다면 자신에 대해 바르게 느끼는 것에는 관심을 가져서는 안 된다는 말인가? 신체적인 기능을 개발하기 위해 능력을 토대로 아이의 가치를 세우는 것은 성경적인가? 혹시 어떤 것을 잘하는 능력에 대해서 갖는 자만심을 격려하는 것은 아닌가? 대부분의 코치들은 홈런을 친 어린 선수에게 타이밍을 잘 맞춘 것에 대해 하나님께 감사하라고 가르치지는 않는다.

이러한 많은 활동들은 자기 자신을 신뢰하라고 가르치고 있다. 반면에 성경은 자기 자신을 신뢰하는 사람을 가리켜 하나님으로부터 마음을 돌린 어리석은 자들이라고 말한다. 우리 문화가 제공하는 자기 사랑, 자기 신뢰는 항상 하나님으로부터 마음을 멀어지게 한다.

부모로서 매일 꼭 해야 하는 희생을 통해 부모는 아이들에게 어떤 가치관을 심어주는가? 많은 가족들이 운동 연습을 위해서는 항상 시간을 낸다. 그러나 가족 성경 읽기와 정기적인 기도 시간을 중심으로 가정 생활을 이끌어나가지는 못하고 있다.

당신은 어떤 가치관을 가르치고 있는가? 주일 예배가 야구 연습 또는 수영 시합보다 덜 중요한 것처럼 여겨질 때 결국은 어떤 가치관을 가르치는 것인가? 이 모든 것은 아이들의 자기 가치를 높이기 위한 것인가?

성경적인 관점에서 볼 때 하나님이 주신 선물을 관리하는 차원에서 신체를 단련하고 돌보도록 자녀들에게 가르쳐야 한다. 하나님이 그에게 특별한 소질과 능력을 관리하는 책임을 주셨기 때문에 재능은 개발되어야 하는 것이다. 그런 이유에서 자녀들이 다른 사람들을 더욱 섬기고 봉사하는 데 도움이 되는 기능은 격려받아 마땅하다.

체육 활동은 가족의 단합과 화합을 제공하는 멋진 방법이다. 이러한 활동은 각자 자신의 건강 관리를 위한 운동이면서, 동시에 가족이 따로따로 놀지 않고 게임과 놀이를 함께 즐기면서 가족 사랑을 확인하는 계기가 된다.

힘든 활동은 신체를 건강하게 유지하는 데 효과적이다. 우리는 하나님을 섬기는 삶을 살기 위해 체력에 관심을 두어야 한다. 유연성과 지구력 및 심장 혈관의 건강을 돕는 활동은 하나님 나라에서 사용되기 위해 필요하다.

나는 우리 가족이 함께한 1만 킬로미터 자전거 캠핑 여행이 육체적, 정신적, 영적 도전을 준다는 사실을 알게 되었다. 이러한 도전은 자연스럽게 성경적인 목표에 초점을 두었다. 우리 아들 테드는 가족을 사랑하기 때문에 자전거 타는 기술을 바꿔야 한다는 것을 재빨리 파악했다. 즐거운 자전거 여행이 가족 행사가 되기 위해서는, 자전거 타는 기술이 미숙한 가족들과 속도를 유지하면서 함께 가야 했기 때문이다. 가족을 섬기려는 열망에 초점을 맞추어 운동 자체만을 위한 운동이 되지 않도록 배려했던 것이다.

심리학적인 해결책

심리학적인 해결책은 어떤가? 사회적인 관계의 예를 들어 생각해보자. 약한 자를 못살게 구는 골목대장에게 어떻게 반응하는가? 많은 부모들은 아이가 '남자다운 자기 방어의 기술'을 배우기 원한다. 그들은 아들이 언제 어떻게 싸워야 하는지 가르쳐주려고 한다.

나는 크리스천 부모들이 아이들에게 이런 조언을 하는 것을 들었다. "절대 먼저 싸움을 시작해서는 안 돼. 그렇지만 누군가 너에게 싸움을 걸어오면 그때는 네가 끝내는 거야." 이것을 쉽게 풀이하면 무슨 말인가? "공격하는 자는 되지 말아라. 그렇지만 필요할 때는 때려눕히는 거야." 이것은 과연 성경적인 조언인가? 어떻게 부모가 "때려눕혀라"고 말하면서 한편으로는 기도하며 "하나님의 도움을 구하라"고 말할 수 있단 말인가? 어떻게 때려눕히기 위해 하나님의 도움을 구할 수 있단 말인가?

자녀들이 불공평한 대우에 직면했을 때 성경적인 시각에서 자신을 하나님께 맡기도록 가르쳐야 한다. 또 부모는 그에 따르는 성경의 원리를 아이들에게 가르쳐야 한다. 로마서 12장 17-21절은 악을 이길 수 있는 오직 하나의 무기는 강한 선이라고 말한다.

또 성경은 하나님께 진노를 맡기라고 권면한다. 하나님은 공의의 문제를 다루실 것이다. 누가복음 6장 27-36절은 우리를 미워하는 자에게 어떻게 선을 행하고, 또 우리의 원수를 어떻게 사랑해야 하는지 말해준다. 그렇게 할 때 하나님은 우리가 지극히 높으신 주님의 아들이 될 것이라고 약속한다. 베드로전서 2장 23절은 우리 자신을 하나님께 맡기고, 복수하려는 마음을 내려놓고 불의에 대응하라고 말한다. 부모는 아이들이 주변에서 그것들을 볼 수 있도록 격려해주고 화해하는 법을 가르쳐야 한다.

부드러운 대답이 화를 가라앉힌다는 것을 가르치라. 아이들에게 아픔을 통해 하나님을 사랑하는 법을 배우게 하고, 하나님을 향한 신뢰와 확신이 깊어지도록 훈련시키라.

구원받은 자녀들

자녀들의 구원 문제에 대해 다시 생각해보자. 여기서 짚고 넘어가야 할 문제는 구원이 중요한 영적 사건이기는 하지만, 이것만으로는 아이들에게 영적으로 영양을 공급하는 과정이 결여된다는 것이다. 아이들에게 하나님의 방법을 성실하게 가르치는 것은 부모의 임무다. 그들의 마음을 바꾸는 것은 하나님의 말씀을 통해 일하시는 성령님이 하시는 일이다. 비록 성령님이 아이들을 조명하고 생명으로 소생시킬 때라도 그것은 점진적인 성장의 생활이다.

아이들에게 필요한 것은 영적인 양식의 공급이다. 또 하나님의 방법을 배우는 것이다. 하나님의 성품을 배워서 하나님을 두려워하는 것, 즉 경외하는 것을 배워야 한다. 그들은 모든 인생이 하나님 앞에 서서 모든 것을 회계해야 하는 날이 온다는 것을 알아야 한다. 아이들은 인간의 죄성으로 인해 그릇된 길로 갈 수밖에 없다는 사실을 배워야 한다. 그들은 또한 자기 마음속에 숨어 있는 죄악과 교활함과 자신을 신뢰함이 위험한 것이라는 사실을 알아야 한다. 그들은 인생의 문제에 답을 필요로 한다. 또한 인생에 전제되어 있는 여러 가정과 경험의 차이를 이해해야 한다. 간단히 말하자면 그들에게는 가르침이 필요하다.

아이들이 하나님을 신뢰하도록 부드럽게 격려하며 양육하라. 그들은 구원뿐 아니라 매일의 삶을 위해 하나님을 신뢰해야 한다. 하나님을 아는 것이 학교 운동장에서 위협받을 때 어떤 영향을 주는지 가르치라. 이로 인해 그들은 성공과 실패를 받아들이는 방법의 차이를 알게 될 것이다. 하나님을 아는 것은 그들이 두려워하고, 화를 내며, 상처받고, 죄를 지을 때, 혹은 다른 이가 그들에게 죄를 지을 때 그들을 다르게 만들어줄 것이다. 또 하나님이 어떤 분인지 아는 것은 시험을 당할 때 좋은 경험을 하게 해줄 것이다. 하나님을 아는 것은 장기적인 안목에서 볼 때 그들의 인생에 영향을 준다. 예수님을 아는 강건하고 살아 있는 믿음에 따라 풍성한 삶의 보화를 누릴 수 있다는 사실을 아이들도 알아야 한다.

부모는 아이들에게 그리스도의 적극적인 구속 사역의 필요와 그들의 죄를 회개할 의무와 그리스도에 대한 믿음을 항상 호소해야 한다. 회개와 믿음은 크리스천이 되는 종교 의식이 아니다. 회개와 믿음은 하나님을 만나는 길이다. 회개와 믿음은 크리스천이 되기 위해 거쳐야 하는 행동이 아니다. 그것들은 자기 자신과 죄에 대한 마음의 태도를 나타낸다. 믿음은 단지 구원받기 위한 방법이 아니라 크리스천의 삶에 생명줄이다.

아이들은 단순히 보편화된 방법으로 '내 모든 죄'를 회개하는 것이 아니라, 마음의 우상인 구체적인 죄들을 회개하는 것이 무슨 의미인지 이해해야 한다. 아이들은 단 한 번 구원받을 때가 아니라 매일 하나님이 우리를 깨끗하게 하시고 새롭게 용서해주신다는 사실을 알아야 한다. 크리스천의 삶은 단순히 성경의 율법에 따라 사는 것이 아니라 하나님에 대한 믿음, 헌신 그리고 교제의 삶이다.

가정 예배

가정 예배는 앞에서 말한 것처럼 다양하고 폭넓은 의미를 가지고 있다. 수단과 목적이 바뀌는 것은 아주 간단하다. 가정 예배를 드리는 것은 목적이 아니라 수단이다. 문제는 본질적으로 매일 드리는 가정 예배가 아니다.

가정 예배는 하나님을 아는 것이다. 즉, 그 목적이 하나님을 아는 데 있다. 그 목적을 위해 사용하는 수단이 가정 예배다. 부모는 아이들과 함께 생활과 관련된 가정 예배를 드려야 한다. 위에서 언급한 대로 목양하고 영양을 공급하는 가정 예배는 창조적이고 융통성이 있다.

매일 잠언을 읽는 것은 어린이들에게나 어른들 모두에게 큰 도움이 된다. 우리는 매일 학교가 시작되기 전에 잠언 3분의 1장을 읽었다. 이것은 아이들에게 지혜와 격려를 주는 풍부한 자원이 되었다. 이 말씀을 배우면서 우리 아이들이 하나님 말씀을 실제적인 삶의 원리들로 내면화시키는 것을 보았다. 잠언은 삶의 지침서와 같다. 잠언은 모든 진정한 영성 부분에서 아이들에게 도전을 준다.

아이들이 어렸을 때 우리는 구약을 읽고 그것을 온몸으로 이야기해보았다. 나는 의자에 올라가 골리앗이 되었고, 사울로부터 도망하는 다윗처럼 책상 아래를 굴 속이라고 숨었다.

이 장면에서 박해받는 시편을 읽었는데 그것은 아이들에게 매우 실감나는 한 장면이었다. 어디로 갈지도 모르면서 오직 하나님이 그와 함께 가신다는 것을 알고 우르를 떠난 아브라함에 대해 이야기하면서, 어느 날 우리는 짐을 꾸려 떠났다. 절대 돌아오지 못할 것이라고 생각하고 집을 떠나는 것을 상상해보려고 했다. 어디로 가야 할지 모르는 상황을 생각해보려고 했다.

왜 그랬을까? 이유는 간단하다. 성경의 진리가 아이들에게 실제로 그대로 살아 있게 하기 위해서다. 가정 예배의 목적은 언제나 하나님을 아는데 있음을 기억하라. 그 목적을 잃으면 가정 예배는 껍데기만 남은 빈 의식과 같다. 공허한 예배 의식을 하나님이 어떻게 느끼시는지 이사야서 1장을 읽으면 금방 알 수 있다.

품행이 방정한 아이들

그러면 앞에서 예를 들어본 품행이 방정한 아이로 키우는 것은 어떤가? 이것은 사회적 속임수의 교묘한 방법이기 때문에 부모는 이 방법을 사용해서는 안 된다. 성경적인 관점에서 예의라는 것은 이웃을 내 몸같이 사랑함을 표현하고 적용한 것이다. 이것은 빌립보서 2장에서 알 수 있듯이 자신을 주시는 예수님을 본받으라고 가르쳐야 하는 문제다.

'부탁합니다'와 '감사합니다'라는 말이 다른 사람의 유익을 구하려는 수단이 되었다면 이 말들은 성경적인 사랑의 표현이다. 모든 사람에게 음식이 다 돌아갈 때까지 먹지 않고 기다리는 것은 단지 공허한 사회적 관례가 아니라 주위 사람들은 배려하는 또 하나의 표현 방법이다. 사도 바울이 디모데에게서 발견한 좋은 모습은 바로 그 귀한 성품에 근거한 것이다. "이는 뜻을 같이하여 너희 사정을 진실히 생각할 자가 이밖에 내게 없음이라 그들이 다 자기 일을 구하고 그리스도 예수의 일을 구하지 아니하되"(빌 2:20-21).

좋은 교육

학문적인 목적은 어떤가? 부모들은 자녀들을 학교에 보내면서 좋은 점수를 받으라고 압력을 가하기 일쑤다. 좋은 점수가 성경적인 목적인가? 어떤 말씀이 이 목적이 맞다고 말해주는가? 일부 부모들은 비성경적인 목적에 비성경적인 동기까지 추가시키고 있다. "시험볼 때 A를 받는 과목마다 1달러씩 주겠다" "이렇게 네가 열심히 공부하면 이 다음에 커서 좋은 직업을 갖고 돈도 많이 벌 수 있을 거야"라고 말하는 부모가 적지 않다.

성경적인 목적이라니? 전혀 그렇지 않다! 성경은 반대로 말하고 있다. "부자가 되려고 애쓰지 말라."

성실한 사람이 풍부한 보상을 받는다는 생각을 부정하는 것이 아니다. 물론 그것은 사실이다. 그러나 단순히 보상을 목적으로 일할 수는 없다.

부모는 아이들에게 좋은 점수를 받으라는 압력을 주면서 학교에 보내서는 안 된다. 점수는 중요하지 않다. 중요한 것은 아이가 하나님을 위해 자기 일을 성실하게 해야 한다는 것을 배우는 것이다. 하나님은 충성된 자에게 상 주신다고 약속하셨다. 재능과 능력이 하나님으로부터 온 청지기 일이라는 것을 알면 자녀의 목표는 충성됨이어야 한다. 하나님의 영광을 위해 일하는 힘과 능력을 그리스도 안에서 찾도록 아이를 훈련시켜야 한다. 다른 이유에 매달려 훈련시키는 것은 아이를 비성경적으로 행동하고 생각하게 만든다.

반론에 대한 대답

이에 대해 충분히 반론이 있을 수 있다. 아이들이 믿지 않는다면 어떻게 해야 하는가? 후에 거론하겠지만, 믿지 않는 자는 하나님의 법에 불순종해도 된다고 가르쳐도 좋은가? 그들이 믿건 안 믿건 상관 없이 하나님의 기준을 다 적용할 수 있는 것은 아니지 않을까? 감히 아이들에게 하나님 없이 교묘히 써먹을 해결 방법들과 기교를 가르쳐줄 수 있는가? 이런 것들은 아이들을 그리스도로부터 멀어지게 할 뿐이다.

부모가 하나님의 기준을 충직하게 지키려면, 아이들을 그리스도께로 인도하는 선생으로서 하나님의 법을 그들 앞에서 계속 지켜야 한다. 우리를 악용하는 사람에게 친절해야 하는 문제에 직면했다면 갈 곳이라고는 하나님밖에 없다. 하나님만이 우리가 사람을 사랑으로 대하는 것을 가능케 하시기 때문이다. 아이의 마음이 복수를 원하거나 원수를 사랑해야 할 때, 아이의 믿음이 하나님의 공명정대함을 구할 때 갈 곳은 십자가

밖에 없다. 예수님을 품지 않으면 이러한 것들을 받아들일 수 없다. 그러므로 부모는 먼저 그리스도와 그의 능력, 은혜를 항상 가리켜야 한다.

예수님으로부터 도움을 얻는 것은 우리 딸의 생활에서 잘 볼 수 있었다. 중학교 3학년 때 그 아이는 스페인어 선생님 눈밖에 난 것 같았다. 그 후 다시 고등학교 과정에서도 내내 그 아이는 그 선생님의 행동에 화가 치밀어서 감정적인 싸움에 시달리는 것 같았다. 우리는 어떻게 대처해야 하는지 많은 시간 동안 이야기했다. 하나님의 은혜 없이는 그 선생님을 사랑한다는 것이 불가능하다는 결론을 내렸다. 우리는 예수님 안에서 희망과 힘, 위로, 위안을 찾으라고 격려했다.

그 아이가 막 고등학교 3학년 된 어느 날, 아내는 로마서 12장 여백에서 스페인어 선생님과의 관계를 적용한 메모를 발견했다. 이 아이는 매일매일 힘겨운 감정의 싸움에서 예수님의 도움이 필요한 영적 훈련을 해 왔던 것이다.

하나님의 영광을 위해 살아야 한다는 것을 아이들에게 가르치는 것이 자녀 양육의 주된 목적이다. 부모는 자녀들에게 모든 인생의 진정한 의미는 참되시고 살아계신 하나님을 알고 섬기는 데 있다고 가르쳐야 한다. 인생의 가치 있는 목적은 하나님을 영화롭게 하고 영원히 하나님을 즐거워하는 것이다.

부모가 관심을 기울이고 노력해야 할 오직 한 가지 가치로서 이 목적을 받아들인다면, 우리는 아이들의 삶을 위해 아이들이 이 목적을 갖도록 어떤 방법을 택해야 하는가? 다음 장에서 그 방법들을 다룰 것이다.

※아래의 체크 리스트는 5장에서 나눈 것과 동일하다. 당신이 6장을 배운 후 달라진 점은 무엇인지 답해보라.

자녀 양육
체크 리스트

1. 당신은 성공을 어떻게 정의하는가? 당신의 자녀는 다음의 문장을 어떻게 완성하는가? "엄마와 아빠가 내게 원하는 것은 …이다."

2. 우리는 비성경적인 목표들로 많은 갈등을 겪는다. 이런 비성경적인 목표 중 당신의 자녀 양육에 가장 불리한 영향을 주는 것은 무엇인가?

3. 부모는 자녀에게 영향을 준다는 것을 기억하라. 부모를 움직이는 것은 무엇인가? 매일매일 부모를 몰아붙이는 것은 무엇인가? 부모가 두려워하고, 사랑하고, 걱정하는 것은 무엇인가? 당신의 가정에서는 어떤 가치관을 가르치고 있는가?

4. 구약의 이스라엘처럼 우리도 주변 문화에 영향을 받고 있다. 문화는 아이들에 대한 부모의 관점과, 아이들을 위한 부모의 목표에 어떤 영향을 주고 있는가?

5. 우리는 하나님의 영광을 위해 산다는 생각에 맞게 살고 있는가? 이런 생각을 할 때 마음속에 기쁨이 차오르는가? 아니면 그저 시답잖은 종교 개념에 불과하다는 생각이 드는가?

6. 사회가 요구하는 대로 그 역할을 다하도록 자녀에게 알게 모르게 가르치는 미묘한 것들은 무엇인가?

7. 당신은 자녀들에게 어떤 뒤섞인 메시지를 전하고 있는가?
 - 네가 최선을 다하는 것이 중요해. : 네 성적표에서 다시는 C를 보고 싶지 않구나.

– 인생의 목표는 절대로 돈이 아니란다. : 네가 널 위해 무엇을 해주었는지 잘
  생각해봐.

8. 진정한 영적 지도는 양육의 문제지 그저 그들을 구원시키기 위해 에너지
   를 소모하는 게 전부가 아니다. 이 점은 당신이 자녀들을 돌보는 데 어떤
   영향을 주는가?

9. 당신의 가정에서 지키고 있는 여러 규칙들은 하나님의 영광을 위해 사는
   진정한 영적 상태와 일치하는가?

7장

비성경적인 방법을 버리라

나는 작은 여자아이를 보았다. 아주 예쁜 아이였다. 입은 옷이나 치장으로 봐서는 부잣집 아이인 것 같았다. 그 아이와 엄마도 나처럼 비행기를 기다리고 있었다.

그런데 아이의 아름다움은 겉모양뿐이었다. 그 아이는 요구가 많고 까다로웠다. 여행에서 지친 아이의 엄마는 엄마로서의 권위를 주장하려는 게 역력해 보였다. 그러자 아이는 이것저것을 요구하면서 보챘고 달래도 말을 듣지 않았다. 엄마는 꾹 참고 있었지만 아이를 달래기는 어려웠다.

엄마는 화가 나서 아이에게 쏘아붙였다. "넌 더리가 난다. 너, 미워 죽겠어. 저리 가버려. 가서 네 맘대로 해. 넌 너무 귀찮게 하는구나. 너, 정말 보기 싫다. 더 이상 참을 수가 없으니까, 내 앞에서 당장 없어져버려."

그 엄마는 자기 짐을 들고 저쪽으로 가버렸다.

이 작은 여자아이는 보통 때는 피곤에 지친 엄마의 깜짝쇼에 눈 하나 깜짝하지 않을 것 같았는데, 그날은 낯선 공항이라 그랬는지 조금 놀란 눈치였다.

그 아이는 엄마에게로 달려가 말했다. "미안해요, 엄마. 사랑해요 엄마."

엄마가 이번에는 필사적으로 말했다. "저리 비켜. 난 네가 싫어."

그때 탑승 안내 방송이 흘러나왔다. 마지막으로 그들을 보았을 때까지도 그 아이는 간청하고 엄마는 꾸짖으며 나무라고 있었다.

이것은 어떻게 보면 성공적인 자녀 양육이라고 할 수도 있다. 요구가 지나치게 많은 아이를 대개 부모는 그렇게 다룰 때가 많다. 그래서 많은 시간을 들이지 않고 아이의 행동을 바꾼다. 그러나 일부에서는 이 엄마의 방법이 틀렸다고 말한다. 자녀의 행동은 바꿀 수 있지만 엄마가 치러야 할 마음 고생이 크기 때문이다. 어쩌면 그 치료법은 병보다 더 나쁠지도 모른다.

우리는 방법론에도 관심을 가져야 한다. 성경적으로 볼 때, 방법은 목적만큼이나 중요하다. 하나님은 두 가지, 즉 목적과 방법을 모두 말씀하신다. 하나님은 우리가 무엇을 하고 있는가에 관심을 가지실 뿐 아니라 어떻게 하는가에도 관심을 갖고 계신다.

요즘 우리 문화는 성경적인 모형과는 정반대 방향으로 흐르고 있다. 지금까지 목적 중심적인 자세를 구별해왔던 것처럼, 한참 유행중인 비성경적인 생활 방식도 분별하고 거부해야 한다. 성경적인 목적에는 성경적인 방법이 요구된다. 오직 거룩한 방법만이 하나님께 영광을 돌릴 수 있기 때문이다.

비성경적인 방법들

비성경적인 방법들은 여러 모습으로 우리에게 다가온다. 각종 책과 잡지에는 자녀 양육이란 주제가 매번 나온다. 성공에 대한 희망도 항상 있다. TV 대담 프로그램들은 전문가를 초빙해 전문적인 이야기들을 늘어놓는다. 그리고 가끔은 지금까지 우리가 자라왔던 그 방법이 낫다고 도리어 큰소리를 친다.

그 방법들은 하나같이 공통점을 가지고 있다. 사람의 마음을 기준으로 삼는 것이다. "생각해보면 아버지가 말씀하신 것이 하나도 틀린 게 없다"고 자기 마음을 그대로 대변한다. 또는 "아, 그 대학에 권위 있는 모 교수가 그렇게 말했는데, 그 말이 맞는 것 같다"고 말하기도 한다. 주의 깊게 살펴보면 이런 예들은 사람의 마음에 있는 믿음 그 자체가 충분히 기준이 될 수 있다고 은연중에 강조한다. 이제 우리가 쉽게 접할 수 있는 예를 살펴보기로 하겠다.

"나는 그렇게 나쁘게 자라지 않았어"

유감스럽게도 많은 부모들이 방법론을 충분히 생각하지 않는다. 그냥 화를 내고 소리를 지른다. "여기까지 하란 말이야"라고 아이들을 위협하고 소리지르며 완력을 행사하면서 좌절하기도 한다. 결국 그들은 훈련되지 않은 버릇 없는 아이들에게 관대한 부모가 되고 싶어 하지 않는다. 도전을 받으면 그들은 이렇게 답하곤 한다. "우리 아버지도 나에게 소리 지르고 가끔은 때리기도 하셨어. 그때 힘들긴 했지만, 난 이렇게 잘 자랐거든."

이런 부모는 대개 어떤 유형인가? 의심할 여지 없이 그들은 그들의 부모가 사용했던 똑같은 자녀 교육 방법대로 자녀를 양육한다. 그것이 성경적인지 아닌지 평가하지 않는다. 그리고 그것이 자신에게 좋은 영향을 주었는지 냉정하게 평가해보는 것도 거부한다. 단순히 지금처럼 살고 있는 것이 그다지 나쁘지 않다고 결론내릴 뿐이다.

지금까지 살펴본 "그렇게 나쁘지 않았어"라고 말하는 방법은 대항이나 학대와 같은 방법이다. 어떤 사람들은 대항하거나 학대당하지 않았을지도 모른다. 어쩌면 그 부모들은 대충 눈감아주며 멋대로 하게 내버려 두었을지도 모른다. 아마 그들은 쉽게 속았을지도 모른다. 요점은 많은 부모들이 아무 의심 없이 자신의 부모가 사용했던 방법을 그대로 쓴다는 것이다. 자녀의 잘못된 부분을 고쳐줄 때 단순히 자기 부모의 어투와 말씨를 그대로 반영하면서 말이다.

유행 심리학

나는 최근에 아이들에게 동기를 부여하는 문제에 대해 이야기하는 라디오 토크쇼를 들었다. 그 사람의 접근 방법은 뇌물이었다. 실제로 그는 자신의 방법을 특별하게 보이기 위해 뇌물이라는 용어를 사용했다. 그의 조언은 타협하라는 것이었다. 어른의 힘을 이용해 부모가 원하는 품행을 장려하기 위해 뇌물을 쓰라는 말이었다.

아이들이 방 청소를 하지 않으면 뇌물을 주라는 것이다. 방을 깨끗하게 할 때마다 일주일에 한 번 새로운 게임을 사주거나 특별 용돈을 주라는 말이다. 이때 부모가 할 일이라고는 아이들을 좀 더 잘 다루기 위해 보다 창의적인 뇌물을 찾는 것이다.

또 다른 방법은 계약이다. 아이들과 계약을 맺는 것이다. 아이가 어떤 일을 하면 약속한 것을 해준다는 계약서를 써놓는다. 부모가 원하는 일들을 제대로 하라고 계약을 맺는 것이다. 이 계약이란 방법은 아이들이 부모의 계획을 교묘하게 피해나가는 것을 방지하려는 방법인 것 같다.

이러한 방법들은 겉으로 보기에는 별 문제가 없어 보인다. 계약이 솔깃한 이유는 자기의 유익 때문이다. 그렇게 하면 아이들은 다른 사람의 유익을 구하는 법을 배우지 못한다. 이 아이는 자신의 마음과 동기에 대해 배우는 것이 아무것도 없다. 하나님은 하나님이시고 부모는 하나님의 대행자이기 때문에 자신은 그 권위 아래 있어야 할 존재라는 사실에 대해 아이가 배우는 것은 아무것도 없다. 아이는 성실, 책임, 또는 하다못해 자기 방 청소 등에 대한 성경적인 이유를 전혀 배우지 못한다.

마음이 행동을 결정한다는 것을 알고 있는 부모들은 이런 방법에 전혀 만족할 수가 없다. 이 방법들이 마음을 성경적으로 다루지 않기 때문이다. 이것들은 행동의 사실에만 관심을 두게 한다. 불행하게도 마음은 길들여지지만, 그 마음은 성경적인 동기나 성경적인 목표 안에서 길들여지는 것이 아니다.

일부에서 인기를 끌고 있는 심리학적인 방법들은 행동 수정법을 적용한다. 그 개념은 간단하다. 좋은 행동은 확실한 방법으로 상을 주고 나쁜 행동은 무시하거나 벌을 주는 것이다. 아이들이 옳은 일을 했을 때 칭찬하는 것을 반대하는 것이 아니다. 그러나 아이들이 당연한 책임을 완수했을 때 상을 주는 생각에는 반대한다.

행동 수정법에서는 좋다고 여겨지는 행동을 할 때 무조건 상을 준다. 아이가 집에서 자기가 해야 할 일을 잘하면 아이스크림을 사먹을 수 있고, 주어진 일을 하지 않았을 때는 벌을 받게 된다. 부모가 기대하는 것은 아이가 상과 벌을 분명히 알아서 행동하는 것이다.

마음과 행동은 아주 가깝다. 행동을 변화시키는 것은 어떤 것이든지 마음을 길들인다. 이런 마음은 결국 욕심과 이기적인 이해 관계로 길들여지고 보상을 위해 일하도록 훈련받는다. 여기서 주목해야 할 것은 아이의 욕심이다. 아이는 아이스크림이나 다른 맛있는 것을 먹고 싶다는 욕망이 이끌어가는 삶을 살고 있기 때문에 이 방법은 효과적인 것처럼 보인다. 그러나 우리의 방법은 궁극적으로 마음을 지도하는 것이다. 마음이 행동을 결정하기 때문이다.

내가 아는 한 가족은 이 행동 수정법을 아주 현명하게 적용하는 법을 개발해냈다. 아이들이 바람직한 행동을 할 때마다 부모는 아이의 이름을 종이에 써서 병 속에 넣었다. 아이가 양치질을 하거나, 설거지를 돕거나, 방 청소를 하거나, 상을 차리거나, 칭찬받을 만한 일을 했을 때 아이 이름이 적힌 종이를 병 속에 넣었다. 반대로 아이가 잘못했을 때는 병 속에서 아이 이름이 적힌 종이를 꺼냈다. 주말에는 병에서 이름 하나를 뽑는데 이름이 뽑힌 아이는 선물을 받았다.

아이들은 이 게임 요령을 금방 익혔다. 방법은 병 속에 자기 이름이 적힌 종이를 가능하면 많이 집어넣는 것이다. 그러면 그럴수록 상품을 받을 확률이 더 높아지기 때문이다.

이 방법이 얼마나 효과적이었는지 궁금할 것이다. 이것은 아주 효과적이었다. 아이들을 가르치는 효과적인 도구가 되었다. 그러나 아이들을 이기적으로 살라고 가르쳤고, 그들로 하여금 옳지 못한 동기로 일하게 했다. 그들은 어떻게 하면 부모의 인정을 받아 자기 이름을 병 속에 넣을 수 있는지 배웠다. 어떻게 해야 자기 이름을 병 속에 넣을 수 있는지, 또 최소한의 노력으로 최대한 자기 이름을 많이 넣으려면 어떻게 해야 하는지 빨리 배웠다. 그래서 그 방식을 교묘히 이용하게 되었다. 어머니가 주변에 없어서 자신의 좋은 행동을 보지 못하면 좋은 행동을 할 이유가 없었다. 이 방법은 결국 이 가족을 성경적인 동기에서 나온 성경적인 행동을 배우지 못하게 만들었다.

잠시 주목할 것은 성경적인 장려와 보상은 그 자체가 목표가 아니라 하나님에 대한 순종의 결과다. 순종에는 축복이 따라온다. 우리의 마음을 아시는 하나님은 그분을 영화롭게 하기 위해 우리에게 바르게 행동하라고 말씀하신다. 하나님은 그분을 존중히 여기는 자를 존중히 여기신다 (삼상 2:30).

감정주의

또 하나의 방법은 감정주의다. 이것은 이 장을 시작할 때 인용한 아이의 엄마가 사용한 방법이다. 그 엄마는 낯선 공항에서 홀로 남겨질 어린 아이의 두려움에 호소하고 있었다. 그것은 감정적으로 안정을 필요로 하는 딸아이의 분별력에 호소하는 것이다. 엄마는 딸이 공항에 혼자 남겨지는 감정적인 위협을 견딜 수 없다는 것을 알고 있었다.

이런 감정적인 방법을 좀 더 애틋한 방법으로 사용하는 부모도 있다. 나는 어떤 부모가 이렇게 말하는 것을 들었다. "네가 그렇게 말할 때는 정말 기분이 좋지 않았단다. 너는 내 기분을 상하게 만들었어." 이것 또한 감정적인 행복에 좌우되어 말하는 것이다.

또 다른 감정적인 방법은 아이에게 창피를 주는 것이다. 내가 아는 한 어린 소녀는 지역 사회의 지도자인 아버지의 평판을 나쁘게 만드는 행동에 대해 위협받으면서 계속 창피를 당하고 있다. 이런 식으로는 아이가 하나님의 영광을 위해 순종하도록 만들 수 없다. 오히려 이것은 딸의 용납받지 못할 행동으로 인해 아버지의 사회적인 신뢰도가 떨어지는 것에 대해 감정적인 창피를 줄 뿐이다.

내가 아는 한 가족은 감정적인 고난이라는 또 다른 형태를 조직적으로 이용했다. 그들은 때리는 것은 잔인하기 때문에 체벌은 거부한다. 그들은 잘못을 저지른 딸을 거실 한가운데 있는 의자에 일정 시간 동안 혼자 앉혀 놓았다. 아이가 의자에서 벌을 받는 동안 가족 중 어느 누구도 아이와 말을 하거나 접촉해서는 안 된다. 그 딸은 자신이 마치 그곳에 없는 것처럼 행동하는 가족들로부터 고립되었다.

무엇이 가장 슬프냐는 질문에 이 일곱 살 난 여자아이는 "내가 의자에 앉아 있을 때 가족들이 집에 있으면서도 내게 아무 말도 걸어오지 않을 때가 가장 슬퍼요"라고 대답했다.

이 방법은 잔인할 뿐만 아니라 전혀 성경적으로 마음을 다루지 못한다. 이 여자아이는 자신의 행동을 성경적으로 이해하는 법을 배우지 못하고 있다. 또 행동으로 나타나는 마음의 구체적인 문제들이 무엇인지 분별하는 법도 배우지 못한다. 이 아이가 배우는 것은 의자에 앉아 있어야만 하는 감정적인 고난을 피할 수 있는 방법뿐이다. 마음은 훈련받지만 하나님을 알고 사랑하는 것으로 훈련받지는 못한다. 이 아이는 감정적인 고통에 대한 두려움에 반응하도록 길들여지고 있다.

아이가 이 훈련 방법에 익숙해지기는 쉽겠지만, 한편으로 아이는 평생 부모를 즐겁게 해주고 그들의 인정을 받으려는 욕구에 따라 살아갈지도 모른다. 이 방법이 장기적으로 미치는 영향이 바로 그것이다. 아니면 더이상 상처받지 않으려고 마음속으로 부모를 멀리할지도 모른다. 결국 아이는 고분고분하든 반항적이든 상관 없이 하나님을 알고 섬기려는 열망을 갖고 사는 법을 배우지 못하게 된다.

벌로 교정함

어떤 부모들은 벌 주는 방법을 택한다. 이 부모들은 자녀를 통제하기 위해 벌을 주겠다고 위협한다. 여기엔 많은 종류가 있다. 매를 가한다거나, 큰소리로 윽박지르는 것, 단순히 아이가 원하는 것을 하지 못하게 하는 것 등. 이런 시도는 벌에 대한 부정적인 인상을 주면서 아이를 통제한다. 나는 성경적으로 체벌이 좋지 않다고 말하는 것이 아니라, 분노나 실망감에 못 이겨 즉흥적으로 반응하는 문제를 지적하는 것이다.

무엇을 하지 못하도록 금지하는 것은 아마 가장 일반적인 벌이다. 여기에는 아이들이 좋아하는 것 중 자전거를 타는 것, 전화, 외출, TV 보는 것 등이 금지되거나, 다른 아이들 혹은 가족들로부터도 격리되는 방법 등이 포함된다. 이 책을 쓰는 동안 나는 열 살 된 아이가 몇 주 동안 방에 감금되었던 일을 알게 되었다. 그 아이는 학교 갈 때, 밥 먹을 때, 화장실 갈 때를 제외하고는 그 방에서 꼼짝도 할 수 없었다.

여기서 문제는 그 아이가 감금당하게 된 잘못된 행동의 근본 원인이 하나도 언급되지 않았다는 데 있다. 나는 그 아이 부모들에게 이런 벌이 그 아이에게 어떤 영향을 미친다고 생각하느냐고 물었다. 그들은 물끄러미 나를 쳐다보았다. 이렇게 무언가를 금하는 벌은 아이를 위한 어떤 계획에 의해서가 아니라 그 아이에게 반대하기 위해 가해지는 것이다.

금지하는 벌은 바로잡는 것이 아니다. 그것은 단순히 벌만 가할 뿐이다. 그것은 아이의 잘못된 행동에 따른 마음의 문제를 성격적으로 다루지 않는다. 그것은 특정한 시간 동안 단순히 벌을 줄 뿐이다. 알아야 할 것을 배우지 못하면서 말이다.

그런 아이들은 금지라는 벌에 적응하는 것을 배울 뿐 인격의 흠은 그대로 남는다. 아이는 마음을 이해하는 것도, 하나님의 방법도 배우지 못한다. 그래서 부모는 열 살짜리 아이를 그리스도께 인도하는 데 실패한다.

정말 '금지'라는 벌이 왜 인기가 있는지 모르겠다. 내 생각에는 그 방법이 편하고 쉽기 때문인 것 같다. 거기에는 밀고 당기는 실랑이도, 계속적인 싸움도 필요 없다. 그 방법은 아이의 마음에 무슨 일이 일어나는지 전혀 관심이 없다. 그것은 또 참을성 있는 지도와 설득도 필요 없다. 금지하는 벌은 재빨리 할 수 있고 신랄하고 단순하다. "한 달 동안 금지령이야. 어서 네 방으로 가!"

부모들은 아마 더 건설적인 방법을 모르기 때문에 그렇게 하는지도 모른다. 부모들은 이때 좌절감을 느낀다. 아이들이 뭔가 잘못되어간다고 생각하기는 하지만, 어떻게 해결해야 되는지는 알지 못한다. 어떤 식으로든 반응해야 하니까 그렇게 대응하고 만다.

그러나 이것 한 가지는 확실하다. 금지하는 벌은 마음의 문제를 성공적으로 다루지는 않는다는 사실이다. 마음을 다룰 수도 있지만 잘못 다루고 있는 것만은 분명하다. 아이들이 금지하는 벌에 적응하는 것을 배울 수 있을지는 모르지만, 경건한 부모들이 자녀에게 기대하는 것은 결코 배우지 못한다. 이 문제에 대해 열 살짜리 어린 내 친구는 아주 철학적인 여운을 남기는 한 마디를 잊지 않았다.

"괜찮아요. 난 내 방에서 놀 수도 있고 텔레비전도 볼 수 있어요. 그것이 나를 괴롭힌다고 생각하지만 않는다면 그것도 괜찮아요." 그 아이는 집에서 갇혀 사는 법을 나름대로 터득했던 것이다.

제맘대로 대충대충

이 방법은 그 이름이 의미하는 그대로다. 불규칙적이고 일관성이 없다. 여러 방법들을 자유롭게 절충한다. 부모들은 여러 방법에서 조금씩

취한다. 슈퍼마켓 계산대 주위에 놓인 〈리더스 다이제스트〉를 쭉 훑어보고 얻은 아이디어와 교회 유아실에서 수다를 떨면서 떠오른 생각과 연결시킨다. 말하자면 굴러가는 눈덩이에 눈붙듯이 이 생각 저 생각을 덧붙여가는 것이다.

몇 주 동안 부모들은 계약 방법을 쓴다. 그것이 지루해지고 다른 사람들처럼 그다지 효과를 보지 못하는 것 같다. 그러다가 매에 대한 설교를 듣고 그것이 필요하다고 결정한다. 그렇게 하기에는 아이들이 너무 자라서 그 방법을 쓰기에는 너무 늦었다 싶으면 또 다른 방법을 찾는다. 이번에는 금지령을 시도한다. 그러다 감정적인 호소도 해본다. 며칠 동안은 뇌물이란 방법도 써본다. 또 그러다 지치면 너무 실망한 나머지 큰소리로 윽박지른다.

그렇게 되면 아이들은 혼동하기 시작한다. 아빠나 엄마가 원하는 것이 무엇인지 모른다. 부모가 자기들에게 어떤 방법을 적용하고 있는지도 알 수 없다. 결과적으로 보면 부모가 한 방법을 정해서 끝까지 적용했더라면 오히려 더 나을 수도 있다.

여기서 나열한 자녀 양육 방법에 대해 이렇게 간단히 적은 것 말고도 더 많은 것들을 첨가할 수 있다. 여기서 말한 것들은 단순히 하나의 예일 뿐이다. 그러나 우리가 기억해야 할 것은 성경적인 방법론이다.

비성경적인 방법의 평가

이런 비성경적인 방법들은 결국 우리에게 어떤 결과를 남기는가? 어떤 열매를 맺게 해주는가? 다른 접근 방법에 대해 토론해왔지만 결국 하나의 문제로 귀결된다. 이런 비성경적인 방법들은 자녀의 마음을 목양하기보다는 표면적인 자녀 양육에 불과하다. 그것들은 오직 행동만 다루고 있다. 그러므로 성경적인 훈육에서 한참 벗어나 있다.

성경적인 훈육은 마음을 다룸으로써 아이들의 행동을 다룬다. 마음이 행동을 결정한다는 것을 기억하라. 부모가 자녀의 마음을 성경적으로 다룬다면 행동에 큰 영향을 미칠 것이다.

마음보다 행동을 다루는 편의주의는 아이가 마음속 깊이 요구하는 것을 묵살한다. 수지가 지미에게 소리지를 때 부모가 단순히 수지에게 소리지르지 말라고 주의만 주어서는 안 된다. 문제는 수지가 동생에게 소리지르는 것이 아니다. 그 아이가 소리치는 문제의 원인은 마음속 쓴뿌리와 분노에 있다. 부모가 단지 행동만 바꾸려 한다면 진짜 문제인 아이의 마음을 잡지 못하게 된다. 근본적인 마음의 문제를 성공적으로 다룬다면 행동의 문제는 저절로 해결된다.

마음을 성경적으로 다루지 않는 외적인 자녀 교육은 무엇이 자신을 움직이게 하는지 이해하지 못하는 외면적인 아이들을 생산해낸다. 부모는 마음의 동기라는 견지에서 자기 행동을 이해하고 설명하는 방법으로 아이들을 훈련시켜야 한다. 그런 훈련을 받지 못한다면 아이들은 자신의 행동 밑바닥에 일관되게 깔려 있는 내적 싸움을 전혀 이해하지 못한 채

방황할 것이다.

행동에만 초점을 맞추는 자녀 양육법도 마음을 다루기는 한다. 문제는 마음을 잘못 다룬다는 것이다. 마음의 변화 없이 행동을 바꾸는 것은 마음을 부모의 목적대로 부모가 원하는 방향으로 훈련시키는 것이다. 그것이 어떤 보상이라면 마음은 그 보상에 반응하도록 훈련된다. 인정받는 것이라면 마음은 인정받으려는 것으로 훈련되거나, 아니면 인정받지 못하는 것을 두려워하는 것으로 훈련된다. 아이에게 맞는 방법을 찾아야 한다는 전문가들의 이야기는, 말하자면 아이를 움직이는 마음의 우상을 찾는 것이다.

아이는 언약의 창조물이다. 마음은 생명의 근원이다. 마음을 비성경적으로 다루는 것은 결국 우상 숭배로 마음을 부패하게 만들거나, 아이의 생활 주변을 묶어둘 편리한 우상을 만드는 것이다. 이런 의미에서 볼 때 부모는 무엇을 하든지 자녀의 마음을 다루어야 한다. 앞에서 마음을 다루지 않는다고 지적한 것은 성경적으로 다루지 않는 것을 말한 것이다.

또 다른 문제도 있다. 부모가 자녀의 행동만 다룬다면 아이를 절대로 예수 그리스도의 십자가 앞에 나아가게 할 수 없다. 잘못된 행동을 하다가 복음으로 향하는 것은 불가능하다. 복음은 새로운 것을 수행하라는 메시지가 아니다. 그것은 새로운 피조물이 되라는 메시지다. 마음이 상한 타락한 죄인에게 하는 이야기다. 그 사람에게는 새로운 마음이 필요하다. 하나님은 우리를 새로운 피조물로 만들기 위해 그의 아들을 보내셨다. 하나님은 보이는 얼굴을 성형 수술하는 것이 아니라 열린 마음을 수술하신다. 그분은 안에서부터 밖으로 변화를 만드신다. 그분은 하루에 두 번 금식하는 자를 거절하는 대신 자비를 간구하는 죄인을 받아주신다.

숙제를 하지 않은 아이의 문제를 다루는 것을 상상해보라.

뇌물 공세식 접근	"일주일 동안 숙제를 잘하면 야구 경기에 데리고 갈게."
감정적 접근	"제발 네 일은 네가 알아서 할 수 없니? 네가 숙제를 안 하면 난 아주 화가 나. 정말 울고 싶을 정도야. 도대체 내가 뭘 잘못했는지 모르겠구나." "너에게 그렇게 많은 돈을 투자했는데, 지금 생각해보면 그 돈을 전부 낭비한 것만 같구나."
인과응보식 접근	"숙제를 하지 않았으니까 일주일 동안 텔레비전 근처엔 얼씬도 하지 마. 내일도 숙제를 안 하면 2주 동안은 텔레비전을 못 볼 줄 알아."
행동 수정식 접근	"매일매일 숙제를 잘하면 종이에 네 이름을 적어서 병에 넣어줄게."
'나는 그렇게 나쁘게 자라지 않았다' 는 접근	"내 할 일을 제대로 안 하면 할아버지는 나를 때리곤 하셨단다. 그것은 나에게 해가 된 것이 아니라 결국 내가 해야 할 일을 배우는 기회였어."

"숙제를 안 하면 할아버지는 나를 그냥 내버려두셨어.
머지 않아 난 문제를 깨달았지. 그러니 이건 네 문제지
내 문제가 아니란다."

각각의 접근 방법들은 어떤 결과를 가져오는가? 이런 방법들의 공통된 목표는 아이가 숙제를 잘하는 것이다. 문제는 이것이다. 어떻게 이러한 접근 방법이 죄를 사해주려고 그의 아들을 보내신 하나님의 진리, 즉 귀한 생명을 주는 진리로 아이들을 인도하겠는가? 앞에서 예시한 방법들은 아이들을 복음으로 인도하지 못한다. 마음은 길들여지지만, 그리스도와 십자가로부터 멀어지도록 길들여진다.

성품 개발은 간단히 무시된다. 숙제를 하느냐 마느냐에 초점이 맞춰진다. 아이들은 하나님을 두려워하는 책임 있는 삶을 사는 사람으로서 윤리적인 선택을 하도록 훈련되지 않는다. 그들은 부모의 감시를 벗어나 부모가 싫어하는 것을 피하는 방법만 배운다. 그들은 원리보다는 편의에 따라 선택하는 것을 배운다.

이 방법이 가져올 또 다른 무서운 영향에 대해 생각해보자. 부모와 자녀 사이에 거리감이 생기는 것이 그것이다. 아이들은 내적으로나 외적으로 교묘하게 다루는 방법을 알게 된다. 그들은 결과적으로 자신의 행동을 통제하려는 여러 잘못된 시도에 분노하게 된다. 부모와 자식 간에는 쫓고 쫓기는 쥐와 고양이의 관계만 남을 뿐 깊은 대화는 온데간데 없다. 그들은 자라면서 부모로부터 독립적으로 사는 것을 상상하고, 그들을 다루는 부모의 방법에 더 저항하며, 노골적으로 반항한다.

비성경적인 양육 방법에 나오는 외면적인 성공 사례들은 우리는 현혹한다. 누구나 한 번쯤 이런 이야기를 들은 경험이 있을 것이다. 그렇지 않으면 이런 말을 하는 사람 중에 하나일 것이다. "난 그렇게 나쁘게 자라진 않았어." 이렇게 말하는 이들은 아마 가족들에게는 공개적으로 반항하지 않았을 수도 있다.

당신은 내 친구와 같은 경우일 수도 있다. 그녀는 자신의 세계에 적응하는 데 아무 문제가 없었다. 대학에 진학해서 졸업한 후에 결혼했고 아이도 낳았다. 언뜻 보면 그녀에게는 아무 문제도 없는 것처럼 보였다. 그러나 그녀는 의심이 많았고 내적 갈등에 싸여 있는 자신을 볼 수 있었다. 그녀는 사람을 두려워하며 산다는 것이 무엇인지 알고 있었다. 그녀는 인정받으려고 애썼다. 그녀는 마음의 자세라는 견지에서 자신의 행동을 이해하는 것을 배운 적이 없었다. 자신의 문제 때문에 그리스도께 나아오는 데 많은 어려움이 있었다. 그녀에게 그리스도의 생활은 이해할 수 없는 것이었다. 그녀는 상담을 받아본 적도, 다른 사람에게 실성한 사람으로 보인 적도 없었다. 그러나 그녀는 그런 비성경적인 방법들이 가진 우상 숭배의 관계와 비성경적인 자녀 양육법으로 괴로워했다.

하나님은 양육의 '무엇'에만 관심이 있으신 것이 아니라 '어떻게'에도 관심이 있으신 것을 기억하라. 성경은 방법론의 문제를 말한다. 성경은 이런 문제를 다루는 데 어떤 방향을 제시하고 있는가? 다음 장에서는 그런 문제들을 다루어볼 것이다.

1. 부모인 자신이 어떻게 하고 있는지 꼼꼼하게 생각해보라. 자녀에 대한 반응적으로 하는 말과 행동을 성경적인 평가 앞에 놓아보라.

2. 앞에서 논한 비성경적인 방법 중 당신이 사용한 방법들은 어떤 것들인가? 징계와 바르게 함에 있어서 흔히 사용되는 다른 비성경적인 접근들은 무엇인가?

3. 이와 같은 비성경적인 접근들은 무엇이 잘못된 것인가? 자신의 말로 설명해보라.

4. 이 말을 어떻게 정의하겠는가? "우리 아이들의 행동은 문제가 아니다. 문제의 뿌리는 마음에 있다."

5. 아래 그림에 이름을 붙이고 이번 장에서 말한 핵심과 연관시켜보라.

6. 이번 장의 요점을 한 문장으로 요약해보라.

8장

성경적인 방법: 대화

세일즈맨들은 레스토랑 음식에 진력이 난 이들이다. 아버지는 이것을 잘 알고 계셨다. 그래서 가끔 세일즈맨을 집에 데리고 오셨다. 그날도 그런 날 중에 하나였는데, 우리는 그때 아버지 말을 듣지 않았다. 아버지는 "에베소서 6장 1절 말씀이 뭐지?"라고 물으시며 우리의 할 일을 상기시키셨다. 우리는 마음속으로 "자녀들아 너희 부모를 주 안에서 순종하라"는 말씀을 암송하면서 아버지의 말씀을 따랐다.

아버지가 우리에게 던진 이 질문은 그 손님에게 큰 영향을 주었다. 그는 아이들을 순종하게 만드는 새로운 방법에 놀랐다. 저녁을 다 먹을 때까지 호기심을 참지 못한 그는 마침내 아버지에게 물었다.

"그런데 에베소서 6장 1절 말씀이 뭐죠? 저도 우리 아이들에게 이것을 가르치고 싶습니다."

여느 부모들처럼 그 역시 아이들을 다루는 더 효과적인 방법을 찾고 있었던 것이다. 그는 아마 에베소서 6장 1절을 언급하기만 하면 자기 아이들에게도 잘 적용될 것이라고 생각했던 모양이다.

7장에서 간단히 평가해본 방법들을 모두 거부한다면 이제 어떻게 해야 하는가? 하나님의 말씀은 우리가 자녀를 양육하는 데 어떤 빛을 비추는가? 하나님의 말씀은 목표를 제공할 뿐만 아니라 방법까지도 가르쳐주고 있다.

방법과 목적은 서로 완전해야 한다. 부모는 자녀가 하나님의 영광을 위해 살기를 원한다. 뿐만 아니라 가치 있는 삶이란 주님이신 예수 그리스도 안에서 사는 생활이라는 것을 자녀들이 깨닫기 원한다. 그렇다면 방법도 주님께 순종하는 것을 보여주어야 한다. 세상에 잘 적응하고 성공적인 아이들로 키우는 방법들은 옳지 않다. 왜냐하면 부모의 목표는 아이들이 단순히 성공하거나 잘 적응하는 데서 그치지 않기 때문이다.

어린아이들에게 성경적으로 접근하기 위해 부모가 갖추어야 할 두 가지 요소가 있다. 하나는 풍부하고 충분한 대화다. 그리고 다른 하나는 매다. 잠언은 이 두 가지 방법을 병행해서 말하고 있다.

아이를 훈계하지 아니하려고 하지 말라
채찍으로 그를 때릴지라도
그가 죽지 아니하리라
네가 그를 채찍으로 때리면
그 영혼을 스올에서 구원하리라

내 아들아 만일 네 마음이 지혜로우면

나 곧 내 마음이 즐겁겠고

만일 네 입술이 정직을 말하면

내 속이 유쾌하리라

네 마음으로 죄인의 형통을

부러워하지 말고

항상 여호와를 경외하라

정녕히 네 장래가 있겠고

네 소망이 끊어지지 아니하리라

내 아들아 너는 듣고 지혜를 얻어

네 마음을 바른 길로 인도할지니라(잠 23:13-19).

너를 낳은 아비에게 청종하고

네 늙은 어미를 경히 여기지 말지니라(잠 23:22).

내 아들아 네 마음을 내게 주며

네 눈으로 내 길을 즐거워할지어다(잠 23:26).

이 말씀들은 매와 훈계를 연결해서 함께 언급하고 있다. 솔로몬은 깊은 대화와 매를 동시에 말하고 있다. 이 둘은 성경적인 자녀 양육에 있어서 가장 중요한 부분이다. 이 둘은 하나님을 기쁘시게 하고 영적으로 충만하며 결속력이 있고, 아이를 일관되게 훈육하고 바르게 하는 방법이다. 매를 사용하는 것은 성경에 따른 부모의 권위를 유지하게 해준다. 하나님은 아이들을 기르는 대행자로서 행동하라고 부모를 불러 권위를 주셨다. 풍성한 대화는 냉정하고 잔인하게 훈육하는 것을 막아준다. 이것은 솔직한 대화를 요구하는데, 이 솔직한 대화 속에서 아이는 자기 자신을 이해하고 알아가게 된다. 이것은 또한 예민하기는 하지만 과민하게 느끼는 감상벽을 버리게 한다.

실제로 아이를 양육하는 데 매와 대화는 반드시 병행되어야 한다. 여기에 대해 좀 더 자세히 살펴보는 것이 많은 도움이 될 것이다. 먼저 대화(8-10장)에 대해 알아본 다음 매(11장)에 대해 알아보자.

최근에 한 아버지와 나눈 내용이다.

"당신의 아들과 나눈 대화를 좀 들려주세요."

"네, 우리는 그런대로 잘 이야기하고 있어요. 바로 어젯밤에 나눈 대화를 말씀 드린다면 우리 아이는 자전거가 필요하다고 말했고, 나는 아이에게 콩을 좀 더 많이 먹으라고 했습니다."

그 말을 듣고 잠깐 웃긴 했지만, 그 대화만큼 아이들과 부모의 대화를 단적으로 보여주는 것도 없다. 부모는 아이들에게 이렇게 저렇게 하라고 말하고, 아이들은 부모에게 자기가 필요한 것과 희망 사항만 말한다.

대화는 독백이 아니다

흔히 대화는 자신을 표현하는 능력으로 간주된다. 따라서 부모는 아이들에게 말할 때 자신을 먼저 생각한다. 그러나 부모는 아이들과 함께 말하는 방법을 찾아야 한다. 대화는 독백이 아니다. 대화는 같이 이야기하는 것이다.

이것은 말하는 능력일 뿐만 아니라 듣는 능력이다. 잠언 18장 2절은 이 문제를 깊이 있게 지적하고 있다. 잠언 18장 13절은 이렇게 상기시키고 있다. "사연을 듣기 전에 대답하는 자는 미련하여 욕을 당하느니라."

가장 좋은 대화의 기술은 자신의 생각을 어떻게 표현하느냐를 배우는 것이 아니라, 다른 사람의 생각을 어떻게 이끌어내는가를 배우는 것이다. 대화의 목적은 단순히 아이가 부모를 바로 이해하게 하는 것만이 아니다. 부모가 먼저 아이를 이해할 수 있어야 한다. 그러나 많은 부모들이 이런 기술은 배우지 않는다. 또 부모는 아이들에게 자신의 생각과 느낌을 조리 있게 표현하는 법을 가르쳐주지 않는다.

여기에 아이러니한 부분이 있다. 아이들이 어릴 때 부모는 흔히 아이들을 중요한 대화에 참여시키지 않는다. 아이들이 대화의 문을 열려고 할 때 "으응… 그래"라고 하면서 무관심하게 받아들인다. 결국 아이들은 요령을 터득한다. 그들은 부모가 자신에게 무슨 일이 일어나고 있는지에는 관심이 없다는 것을 알게 된다. 아이들은 이런 부모에게서 '좋은 대화'란 곧 '잘 듣는 것'이라고 배운다. 아이들이 십대가 되면 입장은 정반대가 된다. 부모들은 십대 아이들과 함께 이야기하고 싶어 하지만, 십대들은 대화한 지가 너무 오래 되어서 이미 부모는 관심 밖의 대상이다.

크리스탈이 그 좋은 예다. 크리스탈의 부모는 그녀를 상담소에 데려갔다. 부모들은 크리스탈이 대화하지 않으려 한다고 말했다. 그들은 아이에게 문제가 있다고 생각했다. 그러나 그녀는 부모에게 말하려 들지 않았다. 크리스탈의 어머니는 소리지르는 사람이었다. 대화는 마치 화산이 폭발하는 것처럼 주기적으로 진행되었다. 때때로 어머니가 화산처럼 말을 마구 토해낼 때 크리스탈은 일단 피하기로 했다. 그녀의 아버지는 앞에 나서지 않고 멀리서만 지켜볼 뿐이었다. 그는 거의 아무것도 간섭하지 않았다. 겨우 열네 살인 크리스탈은 속이 끓고 벅찼지만 부모는 그녀를 이해하려고 하지 않았고, 결국 그녀는 아무 도움도 받지 못했다. 성경적인 상담에서는 자녀는 말하는 법을 배우고, 부모는 자녀가 대화에 참여하게 하는 방법과 자녀가 말하려는 것을 듣는 방법을 가르친다.

이해하는 데 초점을 두라

자녀를 올바르게 교육하기 위한 부모의 첫 번째 목적은 그들이 행동한 것과 말한 것을 두고 부모가 어떻게 느끼는지를 말하는 것이 아니다. 아이 속에서 무슨 일이 일어나고 있는지 이해하는 것이어야 한다. 올바르게 교육하려고 할 때 중요한 것은 부모의 느낌이나 분노나 상처를 쏟아놓는 것이 아니라, 오히려 아이가 갖고 있는 어려움의 본질을 파악하는 것이다.

중요한 것은 왜 그렇게 하고 왜 그렇게 말했는지 이해하는 것이다. 부모는 무슨 일이 일어났는지 알아야 할 뿐만 아니라 아이의 마음속에서 무슨 일이 일어나고 있는지도 이해할 필요가 있다. 기억할 것은 입으로 나오는 말은 마음에 품고 있던 것이라는 점이다. 훈육하는 부모라면 이렇게 질문해야 한다. "이런 상황에서 아이가 마음에 품고 있는 것은 구체적으로 어떤 내용인가? 어떤 유혹이 있었는가? 이러한 유혹에 아이는 어떻게 대응하고 있는가?" 부모가 이런 것들을 이해하고 자녀가 저런 것들을 이해하도록 도울 수 있다면 왜 그런 일이 일어났는지도 이해할 수 있을 것이다. 부모가 마음의 문제를 완전히 이해할 수 없을 때는 계속 노력하며 이해하도록 해야 한다.

이런 시나리오를 한번 생각해보자. 아이가 새 운동화를 신는다. 지난밤에 그것을 살 때 아이는 별로 기뻐하지 않았지만 그것이 부모로서 해줄 수 있는 최선이었다. 아이는 학교갈 준비를 하면서 눈물을 뚝뚝 흘리고 있다. 당신이라면 이 상황을 어떻게 다루겠는가? 당신의 목적이 부모의 생각을 아이에게 알리는 것이라면 아마 이렇게 말할 것이다.

"네가 이 운동화를 좋아하지 않는 줄은 알지만, 그것이 내가 사줄 수 있는 최선의 것이란다. 그렇게 어린애같이 굴지 마. 네가 이렇게 울었다는 것을 자렛에게 말한다면 그 아이가 뭐라고 하겠니? 어쨌든 새 신발은 금방 더러워질 거야. 이틀쯤 지나면 어떻게 생겼는지 아무도 모를 거야. 다른 애들이 네 운동화를 어떻게 생각하든 무슨 상관이니? 그 애들이 운동화 전문가라도 되니? 운동화를 갖게 된 것에 감사해야지. 그래도 네가 좋아하지 않는 그 운동화는 내가 처음 샀던 차보다 훨씬 비싼 거야. 이제

일하러 가야겠다. 그리고 운동화보다도 더 걱정해야 하는 중요한 일들이 세상엔 아주 많단다."

그러나 만약 부모의 주된 목적이 자녀가 마음으로 겪고 있는 어려움을 이해하는 것이라면 아마 이런 말들이 오갔을 것이다.

부모: "운동화 때문에 마음이 상했구나, 그렇지?"

아이: "네."

부모: "그 운동화를 살 때 네가 그것을 좋아하지 않는다는 걸 한눈에 알았지. 넌 그것을 아빠에게 말하고 싶지 않았구나, 그렇지?"

아이: "네, 말하고 싶지 않았어요."

부모: "왜 그 운동화가 싫으니?"

아이: "바보같이 생겼어요."

부모: "그게 무슨 말이지?"

아이: "자렛은 그게 바보처럼 보인대요."

부모: "자렛이 언제 그걸 봤지? 우린 그걸 어젯밤에 샀잖니?"

아이: "크리스가 그 운동화랑 똑같은 걸 신었는데 자렛이 반 친구들에게 바보같이 보인다고 그랬어요."

부모: "바보라니? 아니, 그만두자. 그런데 왜 이 운동화가 바보처럼 보일까?"

아이: "여기 뒤쪽에 있는 빨간줄을 보세요. 새 것에는 이런 빨간줄을 붙이지 않거든요. 이 신발은 작년 것이라구요. 그래서 싼 거예요."

부모: "아, 알겠다. 넌 애들이 오늘 너를 바보라고 놀릴까봐 걱정이 되

는 거구나."

아이: "네."

부모: "그러면 참 속상하지?"

아이: "네, 화가 나요. 애들이 내 신발이 어떻게 생겼든 왜 상관하는지 모르겠지만, 아무튼 애들은 나를 바보라고 놀릴 거예요."

이 말은 무슨 말인가? 그 아이는 부모가 동감해주길 바라며 감정의 싸움을 하고 있다. 아이의 3학년 교실에는 정말 압박감이 존재하고 있는 것이다. 아이는 반 친구들에게 인정받고 싶다는 압박감을 느끼고 있다. 이런 환경은 그 마음에 기대와 두려움을 만들어낸다.

부모가 대화하는 목적은 단순히 몇 가지 제안으로 표현될 수 있다.

1. 부모가 보는 자녀의 행동은 자녀의 마음에 가득 찬 것이 밖으로 드러난 것이다.
2. 부모는 자녀의 마음속에 가득 찬 구체적인 내용을 이해하고 싶어 한다.
3. 마음속의 문제는 구체적인 행동보다 훨씬 더 중요하다. 왜냐하면 마음이 행동을 움직이기 때문이다.

요약하자면 부모는 자녀의 내적인 싸움을 알고 이해하기를 원한다. 부모는 아이들의 눈을 통해 세상을 볼 필요가 있다. 이것은 부모로 하여금 생명을 주는 어떤 복음의 메시지가 대화에 적합한지 알게 해준다.

아이를 이해하고 또 아이가 스스로를 이해하도록 돕고 싶다면, 부모가 개발해야 할 기술들이 있다. 부모는 자녀들이 자신을 표현하도록 돕는 법을 배워야 한다. 수월하게 대화하는 방법을 가르쳐야 한다. 부모는 행동과 말의 내면을 깊이 파고드는 방법을 알아야 한다. 마음에서 일어나는 일을 간파하도록 노력해야 한다. 잠언 20장 5절의 "사람의 마음에 있는 모략은 깊은 물 같으니라 그럴지라도 명철한 사람은 그것을 길어 내느니라"는 말씀을 기억해보라. 부모는 이렇게 명철한 사람이 되어야 한다.

예수님의 성육신에 대해 생각해보자. 주님의 성육신은 자녀들과 상호 교감하는 데 좋은 모델이다. 하나님은 천국에서 그냥 팔짱을 끼고 멀리서 내려다보고만 계실 수도 있었다. 출애굽기 19장에서 하신 대로 구름과 천둥을 통해 말씀하실 수도 있었다. 하지만 하나님은 성육신으로 대체 무슨 일을 하시려는 것일까? 그분은 우리와 함께 있기 위해 땅으로 오셨다. 당신과 똑같은 살과 피를 가진 인간의 몸을 취하셨다. 우리와 같은 인간의 심성을 가지셨다. 지상에 사는 인간이 갖는 모든 제약들을 받아들이셨다. 한 번에 한 곳밖에는 있을 수 없는 제약을 수용하셨다. 우리가 겪는 모든 것들을 겪으셨다. 요한복음 4장에 기록된 예수님은 피곤함과 배고픔으로 힘들어하셨다. 나사로의 무덤 앞에서 우셨다. 히브리서 2장은 "유혹받을 때에 고통스러워하셨다"고 말한다.

성육신을 통해 하나님은 인간의 눈으로 세상을 볼 수 있도록, 우리와 함께 거하려고 오셨다. 그분은 인간이 된다는 것이 무슨 의미이며, 인간이 겪는 유혹을 받는 것이 어떤 것인지 온전히 이해하신다. 그것이 히브리서 4장에서 당당하게 기록하고 있는 내용이다.

> "그러므로 우리에게 큰 대제사장이 계시니 승천하신 이 곧 하나님의
> 아들 예수시라 우리가 믿는 도리를 굳게 잡을지어다 우리에게 있는
> 대제사장은 우리의 연약함을 동정하지 못하실 이가 아니요 모든 일
> 에 우리와 똑같이 시험을 받으신 이로되 죄는 없으시니라 그러므로
> 우리는 긍휼하심을 받고 때를 따라 돕는 은혜를 얻기 위하여 은혜의
> 보좌 앞에 담대히 나아갈 것이니라"(히 4:14-16).

예수님은 인간의 눈으로 세상을 보실 수 있다.

부끄럽지만, 나는 종종 내 아이들의 연약함을 마음으로 깊이 공감할
수 없는 아버지가 될 때가 많다는 것을 고백해야만 할 것 같다. 내 아이들
을 이해하는 데 충분히 마음을 쏟지 못하고, 그들의 외면적인 행동을 고
치는 데 과도하게 집중되었던 탓이었다.

하지만 나의 경우에도 그렇지만, 불순종의 문제를 다루게 될 때 우리
자녀들과 함께할 수 있는 절호의 기회를 갖게 된다. 그들의 내면에서 벌
어지는 죄와의 싸움을 알게 될 때 당신은 그들을 더 잘 도울 수 있다. 그
들과 마찬가지로 당신도 죄인이다. 유혹의 본질에 대한 당신의 통찰을
이용해 자녀들이 그들 자신의 싸움을 이해하도록 도와줄 수 있다. 또한
예수 그리스도 안에서 당신이 맛본 끝없는 은혜와 자비를 누릴 수 있다
고 자녀들을 격려해줄 수 있다. 그 안에는 우리에게서는 나지 않는 의가
있고, 우리가 받을 자격이 없는 용서하심이 있으며, 우리 능력으로는 생

성할 수 없는 능력이 있다. 육신이 되어 우리와 함께 거하셨던 이분 안에 곤고한 자들의 소망이 있다.

앞에서 소개한 가상의 대화에서 복음이 가장 효과적으로 제시될 수 있는 곳은 어디인가? 그 대답은 분명하다. 당신의 자녀들을 진정으로 이해하고 싶다면 마음을 읽어내는 기술을 개발해야 한다. 대부분의 부모들은 자녀들과 다음과 같은 식으로 대화를 해왔다.

엄마: "왜 동생을 때렸니?"
아들: (마룻바닥을 내려다보며 가만히 있다가) "모르겠어요."
엄마: (화가 나서) "모르겠다니 무슨 말이니?"
아들: "나도 모르겠어요."

그리고 나머지는 아는 대로다. 엄마의 화가 폭발하기 전에 아들은 최대한 빨리 사태를 파악해야 할 것이다. 이 대화의 문제는 무엇인가? 그 아들이 단순히 이유를 말하기를 거부하는 것이 문제인가? 아마 그렇지 않을 것이다. 그 아이는 단순히 자신이 대답할 수 없는 질문을 받고 있을 뿐이다. 그는 엄마의 질문에 일관되게 대답할 수 있는 이해력과 자기 성찰의 깊이가 모자랄 뿐이다. 그에게는 그 문제의 초점을 다른 식으로 맞추어주어야 할 필요가 있다.

식의 질문들은 아이들에게는 절대 효과가 없다(그리고 성인이라도 거의 효과가 없다). 다음의 몇 가지 생산적인 질문의 예를 소개한다.

1. "동생을 때릴 때 무슨 생각을 하고 있었니?"
2. "무슨 일로 동생이 널 화나게 했니?"
3. "어떻게 해서 동생을 때리면 일이 더 잘 해결될 것 같았는지 엄마가 알게 도와다오."
4. "동생이 너한테 한 행동이 문제가 되었다면 그게 무엇이니?"

   (상대방이 당신의 자녀에게 잘못을 저질렀다는 사실을 부인할 필요는 없다. 아마 상대방이 분명히 그 아이에게 잘못을 했을 것이다. 그것에 대해 아이가 당신에게 말을 할 수 있도록 배려하라.)
5. "때리는 것 말고 다른 식으로 반응할 수 있는 좋은 방법에 무엇이 있을까?"
6. "네 반응은 너를 보살펴주시고 보호해주시는 하나님의 능력을 믿는 것이었니, 아니면 못 믿는 것이었니?"

이 질문에 대한 각 대답은 아이의 행동의 이면을 이해할 수 있는 다른 추적 경로들을 열어줄 수 있다.

아이의 잘못을 지적하고 아이가 하나님을 따르기 위해 벌이는 마음의 영적 싸움과 그리스도의 은혜와 구속에 대한 필요성을 이해하도록 돕는 여러 가지 다른 많은 질문들이 있다. 내가 말하고자 하는 요점은 이것이다. 즉, 동생을 때리는 것으로 표출된 내적 갈등의 성격을 이해하는 노력이 먼저 이루어져야 한다는 것이다.

아이가 위의 질문에 대답을 할 때 당신의 역할은 아이가 자기 자신을 이해하고, 죄에 대한 내적 싸움에 대해 분명하고 솔직하게 이야기하도록 돕는 것이다.

아이가 알아야 할 문제는 네 가지다. 첫째, 유혹의 성격, 둘째, 이 유혹에 대한 반응들, 셋째, 그러한 반응들의 동기, 넷째, 그가 선택한 반응의 악한 점.

이 과정에서 부모는 아이의 위에, 또 옆에 서게 된다. 하나님은 부모를 징계하고 바르게 하는 존재로 부르셨기 때문에 아이의 위에 있다. 또한 부모도 다른 사람을 향한 분노와 싸우는 죄인이기 때문에 아이의 옆에 있다.

부모들은 이것이나 저것 하나만 하려는 경향이 있다. 어떤 사람은 자신의 실패와 아이를 한데 묶어 생각하려는 경향이 있다. "나도 같은 잘못을 하면서 어떻게 그 아이를 고쳐준단 말인가?" 하는 식으로 말이다. 그래서 그들은 아이의 잘못을 고쳐주지 않으려고 한다. 또한 그런가 하면 자녀보다 너무 위에 있어서 아이들에게 위선자처럼 보이는 부모도 있다. 부모는 이 문제에 있어서 하나님의 대행자로서 아이들과 밀접하게 연결되어 있음을 기억해야 한다. 그러므로 부모는 죄악을 감지해야 할 권리와 의무가 있다. 아이 곁에 있는 죄인으로서 인간의 마음에 죄가 어떻게 작용하는지 이해해야 하고, 아이를 바르게 할 때는 겸손한 마음으로 해야 한다.

다음 장에서는 기본적으로 자녀 양육의 성경적인 방법인 대화의 중요성을 살펴보면서, 성경에서 말하는 여러 종류의 대화에 대해 토론해볼 것이다.

1. 아이들이 자신을 표현하도록 돕는 대화를 어떻게 나누고 있는가?

2. 자녀와의 문제에 반응하는 부모의 첫 번째 대화 목표는 무엇인가?

3. 자녀가 생각하고 느끼는 것을 도출해낼 질문은 무엇인가?

4. 운동화에 대한 두 번째 사례와 같은 대화를 하기 위해 자신의 대화 스타일을 어떻게 변화시켜야 하는가?

5. 이 문장의 의미를 자신의 말로 표현해보라. "자녀가 자신의 죄를 이해하는 것을 돕는 과정에서 부모는 아이의 위에, 그리고 옆에 서 있다."

6. 본 장에서 논한 행동의 '무엇'과 '왜'의 구별을 어떻게 이해했는지 말해보라.

9장

성경적인 방법: 대화 유형

우리는 자녀 양육을 거론할 때 규칙과 바르게 함 그리고 징계 등 세 가지 요소를 언급한다.

그것은 이렇게 설명해볼 수 있다.

부모는 자녀들에게 규칙을 정해준다. 바르게 하는 것은 자녀들이 규칙을 위반할 때 하는 일이다. 벌을 주는 단계는 아이들이 규칙을 위반하면 어떤 대가를 치러야 하는지 알게 한다. 모든 가정에는 규칙, 바르게 함 그리고 징계가 필요하다. 그러나 많은 경우에 있어서 대화는 이 세 가지 요소의 확장 개념이다.

규칙

바르게 함

징계

〈그림 4〉 **자녀 양육**

규칙 바르게 함 징계
격려 바르게 함 책망 간청 지도 경고 가르침 기도

〈그림 5〉 **의사소통**

이번 장에서는 규칙을 만들어 자녀들이 책임을 지게 하며, 적절한 징계를 하는 풍성한 대화에 대해 다루고자 한다.

이것을 표로 나타내면 다음과 같다.

나는 이 표에 있는 것처럼 풍성한 대화보다는 규칙과 바르게 함과 그리고 징계를 통해 얼마나 자녀 양육이 이루어졌는지 물어본다. 대부분의 부모들은 대화의 80-90퍼센트가 규칙과 바르게 함 그리고 징계를 통해 이루어졌다고 순순히 인정했다.

대화 유형

대화의 유형은 다양하고 풍성할수록 좋다. 여기에는 격려와 바르게 함, 책망, 간청, 지도, 경고, 가르침과 기도가 포함된다. 이 모든 것은 부모와 자녀의 관계에서 생활화되어야 한다.

사도 바울은 데살로니가전서 5장에서 때를 따라 언사를 필요에 맞게 하라고 가르치고 있다. "규모 없는 자들을 권계하며 마음이 약한 자들을 격려하고 힘이 없는 자들을 붙들어주며 모든 사람에게 오래 참으라"(살전 5:14). 사도 바울의 요점은 듣는 사람의 조건에 따라 말하는 것이 달라져야 한다는 말이다. 어느 순간에 어떤 대화가 가장 적합한지 분별하기 어려울 때 부모는 좋지 않은 영향을 주기 쉽다.

나는 단정하지 못한 아들의 모습 때문에 몹시 심하게 야단쳤던 실수를 기억한다. 아이가 여덟 살쯤 되었을 때였다. 내가 보기에 그 아이는 항상 흐트러진 것처럼 보였다. 그의 외모에 대해 이야기하는 것이 틀리진 않았다. 그러나 그에게 실제로 가르침이 필요할 때 내가 그를 꾸중했던 것이 틀렸다는 것이다. 아이는 반항하지 않았다. 그는 책망받을 만한 일을 하지 않았다. 그에게는 단지 인내심 있는 가르침이 필요했다. 며칠 후 나는 아이의 마음을 상하게 한 것을 알고 옳지 못했던 나의 행동에 대해 용서를 구해야 했다.

이제는 성경적인 방법으로 이루어지는 대화의 유형을 살펴보자.

격려

아이들에게는 희망과 용기로 가득 찬 영감을 줄 수 있는 대화가 필요하다. 나는 어느 날 같은 반 친구 때문에 화가 난 아이와 이야기를 나눈 적이 있다. 마음이 진정된 다음에서야 그는 제대로 말하기 시작했다. "소용 없어요. 내가 그냥 놀지 말아야 해요. 놀 때마다 꼭 누가 나를 화나게 만들고 꼭 이런 일이 생겨요."

이것은 분명히 야단칠 상황이 아니었다. 이 아이는 자기가 잘못했다는 것과, 제 힘으로는 자신의 성격을 바꿀 수 없음을 알고 있었다. 이 아이는 우리가 죄성을 가진 사람이기 때문에 예수님이 오셨다는 사실로 격려받을 필요가 있었다. 그러므로 꾸중이나 가르침마저도 이 순간에는 적합하지 않다.

자녀들은 모두 실패의 고통을 알고 있다. 우리와 마찬가지로 그들도 소망이 없어 보이는 것들을 때때로 발견한다.

부모는 자녀들이 실망하는 이유에 대해 분석하는 것과, 하나님의 약속을 이해할 수 있도록 도와야 한다. 상한 마음과 회개하는 마음을 가까이하시는 하나님으로부터 용기, 소망, 그리고 영감을 찾도록 부모는 아이들을 격려해야 한다.

바르게 함

때때로 자녀의 기준에 맞춰 가르쳐야 할 때도 있다. 바르게 하는 것은 잘못된 부분을 고쳐주는 것이다. 바르게 하는 것은 자녀들에게 무엇이 잘못됐는지 그리고 문제를 바르게 하기 위해서 어떻게 해야 되는지 통찰력을 준다. 바르게 하는 것을 통해 아이들은 하나님의 기준을 이해하며 그 기준에 따라 자신의 행동을 평가하는 것을 배운다. 디모데후서 3장 16-17절에서 보듯이 바르게 하는 것은 하나님 말씀의 기능 중 하나다.

어느 날 밤 아내 마지는 딸아이와 이야기하고 있었다. 대화 도중에 딸아이의 태도 때문에 정작 대화하려던 문제는 부차적인 것이 되었다. 우리 딸은 전문가처럼 바르게 하는 것에 대해 다 알고 있는 것 같았다. 그래서 모든 것에 동의하고 고개를 끄덕이면서 자기 의견을 말했다. 그러나 아내는 그 아이의 마음이 자신이 생각하는 것처럼 움직이지 않는 것을 알고 있었다. 아내는 자신이 의심하는 것을 확인하기 위해 정곡을 찌르는 질문을 몇 가지 던졌다. 아내는 곧 딸아이 헤더에게 바르게 하는 것이 필요하다는 사실을 알았다. 아내는 잠언 9장에 있는 미련한 자와 지혜로운 자의 교훈을 받아들이는 태도를 비교함으로써 헤더의 태도를 지적했다. 아내는 올바르게 교육함으로써 헤더가 하나님의 기준을 이해하고 그 기준에 따른 훈계에 대한 자기 반응을 평가하도록 도왔다. 헤더의 저항은 곧 억수 같은 눈물로 녹아내렸다. 물론 대화가 유익하게 지속되었음은 두말할 필요도 없다.

책망

책망은 행동을 나무란다. 아이는 종종 자기가 한 일이나 말 때문에 얼마나 부모가 불안해하고 놀라며 당황하는지 알아야 한다. 예를 들면 우리는 아이들에게 자유로운 대화를 하더라도 해서는 안 될 말이 있다는 것을 항상 가르쳤다. 남을 미워한다든가, 미운 사람이 죽거나 다쳤으면 좋겠다는 식의 말을 해서는 절대로 안 된다고 말했다. 이런 말들은 엄격한 꾸중을 자초했다. 부모는 대개 너무 놀라 엄하게 지적한다. "그런 말을 하는 것은 옳지 않아. 절대로 그런 말을 해서는 안 돼요." 물론 그 다음에는 가르침이나 격려, 기도와 같은 다른 유형의 대화 방법이 뒤따라야 한다.

간청

이것은 간절하고 강렬한 대화 방법이다. 여기에는 간청하고, 강청하고, 강요하고, 심지어 애걸하는 것까지도 포함된다. 그러나 이것은 거지의 구걸이 아니다. 그보다 이것은 하나님의 방법으로서, 극한 순간에서도 자녀를 이해하려는 부모의 간절한 호소다. 자녀가 지혜와 믿음으로 행동하기를 간절히 바라며 자기 속을 기꺼이 털어놓는다. 이것은 매우 긴박한 경우에 쓰기 위해 남겨둬야 할 특별한 대화 방법이다.

앞에서 인용한 잠언 23장에서 우리는 간청에 대한 통찰력을 얻을 수 있다. 잠언 23장 26절의 "내 아들아 네 마음을 내게 주며…"라는 말씀에서 간절한 호소를 읽을 수 있다.

나는 아이들에게 포르노 잡지를 보는 것 같은 성적인 죄를 피해야 하는 중요성을 이야기할 때 이런 대화 방법을 주로 사용했다. 나는 자녀들에게 성적인 불순함에 자신을 노출시키는 위험에 대해 여러 번 거듭 호소했다. 그들에게 성적인 죄가 얼마나 하나님의 이미지를 떨어뜨리고, 거룩하고 영광스런 하나님의 이름을 더럽히는지 말해주곤 했다.

성적으로 타락한다면, 그 짧은 순간적인 감흥을 위해 얼마나 값비싼 대가를 치러야 하는지 경고했다. 또한 결혼 안에서 성경적인 성의 기쁨은 말할 수 없이 아름다운 것이라고 격려했다. 잠언 5-7장에서 그 성경적인 근거를 찾을 수 있다. 매일 이런 대화를 하지는 않았지만, 이런 중요한 문제에 대해서는 정기적인 간청이 좋은 결과를 가져왔다.

지도

지도는 아이들이 자신의 세계를 이해하는 것을 돕는 교훈이나 법도, 또는 정보나 지식을 제공하는 과정이다. 부모는 인생을 이해하는 데 큰 차이가 나는 아이들을 다루고 있다. 아이들은 자신과 다른 사람에 대한 지식이 필요하다. 그들은 영적인 실체 세계와 하나님 나라의 원리에 대해서도 이해해야 한다.

자녀들은 인생을 이해할 틀이 필요하다. 솔로몬이 쓴 잠언은 인생에 대한 정보로 가득 찬 책이다. 잠언에 나오는 어리석은 자, 게으른 자, 지혜로운 자, 조롱하는 자 등의 특성을 잘 이해하는 아이들은 인생에 대한 분별력을 계발할 수 있다.

나는 내가 고등학교 때 갖지 못했던 통찰력과 지각으로 아이들이 고등학교 생활을 잘 해나가는 것을 보고 놀랐다. 그들은 내가 20대 중반일 때도 하지 못했던 방법으로 자신의 태도들을 평가하고 있었다. 이유는 무엇인가? 하나님의 방법을 따른 가르침이 그들에게 성경적인 지혜를 주었기 때문이다. 이것은 시편 119편이 말해주고 있다.

> 주의 계명들이 항상 나와 함께하므로
> 그것들이 나를 원수보다 지혜롭게 하나이다
> 내가 주의 증거들을 읊조리므로
> 나의 명철함이 나의 모든 스승보다 승하며
> 주의 법도들을 지키므로
> 나의 명철함이 노인보다 나으니이다(시 119:98-100).

> 주의 법도들로 말미암아 내가 명철하게 되었으므로
> 모든 거짓 행위를 미워하나이다(시 119:104).

경고

우리 자녀들의 삶은 위험으로 가득 차 있다. 경고는 가능성 있는 위험에 대해 경계하게 한다. 경고는 자비로운 말이다. 그것은 오토바이를 타는 사람들에게 끊어진 다리에 대해 알려주는 표지판과 같다. 경고는 다치지 않고 피할 시간이 있을 때 위험한 것에 대해 성실하게 경계시킨다. 방심하지 않는 부모는 아이를 위험으로부터 피하게 할 뿐만 아니라 그 과정에서 가르치기도 한다. 경고는 위험으로부터 자녀를 지켜준다.

잠언은 지혜로운 자와 분별력 있는 자를 위해 경고하고 있다.

12:24   "…게으른 자는 부림을 받느니라."

13:18   "훈계를 저버리는 자에게는 궁핍과 수욕이 이르거니와 경계를 받는 자는 존영을 얻느니라."

14:23   "…입술의 말은 궁핍을 이룰 뿐이니라."

15:1   "…과격한 말은 노를 격동하느니라."

16:18   "교만은 패망의 선봉이요…."

17:19   "…자기 문을 높이는 자는 파괴를 구하는 자니라."

19:15   "…태만한 사람은 주릴 것이니라."

이 구절들은 잠언의 경고 중에서 지극히 일부에 불과하다. 아이들을 경고하는 가장 강력한 방법은 성경의 경고로 아이들의 머리를 가득 채우는 것이다.

이 경고는 얼마나 효과적인가? 경고는 단순히 A를 B로 인도한다는 말이다. 예를 들어 게으름은 노예로 인도한다. 게으른 사람은 결국 노예 상태로 끝난다. 경고는 성경 전체를 통해 찾아볼 수 있는 심는 것과 거두는 것의 원칙을 그대로 적용하고 있다. 경고는 그들이 집을 나설 때 간단히 주의를 주는 것이 아니다. 성경 전체에서 볼 수 있는 심는 것과 거두는 것의 원리를 아이들에게 알게 하는 것이다. 이것은 A를 B로 인도한다는 성경 말씀을 이해하는 데 많은 시간을 보내야 된다는 것을 의미한다.

결국 아이들은 이러한 일들을 이해하고 포용하기 시작한다. 자녀들이 한번 이런 진리를 자기 것으로 내면화하기 시작하면 그들의 태도와 행동은 아주 강력한 영향을 받는다.

우리 딸은 작은 크리스천 학교에서 저학년을 보냈다. 그후에는 동네에 있는 공립고등학교에 진학해야 했다. 고등학교에 처음 아이를 데려다주면서 우리는 뭔가 목에 걸린 것처럼 속이 답답했다. 그 큰 교문을 들어갈 때 내 딸이 아는 사람은 아무도 없었다.

나중에 딸이 좋은 친구들을 사귈 수 있게 된 것은 오로지 잠언의 경고와 격려 덕분이었다. 잠언은 어리석은 자에 대해 경고하며(14:7) 그들로부터 멀어질 것을 가르친다. 또한 어리석은 자를 구별하게 해준다. 어리석은 자는 단번에 자신의 불쾌감을 드러낸다(12:16). 남의 말을 퍼뜨리는 자는 어리석은 자다(10:18). 이런 구절들과 성경의 많은 경고들은 그 아이가 친구 관계를 갖는 데 지혜롭게 분별하는 근거가 되었다. 아이는 비록 큰 학교에 다니지는 않았지만 성경은 아이를 지혜로운 선택을 하도록 성경이 준비시켜주었던 것이다.

그러면 실제로 그 과정은 어떠했는가? 다음과 같은 대화가 오갔다.

티나: "안녕, 너 새로 전학 왔지? 이름이 뭐니?"

헤더: "헤더."

티나: "안녕, 나는 티나야. 나랑 같이 점심 먹자. 내가 우리 학교에 대

해 얘기해줄게."

헤더: "그래."

티나: "저기 쟁반을 들고 오는 여자애 보이지? 크리스틴인데 정말 인
　　　기가 좋아. 쟤는 좋은 옷도 많고 남자 친구가 미식축구 선수라
　　　고 자기가 뭐 대단한 줄 알고 있단다. 정말 못 봐줄 정도야. 어,
　　　안녕, 크리스틴, 내 새 친구 헤더야."

헤더는 이 대화에서 무엇을 알게 되었을까? 티나가 남의 말을 하고 다
니는 아이라는 것을 알았다. 티나와 처음 알게 되면서 헤더는 그 아이가
신뢰할 만한 아이가 아니라는 것을 알았다. 잠언으로부터 얻은 통찰력으
로 티나에 대해 바른 평가를 내릴 준비가 되어 있었던 것이다. 헤더가 받
은 경고들은 자신의 가치 체계로 내면화되어 분별력을 주었다.

가르침

가르침은 지식을 심어주는 과정이다. 가르침은 누구로 하여금 무엇을
알게 해주는 것이다. 어떤 때 이 가르침은 그것이 필요하기 전에 이루어
진다. 또 어떤 때는 좋은 가르침이 실패나 문제가 생긴 후에 능력 있게 이
루어진다. 거룩한 부모라면 자녀에게 많은 것을 심어주어야 한다. 부모
는 성경의 지식을 끌어내 아이들이 자신과 다른 사람, 인생, 하나님의 계
시와 그 세계를 이해하도록 가르쳐야 한다. 부모가 적극적으로 아이들에
게 지식을 나눠주어야 하는 것은 물론이다.

기도

기도는 아이들과의 대화가 아니라 하나님과의 대화이지만 부모와 자녀 사이에 필수적인 대화다. 가끔 부모를 깜짝 놀라게 하는 아이들의 통찰력을 그들의 기도에서 얻을 수 있다. 그들이 무엇을 기도하고 어떻게 기도하는가 이해하는 것은 곧 그들의 영혼을 들여다보는 창이다. 같은 방법으로 부모의 기도는 아이들에게 교훈과 통찰력을 준다. 아이들의 마음을 빼앗기 위해 기도하라는 것이 아니라, 아이가 부모의 기도를 들을 때 하나님 안에서 부모의 믿음이 아이에게 전달되기 때문이다.

요약

자녀와의 대화 형태는 매우 다양하다. 위에서 언급한 각기 다른 미묘하고 풍부한 뉘앙스를 가진 대화는 자녀와의 대화에서 그대로 나타나야 한다. 여기서 제시하는 각각의 요소는 풍성한 대화를 위해 조화를 이뤄야 한다.

예를 들어 부모는 경고하거나 격려하는 방법으로 간청할 수 있다. 꾸중하거나 바르게 하는 방법으로 교훈할 수도 있다. 대화의 요소들은 많은 방법으로 잘 짜야 한다.

1. 〈그림 5〉의 목록 중 맨 위의 세 가지는 당신의 대화 중 몇 퍼센트를 차지하고 있는가?

2. 가정에서 문제가 생겼을 때 새로운 규칙과 벌로 그 문제를 해결하려는 편인가, 아니면 풍성한 대화로 해결하려는 편인가?

3. 부모의 지갑에서 얼마를 훔치고 그것을 시인하지 않는 십대 자녀에게 당신이라면 어떻게 말하겠는가?

4. 자녀의 마음을 끄는 방법으로 간청하기 위해 우선적으로 서 있어야 할 질적인 관계 부분은 무엇인가?

5. 쓰라린 실패를 경험했거나 하나님의 도우심을 간절히 구하는 자녀를 어떻게 격려할 수 있는가?

6. 9장에서 언급된 여덟 가지 종류의 대화 유형 중에서 당신에게 가장 익숙한 것은 무엇인가? 또 가장 미숙한 것은 무엇인가?

7. 궁극적으로 대화는 마음을 반영한다. "이는 마음의 가득한 것을 입으로 말함이니라"(눅 6:45). 대화를 효과적으로 하는 데 부모의 능력에 영향을 주는 '마음에서 넘쳐흐르는' 문제들은 무엇인가?

10장

성경적인 방법: 대화 생활

1978년, 우리 가족은 집을 지었다. 집을 지으면서 우리는 이 집이 다 지어졌을 때 해야 할 일들이 무엇인지를 이야기했다. 집이 다 지어진 다음 몇 년 동안 방을 더 들이고, 화장실과 부엌을 다시 손보았다. 그리고 방을 넓히기 위해 다시 땅을 파면서, 이제는 더 이상 집이 다 지어졌을 때 해야 할 일을 말하지 않았다. 집이란 항상 다시 수리해야 한다는 사실을 깨달았기 때문이다. 개선되어야 할 부분은 항상 남아 있는 법이니까.

대화 생활

대화는 훈육하는 것만이 아니라 제자화하는 것이다. 하나님의 방법으로 자녀를 목양하는 것이다. 신명기 6장의 가르침대로, 누워 있을 때에든지, 일어날 때에든지, 길에 행할 때에든지, 앉았을 때에든지 항상 함께 모여 대화하는 습관은 어려운 상황에 처했을 때 말하는 방법을 준비시켜준다. 사고가 생겼을 때만 아이들과 대화한다면, 우리는 아이들 마음속에 있는 것들을 전혀 알 수 없을 것이다.

마음의 목양

나는 "마음을 목양한다"는 말을 아이들의 삶을 인도하는 과정을 구체화시킬 때 사용한다. 그 말은 아이들이 자기 자신, 하나님의 세계, 하나님의 방법 그리고 인간의 마음에서 죄가 일어나는 것, 인간 필요의 가장 깊은 곳에 복음이 어떻게 임하는지 이해하도록 돕는 것을 뜻한다. 아이들의 마음을 목양하는 것은 또한 그들의 동기, 목적, 필요, 소망과 소원을 이해하도록 돕는 것을 말한다. 이것은 실제 현실의 모습을 드러내주고 예수 그리스도 안에서의 믿음을 격려하는 것이다. 우리는 이제 풍부하고 다양한 대화를 통해 목양하는 과정을 시작하게 될 것이다. 이런 과정들은 지금까지 다뤄온 내용에 색을 입히고 수를 놓는 과정이 될 것이다.

대가를 지불하라

솔직하고 분명하며 바른 성경적인 대화를 하려면 일정한 대가를 치러야 한다. 내부 깊숙히 파고드는 통찰력 있는 대화에는 시간이 필요하다. 따라서 아이들에게도 시간과 융통성이 필요하다. 부모가 묻는다고 해서 아이들은 자기 마음속을 다 쏟아놓거나 마음을 열려고 하지 않는다. 현명한 부모라면 아이들이 대화하고 싶도록 분위기를 잘 조성한다. 또 간간이 질문하고, 자기 의견은 조금 말하면서 부모 마음의 한켠을 조심스럽게 보여준다. 아이들이 분위기에 익숙해질 때, 어느 정도 흥미를 표현할 때, 아이들의 양심이 흔들릴 때 그때 부모는 입을 열어야 한다. 이런 중요한 순간이 포착되었다면, 부모는 손에 쥐고 있던 그 모든 일들을 잠시 놓아야 할 것이다.

부모는 잘 듣는 사람이어야 한다. 아이들의 말을 대충 듣는다면 아주 귀한 기회를 놓칠 게 뻔하다. 아이들에게 적극적으로 듣는 것을 훈련시키고 싶다면, 부모가 먼저 아이들의 말을 적극적으로 들어야 할 것이다.

먼저 말을 몇 마디 한 후에, 다음에 해야 할 말을 생각하는 동안 하는 일을 '듣는' 일이라고 생각하는 사람도 있다. 그런 사람들은 대개 전체를 다 듣지 못하고, 듣는 척 하는 동안 내내 무슨 말을 할 것인지에 골몰한다. 그러나 그런 부모가 되어서는 안 된다. 잠언은 "미련한 자는 명철을 기뻐하지 아니하고 자기의 의사를 드러내기만 기뻐하느니라"(잠 18:2)고 상기시킨다.

조용히 들어야 하는 때를 아는 것은 쉬운 일이 아니다. 그러나 자녀 양육을 쉬운 일이라고 생각하는 사람은 아무도 없다. 가끔은 멈추어 서서 무엇을 들었는지 생각하고 연구해보라. 멈추어 서서 듣는 일은 대화를 창조적으로 만들어주고 초점이 무엇인지 재확인시켜준다.

좋은 대화를 위해서는 다른 부분에서도 많은 노력이 필요하다. 대화를 자세히 살펴보는 데 필요한 육체적 정신적 에너지는 엄청나다. 여전히 많은 부모들이 자녀들과 대화할 수 있는 중요한 기회를 놓치고 있다. 몸이 피곤해서 아이들의 이야기를 끝까지 듣는 것이 너무 힘들다고 느끼기 때문이다.

나는 우리 아이들이 십대가 되었을 때 그 육체적인 피곤을 확실히 경험했다. 아이들이 어렸을 때는 이른 저녁에 그들을 침대에 눕히고 대화할 기회를 가졌다. 그러나 점차 아이들이 자라 십대가 되어서는 아주 저녁 늦게나 대화가 가능했다. 현명한 부모는 아이들이 대화할 준비가 되어 있을 때 비로소 말하기 시작한다.

올바른 대화는 정신적으로도 많은 에너지를 소모하게 만든다. 부모는 중요하지 않은 일에 정신이 팔리지 않도록 주의를 집중해야 한다. 답을 갖고 있지 못한 질문에 대해서는 새롭고 신선한 방법으로 다시 질문해야 한다.

부모는 아이들과의 관계에 있어서 성실해야 한다. 또 아이들을 위해 크리스천의 능력 있는 삶의 본보기를 보여주어야 한다. 아이들은 부모를 통해 하나님과 자녀의 관계를 볼 수 있어야 한다. 부모는 아이들에게 회개를 보여주어야 한다. 기쁨과 두려움 그리고 하나님 안에서 찾은 평안을 보여주어야 한다. 회개와 감사로 서로 대화하는 생활을 보여주어야 할 것은 두말할 필요도 없다.

부모 된 우리들 자신의 죄악을 인정하라. 부모라도 잘못했을 때는 잘못했다고 인정하라. 자녀에게 죄를 지었을 때는 용서를 구하라. 자녀를 보살피고 정직하게 평가할 수 있는 권리는 부모 스스로가 기꺼이 하려는 마음이 있을 때 가능하다.

최근에 나는 세 아이를 둔 한 아버지가 아이들에게 죄를 지은 상황을 듣게 되었다. 그는 자기 아들을 혹독하게 다루고 학대했으며 구타도 일삼았다. 그는 자기가 지은 죄에 대해 가슴 깊이 통회하는 것 같았다. 나는 그에게 물었다. 아들에게 용서를 구했을 때 아들이 어떻게 대답했느냐고. 그랬더니 그는 솔직히 말해서 아들에게 용서를 구하지 않았다고 말했다. 아마 그 아버지는 스스로 겸손해져서 자신의 죄를 인정하지 않는 한 아들과 마음을 터놓고 대화하기 어려울 것이다. 그렇게 하지 않으면서 하나님과 복음에 대해서 말하는 것은 넌센스다.

실제적인 축복들

사업을 하는 데 비용과 이익을 산출해보는 것은 일상적인 일이다. 분석의 목적은 비용을 정당화시킬 만큼 충분히 이익을 낼 수 있는지 확인하는 데 있다. 우리의 경우라면 그 이익은 축복에 해당될 것이다. 이제 이런 대가를 치르며 받는 실제적인 축복을 생각해보기로 하자.

다방면에 걸친 원만하고 풍부한 대화는 부모와 아이를 하나로 묶는 결속력을 가지고 있다. 아이들이 자랄 때 대화는 아주 중요하다. 아이들은 현명하고 분별력 있는 사람들과 관계를 가질 때, 누가 자신을 알고 이해해주며 사랑하고 마음을 주고 있는지 잘 안다. 아이들은 우리가 하나님의 방법을 아는지 모르는지 알고 있으며, 세상의 삶과 인간을 이해하기 위해 완전하고 안전한 관계를 가지려고 준비한다. 어떤 때는 동의하다가도 어떤 때는 다투기도 한다. 그러나 동의하지 않은 것은 대화를 통해 해결할 수 있다.

십대들은 압력을 견디다 못해 집을 뛰쳐나오기도 한다. 십대 아이들에게 이 시기는 '자기를 이해해주는' 사람들과 교제하기를 원하는 때다. 그들은 자신을 알고 이해하고 사랑하는 누군가와 관계를 갖고 싶어 한다. 그러나 그런 이유로 집을 떠나서는 안 된다. 바로 가정이 그들을 이해하고 수용해주는 공간이 되어야 하기 때문이다.

아이들이 '못된 무리'들에게 매료되는 것은 나쁘게 행동할 수 있기 때문이 아니다. '못된 무리'들의 유혹은 같은 마음을 갖는 동지 의식에 있다. 아이들은 자신들이 널리 알려지기를 바라는 마음을 갖고 있으며, 이해받고 싶어 하고, 제자가 되기를 바라며, 사랑받고 싶어 한다.

나는 성경적인 자녀 양육이란 바로 이런 것들이라고 생각한다. 나는 여기서 권위라는 말을 좀 다르게 사용하고 있다. 여기서의 권위는 부모가 더 강하고 민첩하고 더 크기 때문에 아이와 함께 이룰 수 있는 것을 뜻한다. 갓난아이의 부모들은 그들이 주도권을 갖고 있기 때문에 – 부모가

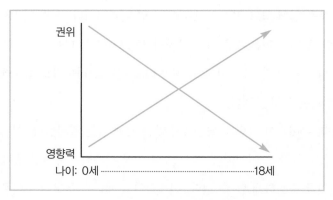

권위

영향력

나이: 0세 ··18세

〈그림 6〉 **권위와 영향력과의 관계**

권위를 가졌다는 아주 간단한 이유로 – 아이와 함께 성취할 수 있는 것이 어느 시기보다도 많다. 부모가 모든 결정을 내린다. 아기는 저항하며 울 수도 있지만, 모든 것을 주도하는 것은 부모다. 걸음마를 하는 아이들은 부모가 어른이라는 이유 하나만으로도 겁을 먹는다. 부모는 아이를 의자에 앉히면서 "내가 앉으라고 했잖아"라고 완력을 행사하는 목소리로 명령한다. 부모의 말이 곧 법이다. 왜냐하면 아이 보기에 부모는 일단 몸으로 실력 행사를 할 수 있는 존재이기 때문이다.

물론 아이가 자라면서, 이런 식으로 아이를 다루려는 경향은 줄어든다. 더 자라서 육체적으로나 정신적으로 성장하면 부모의 목적을 순전히 권위에 의지해 달성하는 것은 어려워진다.

다음 시나리오를 생각해보라. 열여섯 살 된 아들 방에 가서 부모는 학교 가라며 아이를 깨운다. 그런데 아이는 "안 갈래요"라고 한다. 자, 이제 어떻게 할 것인가? 몸무게는 부모가 좀 더 나갈지 모르지만, 힘은 아이가 더 세다. 몸싸움을 해서 아이를 침대에서 일으켜 세우고, 싫다는 아이를 달래 옷을 입혀 학교 버스에 태운다. 과연 거기까지나 할 수 있을지 모르겠지만. 부모가 얻은 것은 과연 무엇인가? 그 아이는 다음 버스 정류장에서 내릴 수도 있다. 내리지 않고 계속 타고 간다고 하더라도 학교에 가서 공부한다는 보장은 없다.

우리 아이들이 그렇게 행동하지 않은 것에 나는 감사한다. 여기서 지적하고 싶은 것은 이것이다. 부모는 더 이상 신체적인 우세를 통해 아이로 하여금 순종하게 할 수 없다. 신체적인 우세라는 부모의 능력은 아이가 태어난 날부터 조금씩 조금씩 줄어든다. 시간이 흐를수록 부모가 순전히 권위에 의해 성취할 수 있는 것은 제한되는 반면, 아이들 스스로가 부모의 영향력 아래 있으려고 한다.

앞의 도표에서 말하는 영향력은 아이가 부모를 신뢰해서 자발적으로 부모의 권위 아래 있으려는 것을 나타낸다. 이 신뢰는 몇 가지 요소를 포함한다. 아이들은 과연 언제 부모를 신뢰하는가? 부모가 그들을 사랑한다는 것을 느낄 때, 자신을 이해한다고 느낄 때, 자신의 약점과 강점을 이해해줄 때 부모를 신뢰한다. 아이들을 격려하고, 꾸짖고, 지시하고, 경계하고, 이해하고, 가르치고, 기도하는 일에 부모로서 헌신할 때 아이들은 부모를 신뢰한다.

어디 그뿐인가? 아이가 살면서 내내 부모가 아이의 눈으로 세상을 보려고 노력하고, 인위적으로 아이를 부모 자신처럼 만들려고 하지 않을 때 아이들은 부모를 신뢰한다. 또 하나님을 알고 하나님과 교제하는 관계 속에서 살도록 창조된 하나님의 피조물이 되기 위해 힘쓰는 것을 느낄 때, 아이는 부모를 신뢰한다.

그 결과는 분명하다. 그런 부모의 말에는 권위의 중심이 있다. 어떤 아이가 그런 부모를 떠나겠는가? 부모가 아이에게 영향을 주고 매일 자녀와 함께 부대끼면서 부모의 영향력은 점점 커진다. 아이들은 인생을 배워가면서 부모를 더욱 신뢰하는 것을 배운다. 부모는 인간 관계에 대해 조언과 경고를 아끼지 않으면 세상에 복종할 것을 요구하는 이 세상에서 어떻게 하나님의 사람이 될 수 있는지 좋은 제언을 해준다.

부모와 자녀는 이런저런 시도를 계속한다. 그것은 성경적인 지혜를 따르고 있기 때문에 효과는 아주 높다. 아이들은 매일의 생활 속에서 부모의 사랑과 따뜻한 보살핌을 받으면서 자란다.

내가 만일 미국 대통령으로부터 가장 신임을 얻고 있는 고문이라고 상상해보라. 내가 제시하는 대로만 대통령이 정치를 한다고 생각해보라. 그 정부 속에서 내가 갖는 권위란 이루 말할 수 없을 정도다. 공식적인 직함도 직위도 없으므로, 아무도 나의 명령에 따를 필요는 없다. 그럼에도 불구하고 나의 영향력이란 실로 막대하다. 어느 누구도 나의 영향력보다 크지 못할 것이다.

앞에서도 말한 것처럼 자녀와 풍부하고 많은 대화를 나눈다면, 부모는 곧 자녀를 양육할 뿐 아니라 화목하고 신뢰하는 관계를 개발하게 될 것이다.

다른 관계를 위한 준비

자녀에게는 앞으로 맺을 인간 관계를 위해 잘 다듬어지고 준비된 대화의 기술이 필요하다. 고용인이건 피고용인이건 다른 사람을 이해하고 자신의 생각을 다른 이들에게 표현해야 한다. 남편과 아내의 관계 속에서도 그런 능력이 필요하다. 소비자, 시민, 그리스도의 지체, 부모 등등의 역할을 하는 사람으로서 삶의 모든 영역에서 아이들은 분명하고 정확하게 말하는 법을 배워야 한다.

대화란 자기 마음속에 있는 것을 거룩한 방법으로 표현하고 다른 사람이 생각하는 것과 느끼는 것을 완전히 듣고 이해하는 기술이다.

가정은 이런 기술을 개발하는 곳이다. 자기 생각을 분명히 말하고 다른 사람을 이해하는 법을 배운 아이는 정말 큰 장점을 가진 사람이 될 것이다.

아이로부터 마음속 깊이 갖고 있는 생각, 아이디어, 희망, 소원, 소망을 자연스럽게 이끌어낼 때마다 부모는 자녀와의 관계라는 중요한 범위 안에서 어떻게 섬기는지 귀감이 되는 것이다.

인생에 대한 충분한 이해

아이들과 민감한 주제에 대해 자주 이야기하는 것은 그들이 이 복잡한 인생을 이해하는 데 큰 도움을 준다. 이런 과정을 통해 그들은 인생이 느낌의 세계와 생각의 세계 모두와 관계 있다는 것을 배운다. 이것은 곧 부모와 다른 사람들을 이해하는 것을 의미한다. 또한 단기적인 목표뿐만 아니라 장기적인 비전을 갖는 것도 포함한다. '무엇'의 문제보다는 '왜'의 문제에 더 관심을 갖게 되는 것이다.

그것은 단기적인 만족보다 더 중요한 성격을 만들어낸다. 이런 중요한 인생의 문제는 오직 성경적인 대화를 통해 이루어질 수 있다. 부모는 아이들과 많은 대화를 나눌수록, 아이들 자신과 그들이 유혹받고 있는 것, 두려워하거나 의심하고 있는 것을 이해하게 된다. 뿐만 아니라 그들이 인생을 더 잘 이해하도록 부모로서 더 준비하는 계기가 되기도 한다.

삶과 하나 된 구원

이런 모든 대화를 통해 아이들은 인간을 성경적으로 이해하게 된다. 자신과 하나님의 기준을 더 잘 이해하게 된다. 그래서 하나님이 근본이라는 것을 배우게 된다. 이것은 인생을 이해하는 데 있어서 성경적인 안목을 갖게 되는 것을 말한다. 아이들은 인간의 문제가 곧 죄의 문제인 것을 알게 된다. 우리는 모두 죄를 짓고 서로에게도 죄를 짓는다. 범죄자인 동시에 피해자인 셈이다. 모든 인생을 반드시 인간에 대한 하나님의 구속의 견지에서 보아야 하는 이유가 바로 이것이다.

아이들은 하나님 안에서 은혜와 능력 그리고 완전함을 찾으면서, 하나님을 알고 사랑하는 것이 자신의 가장 깊은 필요와 어떻게 맞닿아 있는지 배운다. 인생은 복음의 능력과 은혜로 사는 것임을 배운다. 그리스도는 모든 것과 어디에서나 관련이 있다.

부모는 아이들과 함께 있을 수 없어서 가르쳐주거나 고쳐주지 못할 때를 위하여, 이런 방법을 통해 아이들이 스스로 삶의 문제들을 잘 해결할 수 있도록 안목을 길러주어야 한다. 아이들은 부모의 도움 없이 혼자 힘으로 설 수 있을 만큼 충분히 독립적이어야 한다. 하나님의 구속의 안목을 통해 인생을 깨닫도록 아이들을 준비시키는 것보다 더 좋은 성경적인 훈련 방법은 없다.

아이들은 자라서 대학에 가거나 사회에 나가 친구들이나 다른 크리스천 단체와 관계를 맺기도 한다. 그렇다고 놀랄 필요는 없다. 그들은 단순히 집에서 즐기는 사람에서 나아가 다른 사람들과 새로운 관계를 맺는 것일 뿐이다.

대가를 치를 만큼 가치 있는 일인가?

다른 유익한 점 또한 추론해볼 수 있다. 치러야 할 대가에는 또 어떤 것들이 있는가? 유익이 크다는 것은 말할 것도 없다. 모든 부모는 자녀를 위해 앞에서 말한 것들을 그대로 하고 싶어 한다.

그러나 거기에는 응당 치러야 할 대가가 따른다. 그 대가는 상당한 것이다. 아이를 양육하는 데 온 힘을 기울어야 하고, 모든 관심을 쏟아야 한다.

깊고 원만한 대화를 위해 어떤 대가를 치러야 하는지는 아주 쉽게 알 수 있다. 아이들과 집에 함께 있는 동안은 자녀 양육을 가장 중요한 임무로 여겨야 한다. 이것이 바로 부모의 소명이다. 부모는 주님에 대한 두려움과 권고를 기억하며 아이를 길러야 한다. 아이들이 인생과 하나님의 세계를 이해하도록 신중하게 대화하는 생활에 자신을 투자하지 않고서는 그것을 기대할 수 없다. 그보다 중요한 것은 없다. 부모가 이 일에 투자할 시간은 인생에서 매우 짧다. 그렇게 할 수 있는 기회는 오직 한 번뿐이다. 되돌아가서 다시 할 수는 없는 일이다.

이렇게 많은 기회가 주어져 있는 문화는 일찍이 없었다. 매일 부모들은 많은 기회 속에 둘러싸여 있다. 부모는 할 수 있는 일보다 해야 할 일이 더 많다. 그러므로 당연히 우선순위를 정해야 할 것이다. 자녀 양육을 잘하기 위해 이 일을 최우선시 해야 한다. 이것은 부모가 부름 받은 일 중 가장 먼저 해야 할 일이다.

아이를 기른다는 것은 부모가 할 수 있는 일을 모두 할 수 없다는 것을 뜻하기도 한다. 매일 즐기는 취미 활동을 하지 못할 수도 있다는 말이다. 〈행복이 가득한 집(Better Homes and Gardens)〉이란 잡지에 실리는 그림 같은 집은 아예 상상할 수조차 없다는 말이기도 하다. 회사에서 승진하는 데 적잖은 영향을 줄 수도 있다. 친구 관계가 소원해진다든가, 목회 방향이 바뀔 수도 있다. 볼링, 축구, 텔레비전 시청, 독서 등에는 전혀 시간을 낼 수 없을지도 모른다. 부모 자신의 관심사는 완전히 뒷전으로 밀려나는 것이 거의 기정사실이다. 그만큼 상당한 대가를 치러야 한다는 말이다.

유익한 일이지만 그로 인해 치러야 할 대가는 과연 어느 정도인가? 나는 거의 파탄에 이른 한 가정의 부모와 함께 시간을 보낸 적이 있다. 부모가 아이들을 제대로 맡지 않았기 때문에 아이들은 가출을 했고, 그로 인해 그 부모들은 상당한 시련을 겪었다. 나는 또 부모가 자녀를 성경적으로 양육한 결과, 아이들이 "부모님 덕분에 제 인생이 정말 완벽하게 준비되어 있다는 사실에 놀랐어요. 그래서 항상 부모님께 감사해요"라고 말하는 것을 들은 적이 있다. 부모가 아이들로부터 이런 감사의 말을 듣기 위해서는 과연 어떤 대가를 치러야 할까?

하나님은 부모가 아이들에게 투자할 것을 요구하신다. 대화는 유익할 뿐만 아니라 반드시 해야 할 의무이기도 하다. 이것은 순종의 길이기 때문에 축복의 길로 연결되어 있다. 너무 엄청난 대화를 요구하고 있는가? 그렇다. 그러나 그것은 순종의 길이며 축복의 길이다. 그 유익함은 치른 대가와는 비교할 수 없을 정도로 훨씬 크다.

7장 앞 부분에서 나는 자녀 양육의 두 가지 방법으로 매와 대화에 대해 말했다. 다음 장에서는 성경적인 양육 방법으로서 매에 대해 살펴보기로 하겠다.

자녀 양육 체크 리스트

1. 본문에서 언급한 대화를 자녀와 나눈다고 가정했을 때 부모가 치러야 할 대가는 어떤 것인가? 그 대가를 기꺼이 치를 마음이 있는가?

2. 당신은 자녀가 하는 말을 어떻게 듣는 편인가?

3. 자녀와 일상적으로 대화를 나누다가 적절한 상황이 되었을 때, 부모 자신의 잘못을 고백하는가?

4. 10장에서 제시한 순종과 축복의 길로 자녀를 인도하기 위해 부모 자신이 치러야 할 성화의 문제는 무엇인가?

5. 여기서 다룬 대화의 비전을 자녀들이 갖게 하기 위해 어떻게 자녀를 도울 수 있는가?

11장
성경적인 방법: 매

말 한 마디 한 마디마다 힘이 들어간, 진지하게 간청하는 소리가 들렸다.

"너, 엄마가 얘기한 것 알지? 너는 엄마에게 순종하지 않았어. 그래서 지금 매를 맞아야 돼. 나는 너에게 화가 나진 않았지만 너는 순종하는 것을 배워야 된단다."

잘못을 지적할 때 조용히 있었던 아기는 인형이었다. 그렇다면 엄마는 누구였을까? 엄마는 네 살짜리 로렌이었다. 로렌이 하는 말 그 이면에서, 진짜 그런 말을 하던 사람은 분명히 그녀의 엄마였다.

로렌은 자신을 훈육시키던 엄마에게서 훈육하는 법을 배웠다. 로렌은 엄마를 흉내냈다. 인형을 다루는 로렌을 보면서, 엄마는 어린 로렌도 도덕이 무엇인지 어렴풋이 알고 있다고 생각했다. 물론 로렌은 윤리적으로는 중립적이지 않다. 아이의 무례한 행동은 하나님의 법과 배치되며, 그 마음은 선과 악 사이에서 오락가락한다. 올바르게 가르치는 일은 지금 당장의 문제 이상이다. 살아 있는 동안 받는 벌은 영원히 결정되는 운명의 그날을 전제로 한다. 부모는 자녀가 그날에 준비되어 있기를 바란다.

이 작은 네 살짜리 꼬마 이야기를 들으면서, 흥미진진한 은혜가 넘치는 이 가짜 훈육 과정에 나는 감명을 받았다. 아이는 말하는 것도 잘 연습하고 있었다. 그 동안 무척 많이 들어왔던 것이다. 로렌이 아기에게 하는 것을 보니 거기에는 분노가 아닌 단호함만 있었다. 목적은 분명했다. "너는 순종하는 것을 배워야 돼." 엄마를 흉내내는 어린아이에게서 아이를 학대하는 소리나 모습은 전혀 볼 수 없었다. 그렇지만 오늘의 우리 문화는 모든 체벌을 잔인한 학대라고 생각한다.

많은 부모들이 체벌을 사용한 훈육에 대해 거부감을 느끼는 것을 이해할 수 있다. 아마 부모들 자신들이 잘못된 체벌로 고통을 받았을 수 있다. 말은 훈육이지만 실제로는 제어되지 못한 분노의 표현으로 체벌을 경험했을 수도 있다. 분노와 좌절감을 터뜨리는 부모에게 난데없이 봉변을 당한 경험이 있었을 것이다. 어린 시절에 공포와 상처, 잔인한 학대를 경험했을 가능성도 있다. 아마 그들은 "내가 부모가 되면 절대 내 자식들에게는 그런 짓을 안 할 거야"라고 결심했을는지도 모른다.

그러한 모든 부모들에게 나는 이렇게 말해준다. "당신의 부모님이 당신에게 했던 대로 자녀들에게 하지 않겠다는 결심을 진심으로 존중합니다. 그러한 잘못된 학대를 경험했다면, 그건 잘못된 것이기 때문에 자녀들에게 절대 그렇게 해서는 안 됩니다."

그러나 내가 우려하는 점은 체벌을 반대하는 대다수의 반응이 유행이나 스타일의 문제일 경우다. 사상의 조류는 끊임없이 변화한다. 사상은 대중들에게 일시적으로 인기를 끌다가 다시 관심에서 멀어지기도 한다. 패션과 장식의 세계에서 유행을 타다가 사라지는 색상 배합이 있는 것처럼, 사상도 시류를 타고 유행하다 사라지곤 한다.

훈육의 형태로서 매를 드는 것은 현재에는 인기가 없는 생각이다. 이 책을 1950년대에 집필했다면 의사소통에 대한 단원은 평균적인 사람들에게 거의 관심을 끌지 못했을 것이다. 그 당시에는 아무도 아이들과 대화를 하려고 하지 않았다. 자녀들은 존 웨인 식으로 바로 헛간으로 가야 했다. 아버지는 강하면서, 많은 말을 하지 않지만 아들이 눈에 거슬리는 행동을 할 경우 매를 드는 근엄한 존재였다.

우리는 자녀 체벌이 야만적이라고 주장하기 위해 인간의 권리와 존엄성이라는 개념을 동원해온 시대에 살고 있다. 아동 학대의 가능성에 민감해져왔다. 우리는 부모들이 원한다면 언제라도 자녀들을 때릴 권리가 자신들에게 있다는 생각을 원치 않는다. 오늘날 일관성과 상호 존중에 근거한 의사소통이라는 개념이 대중들에게 더 수용되고 있다. 그러므로 그것에 대해 글을 쓰는 것이 더 쉽다.

매에 대한 타당성

아이들을 체벌하는 것에 대해 많은 의문들이 제기되고 있다. 무엇을 얻기 위해 그렇게 해야 한단 말인가? 더 나은 방법은 없는가? 체벌을 지지하는 근거는 무엇인가? 아이를 때리면 그 아이가 나를 증오하는 마음을 갖지 않을까?

닉은 교회 친구이자 여자 친구인 안젤라와 어느 주일 오후에 우리집에 놀러왔다. 식사 도중에 우리 아들 하나가 순종하지 않았다. 나는 그를 징계하기 위해 조용한 2층 방으로 데리고 갔다.

"그를 왜 데려가나요?" 안젤라가 물었다.

"순종하지 않았으니 매를 맞겠지." 아내는 솔직하게 대답해주었다.

그 순간 아들의 울음소리가 2층에서 들려왔다. 안젤라는 흥분해서 우리집을 나가버렸다.

안젤라는 왜 그랬을까? 체벌을 성경적으로 이해하지 못했기 때문에 그것을 무자비한 행동으로 생각해 두려워하면서 걱정했던 것이다. 안젤라와 같은 태도를 우리는 주변에서 어렵지 않게 볼 수 있다.

문제의 본질

아이들은 도덕적으로나 윤리적으로 볼 때 중립적으로 태어나지 않는다. 성경은 마음이 "거짓 되고 심히 부패한 것"(렘 17:9)이라고 가르친다. 아이들의 문제는 그들이 '잘 모른다' 는 것이 아니라 그가 죄인이라는 것이다. 자라나는 예쁜 아기의 마음 안에는 꽃이 피고 열매를 맺지만 결국에는 파멸을 가져올 것들이 있다.

이 상황에서 매가 중요한 역할을 한다. 이것은 아이들 내면에 필요한 것들을 다룬다. 이런 것들은 단순한 대화로 바로잡을 수 없다. 잠언 22장

15절은 이렇게 지적한다. "아이의 마음에는 미련한 것이 얽혔으나 징계하는 채찍이 이를 멀리 쫓아내리라." 하나님은 아이의 마음에 무엇인가 잘못된 것이 있다고 말씀하신다. 미련함과 어리석음이 그의 마음에 얽혀 있다고. 이 어리석음은 제거되어야 한다. 이것이 아이를 위험으로 몰아넣기 때문이다.

잠언 전반에 걸쳐 나오는 어리석음과 미련함은 하나님을 두려워하지 않는 사람을 묘사할 때 사용되고 있다. 어리석은 사람은 책망을 듣지 않는다. 어리석은 사람은 또한 권위에 순종하지 않는다. 어리석은 사람은 하나님의 방법을 우습게 본다. 어리석은 사람에게는 지혜(하나님을 경외함)가 부족하다.

어리석은 사람의 삶은 욕망이나 두려움에 따라 끌려다닌다. 다음은 어린 자녀들로부터 흔히 듣는 말이다. 세 살짜리 아이가 제일 많이 하는 말은 "난 …가 좋아!" "난 …가 싫어"다. 어리석은 사람은 욕망과 열망과 기대와 소망과 두려움의 긴박함 속에 살고 있다. 이것은 권위의 문제다. 아이를 하나님의 권위 아래, 즉 부모의 권위 아래 살게 할 것인가? 아니면 자신의 욕구와 열망에 따라 자신의 권위 아래 살게 할 것인가?

이것이 우리 자녀들의 자연스러운 상태다. 마치 헝클어진 실타래 속에 교묘하게 숨어 있는 것 같다. 또한 아기의 쓴웃음 때문에 감지하기 어려울 때도 있다. 아이들이 미련한 마음을 갖고 있다는 것은 지극히 자연스러운 상태다. 그러므로 그들은 바른 훈육을 싫어한다. 부모가 지도하려고 할 때 아이들은 저항한다. 겨울에 모자 쓰기를 싫어하는 아기를 보라. 자기가 뭘 하고 있는지 분명히 말할 수도 없고 알지도 못하는 이 아기는 어떠한 지배도 받지 않겠다는 결의를 보인다. 이런 어리석음이 그의 마음 안에 얽혀 14년 혹은 15년을 뿌리내린다. 그리고 그렇게 자라도록 내버려두면 그 아이는 아무도 다루지 못하는 반항적인 십대로 자란다.

하나님은 이런 때를 위해 징계의 매를 주셨다. 15장에서 살펴볼 성경적인 방법으로 다루는 매맞는 과정은 어린아이의 마음에서 미련함을 쫓아낸다. 즉각적이고 부인할 수 없는 실감나는 매를 통해 통제 불능이었던 아이가 온순해진다. 나는 이 원리를 수없이 보았다. 권위 아래 있기를 거부하는 아이는 장차 큰 위험에 처할 수밖에 없다.

매는 최후 수단을 위해 주어졌다. "그를 채찍으로 때리면 그 영혼을 스올에서 구원하리라"(잠 23:14). 우리 자녀의 영혼은 영적인 죽음의 위험에 처해 있다. 부모의 책임은 자녀들을 죽음으로부터 구원해내는 것이다. 성실하고 적절한 때를 아는 매는 단순히 구조의 수단이다.

이것이 매를 사용하는 성경적인 배경이다. 매는 화난 부모가 작고 힘없는 어린아이에게 자신의 분노를 퍼부어대는 방법이 아니다. 회초리는 위험한 자녀의 상태를 인식하고 하나님이 주신 치료법을 쓰는 부모가 선택하는 성실한 방법이다. 문제는 순종해야 한다고 명령하는 부모의 고집스러운 주장이 아니라, 죽음으로부터 구조되어야 하는 아이다. 그 죽음이란 마음속에 도전받지 않고 그대로 남아 있는 반항으로부터 생기는 결과다.

매의 기능

바로잡는 매는 아이들에게 무엇을, 어떻게 효과적으로 만들어주는가?

잠언 29장 15절에서 하나님은 "채찍과 꾸지람이 지혜를 주거늘…"이라고 말씀하신다. 잠언의 다른 곳에서도 지혜는 하나님을 경외하는 것과 연결된다. 하나님을 두려워하고 지혜를 갖는 것은 매가 있을 때 가능하다.

지혜와 매의 관계는 매우 중요하다. 부모의 권위에 순종하지 않는 아이는 어리석게 행동한다. 그는 하나님의 권한을 거부하고 있다. 자녀들은 자신의 욕망과 욕구의 즉각적인 만족을 위해 인생을 살아간다. 그래서 궁극적으로 하나님의 법을 거부하는 것은 죽음으로 인도하는 자기 중심의 삶을 선택하는 것이다. 그것은 어리석음의 극치다.

바로잡기 위해 드는 매는 아이에게 지혜를 가져다준다. 그것은 반항의 어리석음에 대해 즉각적이고 실감나는 효과를 눈으로 보여준다. 적절한 징계는 아이의 마음을 겸손하게 하며 부모의 교훈에 순종하게 한다. 교훈을 줄 수 있는 분위기를 만든 다음, 매를 가하는 것은 아이를 고분고분하게 하며 생명을 주는 말을 받아들일 수 있도록 준비시킨다.

히브리서 12장 11절은 이렇게 말한다. "무릇 징계가 당시에는 즐거워 보이지 않고 슬퍼 보이나 후에 그로 말미암아 연단 받은 자들은 의와 평강의 열매를 맺느니라."

징계의 매는 고통을 가져오는 반면 의로움과 평강의 수확도 가져다준다. 때를 가려 매를 적절히 사용할 줄 아는 부모 밑에서 자란 자녀들은 권위에 순종하는 법을 배운다.

그렇다면 모든 아이들이 결국 순종하는 것을 배우게 되지 않을까? 잠언은 그렇지 않다고 말한다. "채찍과 꾸지람이 지혜를 주거늘 임의로 행하게 버려둔 자식은 어미를 욕되게 하느니라… 네 자식을 징계하라 그리하면 그가 너를 평안하게 하겠고 또 네 마음에 기쁨을 주리라"(잠 29:15, 17).

하나님은 아이를 징계하고 바로잡을 때 매를 사용하라고 명령하셨다. 이것은 우리가 해야 할 일일 뿐만 아니라 반드시 사용해야 하는 것이다. 하나님은 우리 자녀들의 내면을 보면 매를 사용할 필요가 있다고 말씀하셨다. 죽음으로부터 아이들을 구하고자 한다면, 그들 마음속에 얽힌 어리석음을 뿌리째 뽑으려고 한다면, 지혜를 알려주고 싶다면, 부모는 반드시 매를 들어야 한다.

매란 무엇인가?

매는 하나님께 대한 믿음과 아이에게 성실한 부모로서, 하나님께 순종하는 중요성을 강조하기 위해 조심스럽게, 시의적절하게 그리고 사려 깊고 신중하게 자제하면서 체벌하는 책임을 맡아, 죽을 때까지 계속되는 어리석음으로부터 아이를 구출하는 것이다.

부모의 실행

그러면 이 정의의 구성 요소를 살펴보기로 하자. 매는 부모가 실행하는 것이다. 매의 사용을 권고하는 모든 구절들은 부모와 자녀의 관계를 보호하는 내용을 포함하고 있다. 그 명령은 "너의 자녀를 징계하라"는 것이다. 성경은 모든 어른들이 모든 아이들에게 체벌할 수 있다고 허락하지 않았다. 매는 부모가 아이를 양육하는 많은 방법과 활동 중 일부다. 이것은 독립적인 것이 아니다.

학교에서 아이들에게 매를 가하는 문제는 이와 별개다. 선생님이 아이에게 체벌하는 것은 부모와 자녀의 관계와는 상관 없는 일이다. 아이의 생일을 기억하고, 아이를 놀이터에 데려가고, 아이가 아플 때 위로하고 돌보는 바로 그 부모가 매를 가하는 것이다. 부모가 아닌 다른 사람이 체벌하는 것과는 아주 다른 성질의 것이다.

믿음의 행위

매를 사용하는 것은 믿음의 행위다. 하나님은 매를 사용할 것을 명령하셨다. 부모들은 그 매가 얼마나 효과적인지 완전하게 이해해서가 아니라 하나님이 명령하셨기 때문에 순종해야 한다. 매를 사용하는 것은 하나님의 지혜와 하나님의 탁월한 권고에 대한 깊은 신뢰의 표현이다. 매는 아이를 위한 신실한 행동이다. 징계 속에 희망이 있음을 인식하고 자녀가 죽지 않기를 바라는 부모가 그 임무를 수행하는 것이다. 그것은 사랑과 헌신의 표현이다. 많은 경우, 우리 자녀들은 내가 그들을 때릴 때 내 눈에서 눈물을 보았다. 나는 때리고 싶지 않았지만 자녀에게 대한 사랑 때문에 그 일을 해야 했다. 채찍을 대지 못하는 것은 결국 그들 영혼에 대해 성실하지 않았다는 것을 의미하기 때문이다.

책임감

매는 책임감이다. 이것은 벌을 주고 싶은 부모의 결심이 아니다. 이것은 순종하게 하려는 부모의 결심이다. 부모는 하나님을 위해 하나님의 대리인으로서 하나님이 명령하신 일에 대해 책임지는 것이다. 자신의 목적 때문이 아니라 하나님의 목적을 성취하는 것이다.

체벌

매는 조심스럽고, 시의적절하게, 신중하게 자제하며 사용해야 한다. 매는 절대로 부모 자신의 분노의 폭발이 되어서는 안 된다. 부모가 좌절했다고 해서 사용해서는 안 된다. 매는 또한 아이들이 일을 그르쳤기 때문에 속이 상해서 대응하는 것도 아니다. 그것은 항상 신중하게 자제되어야 한다. 부모는 아이를 어떤 때 얼마나 엄격하게 다뤄야 하는지 알고 있다. 그때만이 아이 역시 몇 대를 맞아야 될지 안다.

구출 작전

매는 구출 작전이다. 매를 맞아야 하는 아이는 불순종으로 말미암아 부모와 거리가 멀어져 있다. 매를 가하는 것은 계속적인 어리석음으로부터 아이를 구출하는 것이다. 아이가 계속해서 어리석은 짓을 한다면 그의 운명은 불을 보듯 뻔하다. 그러므로 아이를 사랑한다면 부모는 반드시 매를 들어야 한다.

매는 하나님께 순종하는 중요성을 강조한다. 기억하라. 문제는 절대로 "넌 내게 순종하지 않았어"가 아니다. 아이가 부모에게 순종해야 하는 오직 한 가지 이유는 하나님이 명령하셨기 때문이다. 그러므로 엄마 아빠에게 순종하지 않는 것은 하나님께 순종하지 않는 것이다. 문제는 이것이다. 아이는 하나님께 순종하지 않았다. 하나님이 하라고 하신 것을 하지 않았다. 이렇게 그냥 계속 내버려둔다면 아이는 큰 위험에 빠질 것이다.

매에 대한 그릇된 개념

우리 문화에서 매에 대한 생각은 큰 난관에 봉착해 있다. 그러므로 매에 대한 잘못된 생각은 확실히 해둘 필요가 있다. 그렇다고 해서 나를 매에 대한 잘못된 생각을 옹호하는 사람으로 오해하지 않기 바란다.

자제하지 못하는 행동이 아니다

매의 상징적인 개념은 난폭하며 자제하지 않은 성질을 행사하는 권리가 아니다. 이 책의 2부에서 더 깊게 토론하겠지만 매는 남용의 가능성을 배제하기 위해 매우 조심스럽고 신중한 태도로 사용되어야 한다. 하나님은 어디에서도 자녀에게 자기 성질을 폭발시키는 권리를 주지 않으셨다. 이러한 분노는 거룩하지 않고 사악한 것이다. 성경은 그것을 나무라고 있다. 야고보서 1장 20절은 이렇게 말한다. "사람이 성내는 것이 하나님의 의를 이루지 못함이라."

부모가 원할 때마다 아이를 때리는 권리가 아니다

매에 대한 성경적인 개념은 부모가 원할 때면 언제든지 아이들을 때리는 권리가 아니다. 매는 바로잡고 징계하는 상황에서 사용되어야 한다. 매는 부모의 마음 내키는 대로 육체적인 힘을 사용하는 권리가 아니다. 에베소서 6장에서 하나님은 자녀들을 노엽게 하는 위험에 대해 경고하고 있다. 자녀를 육체적으로 위협하는 부모는 분명히 아이를 노엽게 한다.

답답함을 해소하는 것도 아니다

매의 성경적인 개념은 부모들이 자녀에게 자신의 좌절을 발산시키는 것이 아니다. 자녀들에게 좌절해보지 않은 부모는 단 한 사람도 없다. 자녀들이 부모를 격노하게 해서 부모 마음을 아프게 하고 화나게 만들 때도 있다. 그러나 매는 부모의 쌓였던 분노와 좌절을 발산시키는 방법이 아니다.

대가를 치르는 것이 아니다

매의 성경적인 개념은 아이들의 잘못에 대해 부모들이 매달 꼭 갚아야 하는 월부금이 아니다. 많은 부모들은 벌을 주어야 한다는 생각을 갖고 있다. 아이는 자기 죄에 대한 대가를 치르는 것을 징계라고 생각한다. 바로잡는다는 것은 회복시킨다는 긍정적인 목표보다는 죄에 대한 대가를 치러야 한다는 부정적인 목표를 갖고 있다. 그것은 교도소에서 시간을 보냄으로써 사회에 진 빚을 갚는 죄수와 같다. 그러나 이것은 징계에 대한 성경적인 개념이 아니다.

분노와도 상관없다

매에 대한 또 하나의 그릇된 개념은 매는 분노와 관련 있다는 것이다. 내 친구 중 하나는 부모님 집에 갔을 때 아들을 징계해야 했다. 그는 아이를 조용하고 은밀한 방으로 데려간 다음 아이와 몇 마디 얘기를 나눈 후 매를 들었다. 그리고 아들에게 부모의 사랑을 재확인시켜주었다. 그들은 서로 웃으면서 방에서 나왔다. 그 아들은 아버지와의 관계가 회복되었다. 그들은 둘 다 행복하고 평화스러웠다. 그러나 할머니는 오히려 화를 냈다. 손자에게 매를 가한 것에 화가 난 것이 아니라 아들이 화를 내지 않는 것에 할머니는 속이 상했다. 할머니는 자식을 때린 후에 아버지와 아들이 서로 화가 나지 않으면 매는 아무 소용이 없는 것이라고 말했다. 할머니는 매가 서로를 가깝게 하는 것이 아니라 거리감을 만들어야 한다고 생각했던 것이다.

나는 비록 의로운 분노라는 것이 그리 잘 이해되지는 않지만, 그런 일들이 있다는 것을 안다. 사람들은 "내 생각이 옳아, 그래서 화가 났어. 그러니까 이건 의로운 분노야"라고 생각한다. 의로운 분노와 의롭지 못한 분노의 차이는 "누구의 영광이 보호받는 것인가?"를 질문함으로써 설명될 수 있다. 만약에 하나님의 명예가 손상을 입었고 그것이 나를 초조하게 하는 것이라면, 나는 의로운 분노를 경험하고 있는 것이다. 만약 나의 분노가 이런 흔한 이야기들로 표현될 수 있다면, 그것은 의롭지 못한 분노다. "네가 어떻게 나한테 이럴 수 있어. 넌 도대체 나를 어떻게 생각하는 거야, 이 녀석아." 이런 형태의 분노는 훈육의 과정을 망칠 것이다.

매에 대한 흔한 반대론

"아이들을 너무 사랑해서 때릴 수가 없다"

이해할 만한 반대 의견이다. 아이에게 매를 가하는 것보다 더 어려운 일은 없다. 아이를 무릎 위에 올려놓고 의식적으로 고통을 가한다는 것은 정말 힘든 일이다. 그렇게 하기에는 아이를 너무 사랑한다고 느낀다. 그러나 스스로에게 물어보라. 아이에게 매를 가하지 않으면 누구에게 유익한가? 분명히 아이에게는 유익하지 않다. 그렇게 하지 못하는 것은 아이를 위험한 상태에 두는 것이라고 앞에서 살펴본 성경 말씀들은 분명히 말하고 있다. 누구에게 좋은 일인가? 다름 아닌 부모다. 아이에게 매를 가하는 불편으로부터 해방된다. 소중한 사람에게 고통을 주어야 하는 고뇌로부터 해방된다. 그런 부모는 성경적인 징계가 요구하는 시간을 잊어버린 채 불편함으로부터 해방된다. 그래서 나는 잠언 13장 24절이 왜 그렇게 말했는지 충분히 공감한다. "매를 아끼는 자는 그의 자식을 미워함이라 자식을 사랑하는 자는 근실히 징계하느니라." 이 구절에 의하면 자식에게 매를 가하지 않는 것은 곧 자식을 미워하는 것이다. 그러나 사랑은 그것을 하게 된다.

"아이를 상하게 할까봐 두렵다"

크리스천 부모들은 어렸을 때 체벌의 학대를 겪었기 때문에 '매'의 성경적인 개념에 부정적으로 대응한다. 그들은 매란, 화난 부모가 분노를 절제하지 못하고 아이들을 때리는 것이라고 생각한다. 그러한 행동은 성경적인 체벌이 아니다. 그것은 자녀 학대다.

어떤 부모는 자녀들이 상처받을 것을 염려한다. 그들은 체벌이 신체적인 해를 가져올까봐 걱정한다. 그러나 잠언 23장 13-14절은 그 반대의 이유를 말해준다. "아이를 훈계하지 아니하려고 하지 말라 채찍으로 그를 때릴지라도 그가 죽지 아니하리라 네가 그를 채찍으로 때리면 그의 영혼을 음부에서 구원하리라."

성경적으로 균형잡힌 징계는 절대로 어린아이를 신체적으로 위태롭게 하지 않는다.

"반항적인 아이가 될까봐 걱정이다"

대개의 부모들은 자녀들이 부모를 사랑하고 부모에게 감사하기를 원한다. 부모들은 자녀들이 "엄마 아빠는 위대하며 애정이 깊고 친절하다"고 생각해주길 원한다. 부모는 매를 들면 아이들이 자기를 무자비하고 거칠다고 생각할까봐 두려워하고 있다. 또 부모가 징계함으로써 아이들을 오히려 최악의 상태로 몰고가지 않을까 걱정한다. 잠언 29장 17절은 그와 반대로 말하고 있다. "네 자식을 징계하라 그리하면 그가 너를 평안하게 하겠고 또 네 마음에 기쁨을 주리라."

징계는 분노로 완전히 토라진 아이들을 만들어내기보다는 부모와 아이들을 화평케 한다. 또 부모가 기뻐하는 아이들을 만들어낸다.

장기적으로뿐만 아니라 단기적으로도 그렇다. 15장에서 언급한 방법대로 매를 든다면 체벌한 직후에도 그 아이는 사랑스럽고 행복한 아이가 된다.

많은 부모들은 체벌이 문제 해결의 수단으로서 자녀를 때리는 풍조를 조장하지 않을까 염려한다. 자녀들이 때리는 것으로 좌절감을 표현해도 괜찮다고 인식할 위험성은 부모들이 화가 나서 체벌할 경우에만 생길 것이다. 15장에서 체벌에 관해 규정한 절차를 따른다면 분노나 좌절을 표출하는 데 체벌을 사용하지는 않을 것이다. 자녀들은 화가 나서 누군가를 때릴 때의 행동과 이 책에 기술된 대로 인내하며 매를 드는 것의 분명한 차이를 인식하게 될 것이다.

"효과가 없다"

이렇게 반대하는 경우는, 구체적으로 부모가 어떻게 했는지 더 살펴볼 필요가 있다. 몇 년 동안의 목회 경험을 통해 체벌이 효과적이지 못했던 경우들은 이렇게 요약할 수 있다.

- 체벌이 비효과적인 주된 이유는 분노 가운데 행해지기 때문이다. 아이들은 제어하지 못한 부모의 분노로부터 오는 권위에 대해서는 자발적으로 복종하고자 하지 않을 것이다. 아이들에게는 타고난 정의감이 있다. 아이들은 그들을 위협하는 부모에게는 그들의 마음을 복종시키지 않으려고 내적으로 저항할 것이고, 위축될 것이다. 그들은 어쩌면 두려움 때문에 체벌에 대해 반응할 수도 있지만, 거룩하지 않은 분노 가운데 징계하는 부모의 권위 아래 그들 자신을 기꺼이 두려고 하지는 않을 것이다.

- 일관성 없는 매의 사용. 아이는 왜 매를 맞는지 전혀 알지 못했다. 그래서 아이는 항상 부모를 시험하고 있었다.
- 지속적으로 사용하지 않은 경우. 어떤 사람들은 체벌의 효과를 볼 만큼 결코 충분히 오랫동안 그것을 시도해본 적이 없었다. 그들은 며칠간만 매를 들었고, 그들의 아이가 하룻밤 사이에 변하지 않으면 낙심하여 포기한다.
- 제대로 체벌하지 않은 경우. 두 겹짜리 기저귀를 차고 있는 아이의 엉덩이를 때리는데 정작 아이는 자신이 맞고 있는 줄도 모르고 돌아다니는 경우를 본 적이 있다. 아이가 매를 전혀 느끼지 못하는 그 체벌은 비효과적이었다.

"아동 학대로 체포될까 두렵다"

자녀들을 체벌하는 것이 불법은 아니지만, 이러한 우려는 상당한 설득력이 있다. 아동 학대는 불법이지만 올바로 사용된 체벌은 아동 학대가 아니다. 분명히, 성경을 이해하지 못하고 체벌을 학대와 동일시하는 사회에서 우리는 지혜로운 처신이 필요하다. 체벌은 가정이라는 공간 속에서만 행해져야 한다. 공개적으로 이루어져는 안 된다. 공개적인 체벌을 하면 사적인 삼자(하나님, 부모, 자녀)의 문제여야 할 체벌에 '수치심'이라는 개념이 추가될 수 있음을 여기서 덧붙여 지적해야 할지도 모르겠다.

집 밖일 경우, 집이었다면 간과하지 않았을 행동을 그냥 넘어가는 상황이 생길 수도 있다. 때로 나에게 "집 밖에 있을 때마다 엄하게 훈육하는 것을 예외로 한다면 아이들이 그것을 알아차릴 것이고 다루기가 불가능해지지 않을까요?'라고 말하는 부모들이 있었다. 어린 자녀들일 경우, 대부분의 시간을 집에서 보내기 때문에 이러한 문제들을 다룰 기회가 많이 있을 것이다. 자녀가 집으로 돌아가야 할만큼 심각하게 잘못하고 있다는 판단이 든다면 어디에 있든 바로 집으로 돌아갈 수 있을 것이다.

매의 열매

매는 행동에 대한 결과가 무엇인지 가르쳐준다. 체벌이란 방법을 계속 쓰면 자녀들은 행동에 따르는 불가피한 결과가 있다는 것을 배운다. 어린 자녀들은 순종하는 것을 배워야 한다. 불순종이 가져온 아픈 결과를 보면서 아이들은 하나님이 만드신 심고 거두는 원리를 터득한다.

동시에 매는 부모에게 주어진 하나님의 권위를 보여준다. 하나님께 순종하기 위해 매를 드는 부모는 권위에 순종하는 한 본보기다. 아이들이 권위를 어려워하는 이유는 우리 문화에서 그 모델을 보지 못했기 때문이다.

매는 아이를 권위 아래서 자라도록 훈련시킨다. 불순종의 결과가 있다는 사실은 곧 순종의 중요성을 가르쳐준다. 하나님이 모든 사람을 권위 아래 두셨고, 그 권위 구조는 축복이라는 것을 아이는 어렸을 때부터 배운다.

매는 부모의 사랑과 헌신을 나타낸다. 히브리서 12장은 매는 사랑의 표현이라고 분명하게 말한다. 5절에서 징계는 '우리를 아들로 부르는 격려의 말'로 일컬어진다. 계속해서 이 말씀은 징계는 아들 됨의 표시라고 말한다. 징계하는 부모는 그들이 자녀를 사랑하고 있다는 것을 보여주고 있는 것이다. 그 부모는 자녀에게 무관심한 사람이 아니다. 또한 어물어물하지도 않는다. 부모는 아이의 모든 일에 동참하는 아주 관심이 많은 사람이다. 부모는 사려 깊은 징계에 자신을 투자할 만큼 깊은 헌신을 한 사람이다.

매는 평강과 의의 열매를 가져온다. 히브리서 12장 11절을 보라. "무릇 징계가 당시에는 즐거워 보이지 않고 슬퍼 보이나 후에 그로 말미암아 연단 받은 자들은 의의 평강의 열매를 맺느니라." 때를 잘 맞춘 조심스런 징계는 당시에는 고통이 따르고 기분이 좋지 않은 반면, 결국은 자녀를 쾌활하고 성공적인 아이로 만들어준다.

매는 훌륭한 열매를 맺는다. 성인 자녀를 둔 아버지로서 나는 계속해서 우리 가정에 베푸신 하나님의 은혜에 감사드린다. 이 장에서 다루는 아이디어들을 처음 얻게 된 것은 우리에게 한 아이만 있을 때였다. 그 아이는 막무가내인 18개월 된 아기였다. 위에서 언급한 원리를 통해 우리는 아들을 다루는 방법을 배웠다. 이 원리들 덕분에 아이에게 안전한 징계를 할 수 있었다. 이런 원리들로 절제하는 아이로 키웠다. 또 엄마와 아빠를 사랑하고 존경하는 아이로 자라게 했다.

매는 아이를 축복의 자리로 돌아오게 한다. 그대로 내버려두었다면 그 아이는 욕망에 빠져 사는 불쌍한 삶을 살았을 것이다. 바로잡는 매는 하나님이 축복을 약속하신 자리, 곧 부모에게 순종하는 자리로 아이를 돌아오게 한다.

매는 부모와 자녀 사이를 더 가깝게 하고 더 열린 마음을 가진 분위기로 만들어준다. 자녀들과 가깝고 부모와 자녀의 관계가 온전해지기를 바라는 부모는 자녀와 친밀한 관계를 얻게 될 것이다. 화가 나서 불순종하는 아이를 그대로 놔둘 때 부모와 자식 사이는 벌어지기 시작한다. 자녀들과의 거리감을 내버려두지 않은 부모들은 가깝고 마음을 연 관계를 누리게 될 것이다.

둘 중에 가장 좋은 것

체벌과 대화, 그 둘 중 하나에만 초점을 맞춘다면 우리는 한쪽에만 짐을 실은 화물선과 같아서, 순조롭게 항해해가지 못할 것이다. 대화와 매는 전혀 별개의 방법들이 아니다. 그것들은 둘 다 함께 사용되어야 한다.

이것이 히브리서 12장 5-6절의 요점이다. "또 아들들에게 권하는 것 같이 너희에게 권면하신 말씀을 잊었도다 일렀으되 내 아들아 주의 징계하심을 경히 여기지 말며 그에게 꾸지람을 받을 때에 낙심하지 말라 주께서 그 사랑하시는 자를 징계하시고 그가 받아들이시는 아들마다 채찍질하심이라 하였으니."

우리 자녀들은 자신들이 널리 이해받기를 바란다. 그러므로 풍성한 대화는 필수적이다. 그들에게는 또한 권위와 예상할 수 있는 징계와 명확한 한계가 필요하다. 그래서 매는 필수적이다.

체벌은 성경에 뿌리를 둔 부모의 권위가 있으므로 가능한 일이다. 풍성한 대화를 강조하면 냉정하고 독선적인 징계를 막을 수 있다.

자녀의 성장 과정에 따라 부모는 이런 방법들 중 하나에 우선순위를 두게 될 것이다. 이 부분은 이 책의 후반부에서 더 깊이 다루겠다.

어떤 부모들은 대화나 매에 대한 비성경적인 잘못된 인식을 재검토해 봐야 할 것이다. 체벌이 속 편하다고 생각하는 부모는 권위주의자가 되기 쉽다. 대화가 자연스럽고 편한 부모는 무조건 인정해주는 부모가 되기 쉽다. 권위주의적인 부모는 온유함이 결여되는 경향이 있고, 쉽게 인정하는 부모는 단호함이 부족하기 쉽다. 성경적인 훈련을 잘못 생각하고 있는지 스스로를 평가하라. 매와 대화, 그것을 균형 있게 사용할 수 있도록 애쓰라.

자녀 양육
체크 리스트

1. 자녀들의 문제 가운데 매가 필요한 것들은 무엇인가?

2. 매의 기능은 무엇인가?

3. 하나님이 매로 아이들을 징계하도록 허락하신 사람은 누구인가?

4. 체벌 반대론을 검토해보라. 그중 수긍할 수 있는 반대론과 그 근거는 무엇인가?

5. 체벌에 대한 왜곡된 생각들을 몇 가지 들어보라.

6. 대화와 체벌의 관계를 어떻게 설명할 수 있는가? 당신에게는 그 두 가지 방법 중 어느 것이 더 쉬운가?

12장

성경적인 방법: 양심에 호소하라

그것은 속도감 있는 프로그램은 아니었다. 아마 그래서 내 시선을 끌었을 것이다. 날은 저물었다. 오늘 하루는 아주 빨리 지나갔다. 나는 다른 사람의 삶에 대한 멜로 드라마에는 아무 관심이 없었다. TV에 나온 사람은 평범하게, 그러나 부드럽고 단조로운 목소리로 자신의 기법을 설명했다. 그는 화가였다. 그가 캔버스를 준비할 때 내가 들어왔던 것이다.

"그림을 그냥 시작할 수는 없죠." 그가 낮게 말했다. 색상, 결, 색조, 그림을 그리기 전에 화가는 캔버스에 엷은 바탕색을 칠해야 한다. 이 칠은 그림을 그리는 모든 작업의 배경이 된다. 하나의 그림을 완성하는 것은 이 엷은 칠을 전제로 하고 있다. 이 칠은 그림의 배경이다.

말하자면 본 장은 이렇게 엷은 색을 칠하는 장이다. 지난 몇 장에 걸쳐 우리는 대화와 매에 대해 알아보았다. 여기서 살펴보는 두 가지 주제인 양심에 호소하는 일과 하나님의 구원 사역에 초점을 맞추는 일은 지금까지 살펴본 대화와 매에 포함되는 부분이다. 이 주제들은 자녀 양육에 성경적인 구조와 골격을 이룬다.

양심에 호소하는 것

바른 가르침과 징계는 자녀의 양심을 표적으로 한다. 하나님은 옳고 그름을 구별할 수 있는 이성적인 능력을 자녀들에게 주셨다. 바울은 하나님의 법을 갖지 않은 사람조차 율법이 요구하는 것들이 마음에 새겨져 있음을 보인다고 말하고 있다(롬 2:12-16). 그들은 양심 때문에 자기 생각대로 자신을 변명하거나 비난한다.

하나님이 주신 양심은 부모가 징계할 때 좋은 동지다. 부모가 할 수 있는 가장 강력한 호소는 양심의 가책을 갖게 하는 것이다. 손상된 양심이 고개를 들 때 바른 가르침과 징계는 더욱 유용하다.

성경 말씀은 이것을 잘 설명해준다. 잠언 23장은 바로잡는 매를 사용하는 것이 옳다고 말한다. 13-14절은 "아이를 훈계하지 아니하려고 하지 말라 채찍으로 그를 때릴지라도 그가 죽지 아니하리라 네가 그를 채찍으로 때리면 그 영혼을 스올에서 구원하리라"고 말한다. 그러니 이 구절에서 매는 훈련하는 데만 쓰이지 않는다. 또 다른 무엇이 있다. 그것은 양심에 호소하는 것이다. 이 구절에는 간절한 애원이 있다.

"네 마음으로 죄인의 형통을 부러워하지 말고…"(17절).

"네 마음을 바른 길로 인도할지니…"(19절).

"너 낳은 아비에게 청종하고…"(22절).

"진리를 사고서 팔지 말며 지혜와 훈계와 명철도 그리할지니라"(23절).

"내 아들아 네 마음을 내게 주며…"(26절).

이 구절은 실제 양심에 호소하는 부드러운 부탁이다. 솔로몬이 채찍에 대해 부드러운가? 아니다! 그러나 그는 채찍의 한계를 잘 알고 있다. 그는 채찍으로 주의를 끌 수는 있지만, 양심은 하나님의 방법인 진리로 경작되어야 한다는 것을 알고 있었다.

바리새인에게 하신 예수님의 말씀은 양심에 호소하는 또 하나의 분명한 예다. 마태복음 21장 23절을 보면, 대제사장과 장로들은 예수님의 권위에 도전한다. 이에 예수님은 두 아들의 비유로 응답하신다(28-32절).

"그러나 너희 생각에는 어떠하냐 어떤 사람에게 두 아들이 있는데 맏아들에게 가서 이르되 얘 오늘 포도원에 가서 일하라 하니 대답하여 이르되 아버지여 가겠나이다 하더니 가지 아니하고 둘째 아들에게 가서 또 그 같이 말하니 대답하여 이르되 싫소이다 하였다가 그 후에 뉘우치고 갔으니 그 둘 중의 누가 아버지의 뜻대로 하였느냐 이르되 둘째 아들이니이다 예수께서 그들에게 이르시되 내가 진실로 너희에게 이르노니 세리들과 창녀들이 너희보다 먼저 하나님의 나라에 들어가리라 요한이 의의 도로 너희에게 왔거늘 너희는 저를 믿지 아니하였으되…"(마 21:28-32).

이 비유의 마지막에서 예수님은 옳고 그름에 대한 바리새인들의 판단을 추론하는 질문을 하신다. 그들의 답은 맞았다.

그후 예수님은 또 다른 비유를 그들에게 말씀하신다. 포도원 주인과 소작인의 비유였다.

"다른 한 비유를 들으라 한 집 주인이 포도원을 만들어 산울타리로 두르고 거기에 즙 짜는 틀을 만들고 망대를 짓고 농부들에게 세로 주고 타국에 갔더니 열매 거둘 때가 가까우매 그 열매를 받으려고 자기 종들을 농부들에게 보내니 농부들이 종들을 잡아 하나는 심히 때리고 하나는 죽이고 하나는 돌로 쳤거늘 다시 다른 종들을 처음보다 많이 보내니 그들에게도 그렇게 하였는지라 후에 자기 아들을 보내며 이르되 그들이 내 아들은 존대하리라 하였더니 농부들이 그 아들을 보고 서로 말하되 이는 상속자니 자 죽이고 그의 유업을 차지하자 하고 이에 잡아 포도원 밖에 내어 쫓아 죽였느니라 그러면 포도원 주인이 올 때에 이 농부들을 어떻게 하겠느냐 그들이 말하되 이 악한 자들을 진멸하고 포도원은 제때에 열매를 바칠 만한 다른 농부들에게 세로 줄지니이다 예수께서 이르시되 너희가 성경에 건축자들의 버린 돌이 모퉁이의 머릿돌이 되었나니 이것은 주로 말미암아 된 것이요 우리 눈에 기이하도다 함을 읽어본 일이 없느냐 그러므로 내가 너희에게 이르노니 하나님의 나라를 너희는 빼앗기고 그 나라의 열매 맺는 백성이 받으리라 이 돌 위에 떨어지는 자는 깨지겠고 이 돌이 사람 위에 떨어지면 그를 가루로 만들어 흩으리라 하시니 대제사장들과 바리새인들이 예수의 비유를 듣고 자기들을 가리켜 말씀하심인 줄 알고 잡고자 하나 무리를 무서워하니 이는 그들이 예수를 선지자로 앎이었더라"(마 21:33-46).

바리새인의 옳고 그른 분별력에 예수님은 어떻게 호소하고 계신지 주의해보라. 예수님은 그들의 양심에 호소하고 있다. "포도원 주인이 올 때 이 농부들을 어떻게 하겠느냐?"

예수님은 바리새인들이 판단하도록 하셨다. 그들은 바른 판단을 내렸다. 그때 예수님은 그들이 바로 자신들임을 알게 하셨다. 45절은 그들이 그것을 알았음을 말하고 있다. 마태는 이렇게 기록하고 있다. "예수의 비유를 듣고 자기들을 가리켜 말씀하심인 줄을 알고…."

그 패턴은 다음과 같다. 예수 그리스도가 그들의 양심에 호소했고, 그들은 자신들의 죄에서 벗어날 수가 없었다. 즉, 예수님은 단지 표면적인 문제가 아니라 근본적인 문제를 다루신 것이다. 그들의 근본 질문은 마태복음 21장 23절에 "네가 무슨 권위로 이런 일을 하느냐 또 누가 이 권위를 주었느냐"로, 예수님의 권위가 어디로부터 왔는지 묻는 질문처럼 들린다. 그러나 이것은 예수님의 권위에 관한 도전이었다. 예수님의 답은 분명했다. 예수님은 자신의 권위가 하나님으로부터 온 것이라고 단언했다. 바리새인들은 회개하지는 않았지만 양심에 대한 도전은 빗나가지 않았다. 그들은 예수님이 자신들에 대해 말하고 있다는 것을 알았다. 그들은 결국 스스로를 고발했던 셈이다.

이것이 곧 부모가 자녀를 목양할 때 해야 할 일이다. 부모는 양심에 호소해야 한다. 하나님을 향한 문제를 다루는 것을 보여주기 위해 부모는 마음속에 있는 문제들을 언급하고, 행동 그 이상의 것을 바로잡아야 한다. 부모는 자녀의 죄를 밝히고, 하나님이 주신 선고자로서 옳고 그름을 판단하는 양심에 호소하면서 마음을 다루어야 한다.

최근에 주일 예배가 끝나자 한 남자 성도가 몹시 흥분해서 내게 왔다. 그는 예배 중에 한 소년이 헌금함에서 돈을 훔치는 것을 본 것이다. 그는 소년을 진심으로 걱정했다. 나는 소년의 아버지에게 말해서 소년이 아버지의 지도와 바른 가르침을 받게 하자고 제언했다.

몇 분 후 소년과 그의 아버지가 내 서재로 왔다. 아이는 2달러를 내놓으며 헌금함에서 꺼낸 돈이라고 말했다. 그러고는 눈물을 흘리며 슬픈 눈으로 고백하면서 용서를 구했다.

나는 그 아이에게 말했다. "찰리, 나는 누군가 네가 한 것을 보게 돼서 참 다행이라고 생각해. 네 행동을 그대로 두지 않으신 하나님의 자비가 참으로 크시구나! 하나님은 죄를 지어 마음이 강퍅하게 되지 않도록 이렇게 너를 보호하셨구나. 너는 하나님이 너에게 베푸신 그 큰 은혜를 알 수 있겠니?"

그는 눈을 맞추며 고개를 끄덕였다. 나는 계속했다. "찰리, 그게 바로 예수님이 오신 이유란다. 예수님이 오신 것은 너나 네 아빠 그리고 나 같은 사람들이 훔치고 싶은 마음을 갖고 있기 때문이야. 봐라, 우리는 너무 대담하고 뻔뻔스러워서 하나님께 드린 헌금도 훔치지 않니? 그렇지만 하나님은 그렇게 나쁜 소년이나 어른을 참으로 사랑해서 우리 마음을 바꾸시고 우리를 훔치는 사람이 아니라 주는 사람으로 만들기 위해 아들을 보내셨단다."

그렇게 말하자 찰리는 목이 메어 울음을 터트리면서 주머니에서 20달러를 꺼냈다. 처음에 그는 그저 마지못해 뉘우치는 시늉을 하면서 훔친 돈 중 2달러를 내놓았고, 우리의 짧은 대화는 그렇게 시작되었던 것이다. 그 아이의 마음속에서는 악한 죄인들에게 베푸신 하나님의 은혜를 들으면서 무엇인가 일어나고 있었다. 나의 말에는 어떤 비난도 없었다. 그의 아버지나 나도 더 많은 돈이 있는지 몰랐다. 어떻게 이렇게 되었을까? 복음이 찰리의 양심을 찔렀던 것이다! 내가 한 말 중 어떤 말 한 마디가 어린 마음속에 있는 양심의 줄을 튕겨 소리가 나게 한 것이다. 복음은 그의 양심에 적중했다.

구원에 중점을 두고 양육할 것

자녀를 양육할 때 중요한 것은 아이들이 자신이 죄인임을 알게 하는 데 초점을 맞추는 것이다. 아이들은 죄인 된 우리를 위해 돌아가신 예수 그리스도를 보내주신 하나님의 은혜를 알아야 한다. 어떻게 이렇게 할 수 있을까? 부모는 옳고 그름을 판단하도록 하나님이 주신 양심과 행동의 근원인 자녀의 마음을 살펴야 한다. 그러므로 예수님의 십자가는 자녀 양육의 초점이 되어야 한다.

부모는 자녀가 그리스도의 풍성한 은혜 속에서 사는 것을 보고 싶어 한다. 부모가 자녀들에게 올바른 가르침과 징계를 주는 목적은, 자녀들로 하여금 하나님의 도우심과 능력 없이는 하나님이 요구하시는 것을 할 수 없음을 알게 하는 것이다. 부모의 바른 가르침은 하나님이 말씀하시는 의로움의 기준에 따라야 한다. 하나님은 우리에게 하나님을 사랑하고 인생의 유일한 목적으로 하나님의 영광을 나타내는 마음으로부터 나오는 행동을 원하신다. 이것은 절대로 타고나는 것이 아니며, 부모나 자녀도 마찬가지다.

징계는 진심으로 자기 자신보다 형제나 자매를 사랑한다든지, 다른 사람을 먼저 진실로 사랑할 능력이 전혀 없음을 알게 하는 것이다. 징계는 죄 지은 사람이 용서받을 수 있는 그리스도의 십자가다. 회개와 믿음으로 예수님에게 온 죄인들은 새로운 삶을 사는 능력을 얻는다.

또 다른 선택은 하나님의 은혜를 떠나 아이들에 대한 기대 수준을 낮추는 것이다. 이 방법은 아이들 스스로 자신을 지키라고 하는 것이다. 이것은 하나님의 은혜도 필요 없고, 예수님께 의탁하지도 않으며, 자신을 의지하는 방법이다.

많은 부모들은 이 부분에서 혼란에 빠진다. 그들은 자녀들이 구원과 주님 안에서 거듭남이 없이는 진정으로 사람들을 사랑할 수 없다는 것을 깨닫는다. 그래서 그것이 불가능하기 때문에 기준을 낮추어야만 한다고 단정해버린다. 그리고 자녀들의 능력으로 충족할 수 있는 기준을 세워준다.

자신의 힘에 의존하면 결국은 십자가와 멀어진다. 이것은 예수님의 용서와 능력이 절대적으로 필요하다고 인정하는 것과는 전혀 다르다.

나와 이야기를 나누었던 많은 부모들은 자녀들이 자만과 자신의 의로움에 찬 위선자로 자라게 될까봐 걱정하고 있었다. 위선과 자기 자신의 의로움은 아이들 스스로가 자신을 믿게 하고 스스로 선하게 될 수 있다고 말한 결과다. 어느 정도 그들은 성공도 하고 외면적으로 깨끗한 바리새인처럼 되지만, 그들의 속은 더럽고 깨끗하지 못하다. 바리새주의의 정점은, 훈련된 사람이 겉으로는 율법을 지킬 수 있도록 수준을 낮춘 것이다. 자만과 자신의 의로움에 쌓여 그들은 그리스도를 거부했다.

자녀를 바르게 목양하기 위해서는 그리스도께 초점을 맞추어야 한다. 방황하다가 죄를 깨달은 아이가 소망과 용서와 구원과 삶의 능력을 얻기 위해서는 예수 그리스도께 돌아오는 길밖에 없다.

1. 자녀가 죄를 지었을 때 당신은 누구에게 설명해야 할 의무를 느끼는가?

2. 부모에게 순종하는 것이 하나님의 명령이라는 사실을 자녀들에게 어떻게 계속 알려주고 있는가? 부모 자신의 뜻이나 기대 때문에 자녀들에게 요구한 적은 없는가?

3. 당신의 지도와 바른 가르침은 행동에 중점을 두는가? 아니면 마음의 태도에 중점을 두는가? 자녀는 자신이 죄인인 이유가 자신이 죄를 지었기 때문이라고 생각하는가? 아니면 죄인으로 태어났기 때문이라고 생각하는가?

4. 행동을 다루는 것과 양심에 호소하는 것은 어떻게 다른가? 행동에 초점을 맞추는 것보다 양심에 호소하는 것은 어떤 점이 유익한가?

5. 죄를 지은 아이들에 대한 소망은 예수님께 있다. 자녀에 대한 소망을 예수 그리스도가 하신 일 가운데서 어떻게 찾고 있는가? 당신은 어떤 방법으로 이 일을 하고 있는가?

6. 도저히 기도할 수 없을 정도로 화가 나서 아이들에게 소리친 경험은 없었는가?

13장

1부 요약

이 책의 1부인 1-12장에서는 성경적인 자녀 양육에 대한 기초를 쌓았다. 이 장에서는 지금까지 다뤄온 것들의 중요한 점을 간단히 요약해보겠다.

1. 자녀들은 다음 두 가지 방법에 의해 양육된다. 첫째, 모양을 만드는 영향들(shaping influence)에 의해. 이것은 물리적인 환경과 삶의 경험을 말한다. 둘째, 하나님께 향하는 것에 의해 이것은 아이들이 어떻게 그 경험들과 상호 작용을 하는지 결정한다. 자녀 양육은 다음 두 가지 사항을 수반한다.

• 부모가 최대한 좋은 영향력을 미치는 주변 여건을 제공하는 것.
• 이런 영향력들에 대한 아이들의 반응을 조심스럽게 목양함.

2. 마음이 행동을 결정한다. 따라서 행동보다 마음을 다루는 것을 배우라. 마음속의 투쟁들을 주시하라. 아이들이 하나님과 관계를 갖도록 창조되었다는 것을 깨닫게 하라. 마음의 목마름은 진실로 하나님을 알면 채워질 수 있다.

3. 부모에게는 권위가 있다. 하나님이 부모를 그의 대행자로 만드셨기 때문이다. 부모는 하나님의 심부름꾼이다. 부모의 임무는 아이를 도와 하나님을 알게 하고, 현실의 진정한 순리를 알게 하는 것이다. 이것은 아이들로 하여금 자기 자신을 깨닫게 한다.

4. 사람의 궁극적인 목적은 하나님을 영화롭게 하는 것이요 하나님을 영원히 즐거워 하는 것이기 때문에 부모는 아이들에게 이러한 생각을 정확하게 알려주어야 한다. 아이들에게 단지 하나님을 통해서만 자기 자신을 발견할 수 있다는 것을 알게 하라.

5. 성경적인 목표들은 성경적인 방법을 통해 이루어져야 한다. 그러므로 우리는 이 시대의 문화가 주장하는 다른 방법들은 거부해야 한다.

6. 하나님은 자녀를 양육하는 데 두 가지 방법을 주셨다. 하나는 대화하는 것이요, 또 하나는 매를 드는 것이다. 이 두 가지 방법은 자녀 양육에서 반드시 조화를 이루어 사용되어야 한다. 부모는 아이들의

마음을 잘 알고 또 이해해야 한다. 그래서 그들에게는 풍성한 대화 그리고 권위와 확고 부동한 태도가 필요하다. 또한 채찍이 필요하다. 채찍은 부모가 말하는 것들의 중요성을 뒷받침해주는 역할을 한다.

다음 2부에서는 아이들의 성장 과정에 따른 자녀 양육 원칙들을 구체적으로 검토해볼 것이다.

14장

유아기에서 유년기: 훈련 목표

하워드의 아들은 신생아 때 뇌에 약간 손상을 입었다. 하워드는 자기 아들이 얼마나 이해할 수 있는지 알지 못했다. 그는 비록 아들이 정신 박약 상태로 자랐지만 아들에게 하나님의 방법에 대해 말했다. 아이는 세 살 반이 되도록 말을 못했지만 그의 부모는 그에게 하나님에 대해 말했고, 그와 함께 기도했으며, 성경에 따라 그 아이를 양육했다.

어느 날 이 아이에게는 바른 가르침과 훈육이 필요했다. 하워드는 아들이 얼마나 알아듣는지 알 수 없는 상태에서 설명하다가 당황하게 되었다. 대화가 진행됨에 따라 그는 더욱 당황하게 되었는데 그때 아들이 말했다. 그가 말했던 것이다! 아이의 첫 말은 "기도하세요, 아빠!"였다.

이 작은 아이는 뇌의 손상은 입었으나 그 동안의 귀중한 가르침을 이해해왔던 것이다. 그 아이는 하나님에 대한 아빠의 믿음을 알았다. 또 문제가 생겼을 때 하나님께 가야 하는 것도 알았다. 그는 하나님이 자기 아빠의 대화를 도우실 수 있다는 것도 알았다. 어린 나이에 보여주는 이 얼마나 귀중한 실례인가?

일차적인 특징 - 변화

유아에서 유년기까지 제1단계 발육은 날 때부터 너댓 살까지의 기간을 말한다. 이 기간을 한마디로 말하면 '변화'다. 모든 면에서 성장하므로 아이의 빠른 변화는 부모를 놀라게 한다.

신체적 변화

신체적인 변화를 생각해보라. 신생아는 움직이지 못한다. 머리를 들지도 못하고 옆으로 구를 수도 없다. 또 앉지도 못한다. 그러나 강한 힘이 그 안에서 일하고 있다. 몇 달이 지나면 그는 앉으며, 서고, 기고, 걷기까지 한다. 또 뜀뛰기나 한 발로 뛰기 또는 나무에 올라가는 것도 배운다.

그는 사물을 다루는 능력을 보여준다. 얼마 안 되어서 그는 문고리를 움직여 문을 연다. 그는 밥 먹는 것도 배운다. 신체적인 변화가 이렇게 극적인 기간은 인생에 다시 없다.

사회적 변화

사회적인 변화 또한 급진적이다. 첫 번째 사회적 관계는 엄마와 함께 시작된다. 하지만 곧 다른 집안 식구들과 친숙하게 된다. 그는 다른 사람들과 관계를 맺는 데 있어서 자신의 방법을 터득하게 된다. 그는 자기의 무엇이 다른 사람에게 귀엽게 보이는지 알게 된다. 또 사회적인 관계의 영역을 넓히기 위해 어떻게 해야 하는지도 배운다. 다섯 살이 되기 전에 아이는 친구들을 사귄다.

지적 변화

지적인 변화도 크다. 어린아이는 의미를 만든다. 말을 듣고 글자의 법칙을 일반화시켜 받아들인다. 실수조차도 법칙에 따르려고 한다. 예를 들면 '먹고 싶어'를 '먹었어'라고 잘못 말하기도 하는 것이다.

모든 경험은 배움의 기회다. 그들은 호기심으로 가득 차 있다. 왜 문은 삐거덕거리며 열고 닫히는지, 굳이 사물을 생각하지 않아도 그것들은 그대로 존재하는지, 왜 물체는 땅으로 떨어지는지, 내가 눈을 감아도 사람들은 나를 볼 수 있는지 등등 궁금해하고 알고 싶어 하는 것들은 부지기수다. 아이는 말하고, 계산하고, 장난치고, 심각해지는 것을 배운다. 그는 무엇이 중요하고 중요하지 않은지 그 가치들을 배운다.

정신적 변화

아이는 정신적으로도 자란다. 이 발육은 진리의 하나님을 알고 하나님을 사랑하면서 양육된다. 아니면 이러한 것을 무시하면서 자랄 수도 있다. 둘 다 정신적인 성장이 이루어진다. 아이는 영적인 창조물이므로 하나님을 예배하고 하나님께 의존하는 것을 배우든지, 아니면 다른 우상들 앞에 고개 숙이는 것을 배우게 된다.

요약

어릴 때의 급격한 변화들을 보며 부모들은 아이들을 자랑스럽게 생각하게 된다. 유치원에 다니는 자기 아이가 천재라고 확신한다. 그럴 수밖에 없는 것이 아이들은 아주 짧은 시간에 빨리 배우고, 많은 것을 배우기 때문이다. 부모는 아이의 능력에는 한계가 없다고 굳게 믿는다.

권위에 대한 이해

단시간 내에 그런 극적 변화를 경험하면 초점을 잃어버리기 쉽다. 집중적으로 에너지를 쏟아야 할 부분은 어디인가? 포괄적인 하나의 훈련 목표를 세워야 한다. 구체적인 상황에서 확고한 방향을 제시할 수 있을 정도로 정밀하면서, 빠르게 변화하는 어린 자녀의 세계를 아우를 정도로 포괄적이어야 한다.

한 가지 큰 교훈

이 기간 동안 아이에게 가장 중요한 공부는 자신이 권위 아래 있는 존재임을 아는 것이다. 그는 하나님이 만드셨고, 모든 면에서 하나님께 순종해야 할 책임이 있다.

이때의 주요 성경 구절은 에베소서 6장 1-3절 말씀이다.

"자녀들아 주 안에서 너희 부모에게 순종하라 이것이 옳으니라 네 아버지와 어머니를 공경하라 이것은 약속이 있는 첫 계명이니 이로써 네가 잘되고 땅에서 장수하리라."

하나님께 초점을 맞추라

순종이 우리가 하나님께 마땅히 해야 할 바임을 주목하라. 아이들은 그들이 하나님을 위해 만들어졌다는 것을 배워야 한다. 그들은 하나님께 드려야 할 의무를 갖고 있다. 하나님은 그들을 다스리실 권리가 있으며 그들은 하나님께 순종해야 한다.

이 진리를 모르면 아이들은 부모에게 결코 순종하지 않을 것이다. 그들은 하나님께 영광을 드리는 삶을 결코 알지 못할 것이다. 그들은 자신의 세계에서 주요 숭배 대상인 자신에게 열중할 것이다.

세상의 권위에 순종하는 것은 하나님의 권위 아래 피조물로서 존재한다는 구체적인 적용이다. 하나님의 권위에 순종하는 것은 멀리 있는 것 같고 이론적인 것 같을지도 모른다. 그러나 아이 곁에는 엄마 아빠가 있다. 아이는 부모에게 순종하는 것을 점차적으로 이해하는 가운데 하나님께 순종하는 것을 반영한다.

아이가 신생아 때부터 견고하게 세워질 때 어린 시절을 통해 열매를 맺게 된다. 이러한 원칙들을 세우고 권위에 대해 반복되는 논쟁을 없애라.

첫아이가 십대가 되어 처음 운전을 하게 되었을 때 우리는 사회적으로 부모의 눈에서 벗어나게 되는 자동차를 염려했다. 우리는 분명한 지침을 세웠다. 이 지침에는 엄마 아빠가 승낙하지 않는 동행자는 태우지 않는다는 규칙이 있었다. 또한 목적지를 바꾸는 것에 관한 규칙도 있었다. 물론 우리에게 물어보려는 전화는 언제나 환영했다. 계획은 항상 바뀔 수 있지만 다만 우리는 깜짝 놀랄 만한 일은 원치 않았다. 가끔 계획을 변경하려는 전화가 왔다. 아이가 대부분 미리 승낙받지 않은 동행자를 태우지 않고, 허락되지 않은 곳에 가지 않는 것을 알았을 때 우리는 기뻤다. 우리에게 알리지 않고도 그렇게 할 수 있었겠지만 아이는 그렇게 하지 않았다. 우리는 어린 시절에 배운 교훈 때문에 믿을 수 있는 십대 운전자를 두게 되었던 것이다.

축복의 원

에베소서 6장 1-3절에 하나님은 커다란 축복의 원을 그리셨다. 아이들은 부모의 권위에 순복하는 영역 안에서 삶을 살아간다.

부모에게 순복하는 것은 공경하는 것과 순종하는 것을 뜻한다. 이 영역 안에서 그들은 모든 것이 잘되고 장수의 삶을 즐길 것이다.

잘된다는 의미

아이들이 공경하고 순종하는 것을 배워야 하는 것은 명령이다. 이것은 그들을 잘되게 한다. 그들을 순종하게 하는 것은 부모를 위해서가 아니라 아이들 자신을 위해서다. 엄마 아빠에게 공경하고 순종하는 것은 아이들에게 직접적인 이익이 된다. 불순종하는 아이는 축복의 약속 밖에

<그림 7> **안전의 원**

놓여 있다. 부모는 하나님과 부모에게 합당한 관계를 가질 수 있도록 자녀를 빨리 회복시켜야 한다. 자녀가 축복의 원 안에 돌아오면 모든 것이 순조롭게 되고 그는 장수의 삶을 즐기게 된다.

위험보다 안전

부모의 권위에 순종하는 것은 안전한 영역에 있다는 것과 같다. 이것이 뜻하는 바에 의하면 순종에서 벗어나는 것은 멸망이다.

아이가 반항하고 불순종한다면 그 아이는 위험한 상황에 있는 것이다. 그러므로 부모는 자녀를 즉시 안전 보호 구역인 이 영역 안으로 다시 끌어들여야 한다.

구출의 기능

바로잡는 일과 징계는 이 위험에서 구출하는 기능을 갖는다. 부모는 자녀를 반항과 불순종의 구렁텅이에서 안전지대로 옮겨놓아야 한다. 엄마 아빠에게 불순종하는 것만이 아니다. 그는 하나님께 순종하지 않고 있다. 그는 하나님이 불순종하는 아이들에게 명하신 징계와 바르게 함을 스스로 마땅히 달게 받는 것이다. 징계의 기능은 그를 안전 보호 지역으로 다시 회복시키는 것이다.

나는 우리 아이들을 위해서 수없이 이 원을 그렸다. 그리고 그들로 하여금 스스로 권위에 순종하도록 하게 하고 아빠는 지금 화를 내는 것이 아니라 오히려 구출 작전중이라고 설명해주었다. 나는 아이들에게 "어떻게 내가 너희들이 멸망으로 가는 것을 보고도 구하지 않을 수 있겠느냐?"고 물었다.

공경의 정의

부모를 공경하는 것은 부모의 권위를 인정하며 존경과 존중으로 부모를 대하는 것을 말한다. 이것은 권위의 역할 때문에 공경하는 것이다. 아이로 하여금 부모를 공경하게 하기 위해서는 다음 두 가지 문제에 유념해야 한다. 첫째, 부모가 직접 공경하도록 훈련시켜야 한다. 둘째, 부모는 행동과 품행에 있어서 명예로워야 한다.

아무도 공경받지 못하는 문화에서 부모를 공경하도록 훈련시키는 것은 쉬운 일이 아니다. 공경하는 태도를 보이는 가장 분명한 예는 자녀들이 부모에게 말하는 방법이다. 아이들은 결코 부모에게 명령조로 말해서는 안 된다. 아이들은 부모에게 친구에게 말하듯 해서도 안 된다. 존경의 표시를 담아 예의 바르게 자신의 생각을 표현하도록 가르쳐야 한다.

이것은 다음과 같은 온유한 대화를 통해 가르쳐야 한다. "얘야, 너는 나에게 그렇게 말해서는 안 돼. 하나님은 나를 네 엄마로 만드셨잖니. 하나님은 너에게 부모를 공경해야 한다고 말씀하셨단다. 자, 이제 네가 하고 싶은 말들 중에 존경하는 표현이 있는지 보자."

또는 "얘야, 나는 네 친구가 아니야. 네 친구에게는 그런 식으로 말해도 좋지만 엄마에게는 그렇게 말하면 안 돼. 자, 네가 나에게 하려던 말이 뭐지?" 또는 "얘야, 너는 나에게 명령을 내릴 수 없단다. 부탁할 수는 있지만 명령할 수는 없어. 하나님이 엄마에게 너를 지도하는 권위를 주셨기 때문이야."

이런 훈련을 자녀가 십대가 될 때까지 미뤄두지 말라. 그렇게 하면 부모는 아이들이 존경하지 않는 데 모욕을 느낄 것이다. 말하기 시작할 때부터 가르치라. 부모에게 존경심을 가지는 십대는 열너댓 살이 아니라 한두 살 때부터 훈련받은 그대로 한다. 불손한 십대를 대하게 될 경우, 이런 생각을 염두에 두고 부모가 그들을 어떻게 길렀어야 했는지 이야기하라.

다음은 내가 최근에 관찰한 대화의 일부다.

엄마: "얘야, 여기 앉으렴."

아이: (냉소를 지으며) "왜요?"

엄마: "내 생각에는 네가 좀 차분해져야 할 것 같아."

아이: (똑같이 웃으며 조금 놀리는 듯) "왜요?"

엄마: "왜냐하면…"

아이: "왜요?"

엄마: "왜냐하면…"

아이: "왜요?"

엄마: "…"

잠시 후 아이 엄마는 나를 보며 웃으며 말했다. "우리 아이를 진지하게 만들 수 없을 때가 더러 있어요."

이 자녀는 진지한 상태에 있다. 그 아이는 엄마에게 협조할 필요가 있다는 것을 알고 있다. 그럼에도 불구하고 엄마에게 순종하려고 하지 않았다. 더 이상 어떤 진지함이 있을 수 있단 말인가.

품위와 존경을 가르치고 아이들을 존중하는 부모는 아이들에게 역시 존경받을 것이다. 부모는 아이들에게 소리쳐서는 안 된다. 아이들을 부모의 종으로 취급해서는 안 된다. 부모로부터 받은 경멸이 권위에 대한 순종으로 나타나겠는가? 부모를 존중하지 않거나 예의 바르지 못할 때, 또는 죄를 지을 때 부모는 권위를 가지고 훈련시켜야 한다. 심는 것과 거두는 원칙이 여기에 해당된다. 무엇이든지 심는 대로 거두게 마련이다. 이것은 무엇에든 적용되는 사실이며 자녀 양육도 예외가 아니다.

순종의 정의

순종은 우리 문화에서 거의 찾아볼 수 없다. 자기 주장을 훈련시키는 강의는 쉽게 찾을 수 있지만, 순종을 훈련시키는 교실은 어디에도 없다. 순종은 권위에 대한 자발적인 복종이다. 이것은 아이가 들은 것을 행하는 것 이상이다. 이것은

도전 없이,

변명 없이,

들은 대로 즉시

행한다는 뜻이다. 때때로 순종은 본인이 하고 싶지 않은 것, 적어도 그 순간 하고 싶지 않은 것을 하는 것을 뜻한다.

재미 있는 놀이 공원에 간다고 말했을 때, 아이들이 같이 가겠다고 하는 것은 순종이 아니다. 아이들은 자기가 하고 싶은 일을, 원하는 것을 할 뿐이다. 이것은 아버지의 제의가 마음에 들어 한 것이지 순종은 아니다. 이것은 그들이 좋아하는 것이기 때문이다. 여기서 말하고 싶은 것은 권위에 대한 순종은 아이가 하고 싶지 않은 것을 하는 것을 말한다.

부모는 아이들에게 순종에 대해 훈련시켜야 한다. 부모가 큰소리치면 아이들이 순종할지도 모른다. 아이들이 원할 때 순종하도록 훈련시킬 수도 있다. 또 간청하거나 무서워서 순종할 수도 있다. 순종을 전혀 훈련시키지 않을 수도 있다. 이것도 순종에 관한 하나의 훈련 유형이다.

부모의 지시나 요구가 왜 공평하지 않은지 토론하기 시작했다면 아이들은 순종하지 않고 있는 것이다. 아이들이 변명이나 설명을 늘어놓을 때 그들은 순종하지 않고 있는 것이다. 아이들이 즉시 행하기를 거부하는 것도 마찬가지다. 권위에 대한 순종은 즉각적으로, 변명이나 반발 없이 순종하는 것을 뜻한다.

순종에 대한 올바른 생각을 갖는 것은 쉽지 않다. 딸아이에게 "지금 잠자리에 들어야지"라고 말했을 때, 뒤따라야 할 행동은 하나뿐이다. 그것은 "이 종이에 색칠하는 것이 끝나는 대로 곧 잘게요"라는 대답이 아니다. "왜 나는 항상 일찍 자야 되요?"라는 대답도 아니다. 이런 대답이 부모를 완전히 무시하는 것은 아니다.

그러나 순종적인 응답은 단 한 가지뿐이다. 그것은 지체 없이 바로 침대로 가는 것이다. 부모가 그 외에 다른 응답을 용납할 경우 그것은 자녀에 불순종을 훈련시키는 것과 같다.

무엇이 시급한 문제인지 기억하라. 자녀가 하는 일은 모두 잘되고 장수의 삶을 즐길 수 있는가의 문제다. 그들은 부모를 공경하고 부모에게 순종해야 한다.

일관성이 필요하다

신중한 부모는 자녀가 물을 거슬러 수영할 수 있도록 준비시켜주어야 한다. 우리 문화는 권위에 순종하는 모습을 잊어버렸다. 부모는 일관성을 가져야 한다. 주의 깊은 훈육과 분명한 지시를 통해 아이들을 순종하도록 훈련시켜야 하며, 규칙은 매일 똑같이 적용되어야 한다.

아이들이 순종해야 한다면, 부모는 아이가 순종하지 않을 때 도전해야 하고 그것은 순종의 교훈을 배울 때까지 계속해야 한다. 마음이 약하면 이길 수 없다. 아장아장 걷는 아이에게 순종하지 않기로 결심하는 단호한 의지력을 찾아보기란 쉽지 않다.

분명한 지시와 철저한 보강은 반드시 필요하다. 불순종할 때도 조치를 취해야 한다. 불순종할 때 아이들은 하나님의 축복의 영역에서 위태로운 죽음의 영역으로 옮겨가는 것이다. 하나님을 경외하는 것을 이해한다면 부모는 아이가 하나님의 법을 무시하는 것을 참견하지 않거나 방치하지 않을 것이다. 부모의 간섭은 다시 하나님 축복의 영역으로 아이를 인도하는 것이다.

불순종을 허용하는 부모가 이런 말로 자신을 정당화하는 것을 들은 적이 있다. "반항하는 것을 눈감아주는 것은 하나의 영광"이라고 말이다. 그들은 문제의 본질을 제대로 파악하지 못하고 있다. 부모에게 순종하는 것은 부모와 아이의 문제가 아니다. 그렇다면 부모가 언제 순종을 원하는지 선택할 수 있을 것이다. 순종은 단순히 부모와 아이 사이의 문제가 아니다. 이것은 아이와 하나님 사이의 문제로서 부모는 아이를 하나님의 축복 안으로 끌어들이는 하나님의 대행자다. 반항을 눈감아주는 것은 영광이 아니다.

한 번 순종하는 법을 배우면 그것은 평생을 간다! 지금 우리 아이들은 고등학교와 대학교에 다닌다. 우리는 지난 몇 년 동안 순종하는 문제를 거론한 적이 없다. 하나님은 신실하셔서 약속을 지켜주시기 때문이다.

호소하는 과정

자녀가 자신이 권위 아래 있는 피조물이라는 것과 자신이 좋아하는 것을 항상 할 수는 없다는 것을 알았을 때, 부모는 권위를 가진 다른 사람들에게 어떻게 호소해야 하는지 가르치기 시작해야 한다.

부모는 순종을 거부하는 것을 용납해서는 안 된다. 부모가 옳고 타당하다는 것을 확신할 때만 순종하는 것을 받아들여서는 안 된다. 지시의 타당성을 아이들에게 납득시켜야 할 필요는 없다. 이 문제는 확고하게 지켜야 한다. 이것은 협상할 문제가 아니다.

그러나 부모는 자녀들이 어떻게 권위에 호소하는지 가르칠 수 있다. 아이들은 기계가 아니다. 아이들은 나름대로 아이디어와 생각을 갖고 있다. 다니엘서 1장은 권위에 호소하는 방법을 보여주고 있다. 아이들에게 정중하게 호소하는 방법을 가르치는 것은 매우 중요하다.

호소하는 과정은 성경에서 요구하는 순종에 대한 안전 밸브다. 이것은 두 방향에 대한 안전 점검이다. 첫째, 이것은 부모 쪽에 대한 점검이다. 부모가 신중하게 생각하지 않고 성급하게 말했을 수도 있다. 호소함으로써 부모가 너무 성급했거나 타당하지 않은 지시를 취소할 수 있는 분위기를 만들 수 있다. 둘째, 이것은 아이들을 위한 안전 밸브다. 아이들이 부모가 요구하는 것에 대해 호소할 수 있다. 부모가 요구하는 것을 취소하는 것이 가족 모두에게 도움이 된다면, 부모가 솔직하게 다시 고려하고 아이들에게 하라고 한 것을 취소할 것이라고 아이들은 믿는다. 이것은 아이들로 하여금 자신들이 "시청과 싸울 수는 없다"는 생각을 하지 않게 해준다. 호소하는 절차는 무엇을 하라고 지시한 다음에 오는 훌륭한 안전 장치다.

부모에게는 지시하기 전에 좋은 안전 밸브가 있다. 현명한 부모는 명령한 다음에도 자신의 지시사항이 필요한지 또 타당한지 신중하게 고려해야 할 것이다.

예를 들면 아이가 침대에서 책을 본다고 해보자. 이제 불을 끌 때가 되었다. 그냥 단순히 전기 스위치를 내리고 불을 끄라고 말할 수도 있다. 어느 방법이든 아이의 책임은 순종하는 것이다. 또 이렇게 말할 수도 있다. "지금 읽고 있는 데가 몇 페이지니? 아, 한 페이지 반이 남았다고? 그래, 그러면 마저 읽고나서 불을 끄렴." 현명한 부모는 지시를 하면서 아이들의 필요와 원하는 것을 잘 감지해야 한다. 부모의 할 일은 친절하고 경건한 권위를 모방하는 것이다.

호소하는 패턴

성경적인 호소를 하는 데 따르는 몇 가지 중요한 지침들이 있다.

- 즉시 순종한다. 호소한 후가 아니라 즉시.
- 존경하는 자세로 호소해야 한다.
- 어떤 방법이든지 순종할 준비가 되어 있어야 한다.

• 호소에 대한 결과를 은혜로운 마음으로 받아들여야 한다.

"이제는 잠잘 시간이야"라고 엄마가 말한다. 아이는 침실로 가면서 "이 그림에 색칠을 마치고 자도 될까요?"라고 물을 수 있다. 엄마는 "그래, 그래도 괜찮아" 아니면 "안 돼, 넌 어젯밤에도 늦게까지 깨어 있었잖니. 너는 잠이 필요해요"라고 말한다. 어느 것이든 아이는 어떤 반대나 변명이나 지체 없이 순종해야 한다.

부모의 요구를 물리칠 이유가 없으면 "그래"라고 대답하는 것이 습관이 되어 있어야 한다. 단순히 편리하다는 이유 때문에 권위주의적인 선택을 해버리는 것을 주의하기만 하면 말이다.

이 호소하는 절차는 아주 유익하다. 아이는 어느 정도 의지를 가지고 있다. 그들은 멋대로 하지 않고 권위에 복종하는 것을 배운다. 그는 공경하는 태도로 윗사람을 대하는 것을 배운다. 부모는 결정을 재고할 기회가 있다. 부모는 주제넘은 반항이 아니라 존경하는 태도로 호소하는 상황에서라면 마음을 바꿀 수 있다.

본을 보이는 중요성

본이 없는 문화 속에서 권위에 대한 순종을 가르치는 것은 매우 어렵다. 한때 어른들은 권위에 순종하는 본보기였다. 어머니는 가정의 가장

인 아버지에게 순복했다. 아버지는 직장 상사에게 순복했다. 사회에서는 일반적으로 법을 존중했다. 삶에서는 자신의 분수와 그에 적절하게 처신하는 것이 일반적인 분위기였다.

그러나 20세기 후반에 들어서면서 여러 자유주의 운동들이 그 모든 것을 바꾸어놓았다. 개인의 평등과 존엄성에 대한 문화적 관심이 성경에 근거하지 않으면서 권위의 역할이나 직책에 따라 사람을 존경하는 개념은 사라졌다. 그래서 요즘 아이들은 권위에 순종하는 모형이 거의 없는 문화에서 자라고 있다.

부모는 아이들에게 순종의 본을 보여주어야 한다. 아빠들은 가정 생활에서 은혜롭고 성경적인 권위를 행사함으로 이런 본을 보여줄 수 있고, 엄마들은 남편에게 성경적으로 순종함으로 이런 본을 보여줄 수 있다. 또 회사의 사장에게 성경적인 순종을 함으로 이런 본을 보일 수 있다. 그 밖에 국가나 교회와의 관계를 통해 보여줄 수도 있다. 여러 권위 있는 사람들과의 관계에서 순종의 본을 보여주라.

사회에서나 직장에서나 교회에서 권위자들에 대해 실망하는 태도는 곧바로 자녀에게 부모의 권위 아래서 어떻게 처신해야 하는지 가르쳐준다. 부모의 태도는 성경적인 순종, 또는 비성경적인 순종, 또는 비성경적인 독립심이나 반항을 간접적으로 가르쳐주는 본보기다.

경건한 자세로 양육하라

이 책의 기본적인 관심은 자녀들이 하나님을 향하게 하는 것이다. 이 관계에 대한 목양이 자녀 양육의 가장 기본적인 일이다.

권위에 순종하는 것을 배우는 것은 자녀와 하나님과의 관계를 목양하는 데 아주 좋은 기회가 된다. 하나님은 아이들이 부모에게 순종하도록 명령하셨다. 이것은 하나님의 지시 사항이다. 아이들은 피조물로서 하나님 세상에서 사는 것이 모든 면에서 좋고, 그것이 곧 지혜의 하나님께 순종하는 것을 의미한다는 사실을 알아야 한다. 엄마와 아빠에게 순종하라는 소명은 '자신'보다 하나님을 신뢰하라는 소명인 것이다. '자아'는 순종하지 말라고 말한다. '자아'는 "네가 원하는 것을 해. 네가 원할 때 해. 네가 원하는 방식으로 해"라고 속삭인다.

이때야말로 아이들에게 반항하는 마음을 가르쳐줄 얼마나 좋은 기회인가! 그들이 어떻게 불순종하고 자신에게 좋은 것을 좇아 어떻게 무분별하게 돌아서는지 보여주라. 하나님이 도와주시지 않는다면 내면적으로 자신이 연약하고 무능하여 하나님께 순종할 수 없음을 알게 하라. 순종하는 것이 자녀에게 유익한 것이라고 믿는 아이는 어떠한가? 순종에 대한 문제들이 눈녹듯이 사라져버리는가? 그렇지 않다. 어떻게 해야 하는지 알면서도 문제가 여전히 남아 있는 우리의 경우와 마찬가지다. 무엇이 자기에게 좋은 일인지 알아도 그것을 행동으로 옮기기에는 어려울 수도 있다. 그러나 이것도 하나님의 도우심을 구할 수 있다. 우리의 자녀들은 순종할 수 있는 힘과 도우심을 구하며 하나님께 나아가는 것을 배워야 한다.

자기가 하고 싶지 않은 일은 하지 않는 독선적인 아이에게는 복음도 무력한 것처럼 보인다. 자라면서 내내 자기가 얼마나 훌륭한지 듣고 자란 교만한 아이에게도 복음은 부적절한 것처럼 보인다. 그러나 복음은 하고 싶지 않은 일, 즉 기쁜 마음으로 다른 사람의 권위에 순복하는 일이 단지 하나님의 명령임을 알고 있는 인간 본연의 죄성을 가진 아이에게는 아주 적절하다. 오직 복음의 능력만이 순종하려는 마음과 힘을 줄 수 있다.

권위 아래 있는 것을 배우는 유익

하나님은 공경하고 순종하는 아이들이 살면서 잘되고 장수하는 삶을 즐길 것이라고 약속하셨다. 확실히 부모의 권위에 순복하는 아이는 풍성한 축복을 받는다. 나는 반항적이고 불순종하는 행동 때문에 인생에 닥치는 문제에 어떻게 대처할지 전혀 배우지 못한 아이들을 볼 때 마음이 아프다. 반대로 부모가 이런 원리들을 체득하고 권위에 대한 건전한 공경심과 순종을 아이들에게 심어주는 것을 볼 때 마음이 기쁘다. 결과는 아이들이 번영하는 것이다. 선생님들은 그들을 존중하고 그들은 특별한 기회들을 얻는다. 그들은 크리스천 공동체에서 주변 사람들로부터도 존경을 받는다. 경건한 권위에 대한 진정한 순종은 좋은 열매를 맺는다.

성경적으로 순종하면서 자란 아이는 복음을 더욱 잘 이해한다. 성경적인 의무에 직면해본 사람들은 복음의 능력과 은혜를 아주 깊이 이해할 수 있다. 권위에 저항하는 본성과, 하나님이 명령하신 것을 따르기 어려운 자신의 무능력을 인정할 때 우리는 예수 그리스도의 은혜와 능력이 필요함을 느끼게 된다. 하나님의 크신 능력으로 속사람 안에 성령님이 역사하기를 원하는 사도 바울의 기도는 참으로 적절하다. 이것이 우리 아이들을 하나님이 보호하고 복을 주시는 영역으로 다시 데려올 수 있는 유일한 능력이다.

성경적인 징계의 두 번째 교훈은 무엇인가? 비록 아이가 순종의 중요성을 완전히 알지 못하더라도 자신이 어떻게 느끼느냐에 관계 없이 해야할 일을 하도록 훈련시킴으로써, 단순히 기분이나 충동에 따라 살기보다원칙을 가진 사람이 되는 것이다. 그는 옳고 그름을 판단하는 데 있어 자기 자신을 믿을 수 없다는 것을 배운다. 그는 자신이 아닌 다른 기준을 가져야 한다. 그래서 행동과 도덕의 관계가 분리되지 않는 당연한 결과라는 것을 배운다.

시간을 절약하고 올바르게 행하라

어느 해 겨울엔가 나는 해야 할 일이 거의 없었다. 내가 찾아서 할 수 있는 일은 지하실을 마련하는 것뿐이었다. 문제는 집이 벌써 지어진 상태였다는 것이다. 나는 일꾼들과 함께 땅을 파고 벽과 바닥을 만들며 겨울을 보냈다. 우리는 이미 세워진 집 아래 지하실을 만들었던 것이다. 그 집은 호수 정면에 있는 아주 쓸모 있는 대지여서 투자 가치가 충분했다. 그러나 그 일로 집을 짓기 전에 기초를 먼저 놓는 것이 얼마나 훨씬 쉬운 일인지 뼈저리게 알 수 있었다.

권위에 순종하는 문제는 부모와 아이의 관계에 대한 전반적인 기초다. 집을 짓기 시작한 다음 기초를 놓는 것도 가능하지만, 이것은 훨씬 더 어렵고 경비도 많이 든다.

자녀들이 어리다면 지금 바로 시작하라. 불순종이 습관이 되지 않게 하라. 그들이 반항이나 변명부터 배우기 전에 지체 없이 순종하는 것을 먼저 배우게 하라.

달콤한 유혹으로 순종을 연습시키려는 생각은 하지도 말라. 공연한 시간 낭비일 뿐이다. 스스로 타당하다고 생각될 때만 순종하는 것은 순종이 아니다. 이것은 동의다. 순종은 부득이 자신이 하고 싶지 않은 것을 하는 것을 의미한다. 이것은 결코 쉬운 일이 아니며 거기에는 고통이 따른다. 진정한 성경적 순종은 그리스도와 그분의 은혜를 아는 데서 찾아야 한다. 은혜가 필요하지 않는 일을 만들려 하지 말라. 권위에 대한 순복을 자신과 자신의 능력에 따라 하는 것으로 축소시키지 말라.

다음 장에서 유아기에서 유년기에 이르는 아이들에게 적용되는 훈련 과정을 살펴볼 것이다.

1. 왜 순종이 자녀에게 가장 좋은 것인가?

2. 하나님은 부모를 공경하고 순종하는 아이들에게 어떤 약속을 해주셨는가?

3. 부모는 성경적인 권위를 적용하는 데 어떤 지침들을 세워야 하는가?

4. 온통 뒤죽박죽인 가정을 잘 정돈된 가정으로 바꾸기 위해 학교에 다니는 자녀들에게 부모가 말할 수 있는 것은 무엇인가?

5. 자녀 양육 과정에서 왜 호소하는 기회를 주는 것이 중요한가?

6. 호소하는 과정에서 피해야 할 위험 요소들은 무엇인가?

7. 당신은 권위에 순복하는 좋은 모형인가?

8. 당신의 가정에서 일어나는 불순종에는 어떤 패턴들이 있는가?

9. 당신의 가정에서 일어나는 공경하지 않는 패턴들은 무엇인가?

10. 당신의 가정에서 권위를 세우는 데 분명히 해야 할 것은 무엇인가?

11. 성경적 권위를 세우지 못하는 부정적인 실패의 요소들은 무엇인가?

12. 당신의 가정에서 권위를 세우는 데 당신에게 힘을 주는 성경의 약속들은 무엇인가?

13. 이 장의 〈그림 7〉을 설명해보라.

15장

유아기에서 유년기 : 훈련 과정

우리는 아이들의 행동에서 주기적으로 나타나는 일정한 패턴을 발견했다. 그들은 몇 달에 한 번씩은 말을 잘 안 들었다. 실제로 눈에 띄는 반항은 아니었지만, 그렇다고 즉각적인 순종도 아니었다. 부모 된 우리의 지시를 받아들이는 것과 행동으로 옮기는 데까지의 시간이 점점 길어졌다.

우리는 배나 노력했고 지시할 때도 더 분명히 했다. 징계하는 데는 보다 일관성 있게 했다. 다시 기억시켜주는 것, 호소하는 것 그리고 급히 해결하는 방법은 일단 보류하기도 했다. 우리는 한 번 이야기하고 순종해야 하는 처음 원칙으로 되돌아가 그렇게 바로 순종하지 않으면 징계했다.

그렇게 한 밤이 지나면 우리집은 다시 평화스러워졌다. 아이들은 쾌

활해지고 순종하는 아이들이 되었다. 우리는 더욱 인내심이 많아졌고 더 성공한 부모가 된 듯한 느낌이 들었다.

어느 날 우리는 이렇게 반복되는 사이클을 부모인 우리가 만들고 있다는 것을 알게 되었다. 일이 잘 되어가고 있다는 생각이 들면 누구나 해이해지기 마련이다. 결국 아이들의 행동은 다시 눈에 띄게 나빠진다. 새로운 용기와 노력이 필요한 시점이 된 것이다.

아이들에게 권위에 순종하는 것을 가르치기 위해서는 불순종에 대해 징계할 준비를 해야 한다. 아이들로 하여금 하나님이 요구하시는 순종을 배우게 하려면 일관성이 있어야 한다.

징계하지 않는 불순종은 혼란을 가져오는 메시지와 같다. 한편으로 부모는 아이들에게 순종해야 된다고 말하면서, 일시적이거나 영구적인 축복은 순종과 결부된다고 말한다. 그러면서 다른 한편으로는 불순종을 용납하면 위험해지는 행동을 그대로 놔둔다.

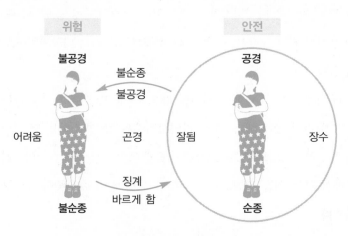

〈그림 8〉 **위험으로부터 구조하기**

앞 장에 나왔던 〈그림 7〉을 다시 생각해보라. 에베소서 6장 1-3절에 나오는 하나님의 방법은 커다란 축복의 원을 형성하고 있다. 아이들은 부모의 권위에 순종하는 원 안에서 살아야 한다.

부모에게 순종하는 것은 부모를 공경하고 부모의 말에 따르는 것을 뜻한다. 이 원 안에는 축복과 장수가 있다. 자녀가 안전 지역인 이 원 밖으로 발을 내딛자마자, 부모는 권위에 순복하지 않는 자기 독립의 위험으로부터 아이를 구해내야 한다. 부모의 권위는 하나님의 권위를 대표한다. 부모는 하나님의 대행자로 행동해야 한다는 것을 기억하라. 하나님이 주신 매와 대화의 방법으로 준비된 부모는 아이들을 위한 구조대다.

어린 시절, 매는 최우선이다. 이것은 하나님이 명령하셨기 때문에 필수적이다. "아이의 마음에는 미련한 것이 얽혔으나 징계하는 채찍이 이를 멀리 쫓아내리라(잠 22:15)"는 하나님의 말씀을 기억하라.

어린아이는 말만으로 제대로 느끼지 않는다. 아이의 주의력은 그 말이 올바른 벌로 강조될 때 더 확실해진다.

'언제' 체벌하는가?

어린아이에게 매는 언제 필요한가? 부모가 아이의 능력에 맞는 지시를 했는데도 아이가 듣고 즉각적으로 순종하지 않았을 때 필요하다. 부모가 매를 가하지 않으면, 그것은 하나님의 말씀을 진심으로 받아들이지 않는 것이다. 이 문제만큼은 성경이 가르치는 것을 믿지 않는다고 말하는 것과 같다. 하나님이 명령하신 힘든 일을 할 만큼 자녀를 사랑하지 않는다고 말하는 것과 같은 것이다.

언제 매를 들어야 하는가에 대한 답은 너무 단순해서 부모들이 놓치기 십상이다. 아이가 순종하지 않을 때 매를 들어야 한다. 부모의 지시에 응하지 않으면 그것은 곧 아이가 안전한 곳에서 벗어나 있다는 증거다.

그에게 순종이 절대적이란 것을 보여주기 위해 불순종을 용납해서는 안 된다. 불순종이 더러 받아들여지는데 왜 항상 불순종하는 것은 안 된단 말인가?

일관성이 없는 것은 변덕스러워 보인다. 일관성이 없는 것은 올바른 성경적인 원리에 따라 가르치는 것이 아니라 부모의 편의에 따라 가르치는 것이다. 아이들이 어렸을 때 순종하는 것은 많은 것 중에서 선택하는 일이 아니라, 반드시 해야 하는 일임을 가르쳐야 한다.

아이가 부모에게 도전하고 꾸물대며 변명하는 것을 용납한다면 부모는 자녀를 순종 안에서 훈련시키는 것이 아니다. 오히려 부모는 아이들에게 권위를 어떻게 다루는 것인지 가르치며, 불순종의 위기 속에 사는 방법을 가르치고 있는 셈이다. 궁지에 몰리기 싫은 부모가 아이들에게 가끔 순종하라고 가르치는 것과 같다.

경고해서는 안 된다. 매맞고 싶냐고 물어봐서도 안 된다. 만약 그렇게 한다면, 아이들에게 순종하기 전에 경고받는 것을 훈련시키는 것이다. 자녀들은 부모가 처음 한 말이 마지막 말임을 이해해야 한다.

하나님의 대행자로서 부모가 가진 권위에 도전하는 것은 단순히 불순종하는 것만으로 나타나지 않는다. 어떤 때 아이들은 말로 도전한다. 부모의 요구에 "아니요"라든가, 징징거리며 "왜요?"라고 말하기도 한다. 또는 혐오와 멸시의 눈초리를 보낼 수도 있다. 그러나 어떤 형태의 반항도 중단되어야 한다. 여기서 시급한 문제는 바로 거기에 자녀의 유익이 달렸음을 것을 기억하는 것이다. 불순종하는 자녀는 축복의 원, 즉 부모의 권위에 순종하는 범위에서 벗어나 있다.

우리는 그것을 이렇게 생각해볼 수도 있다. 반항하는 자녀는 어리석은 자의 삶을 살고 있다. "어리석은 자는 마음에 이르기를 하나님이 없다 하도다." 어리석은 자란 "내가 나의 행위에 대해 해명해야 할 하나님이 계심을 인정하지 않겠다"라고 말하는 사람이다. 그러한 태도는 정말 어리석은 행동이다. 반드시 무슨 노력을 해서라도 빨리 그 어리석음에서 당신의 자녀를 건져내야만 한다.

'어떻게' 체벌해야 하는가?

체벌할 때 어떻게 하는가? 그때에는 피해야 할 문제들이 많이 있다. 화를 내면서 하는 것은 피해야 한다. 부모는 아이의 인격과 존엄성을 적절하게 존중하며 대해야 한다. 친절과 온유로 확고하고 근엄하게 대하는 것을 잘 조절해야 한다. 부모는 마음의 문제에 초점을 두고 징계해야 한다.

다음 절차는 아이의 존엄성을 유지하면서 징계하는 데 도움이 될 것이다.

1. 아이와 매우 사적으로 이야기할 수 있는 독립된 공간으로 아이를 데리고 가라. 징계할 때 아이의 존엄성을 손상시켜서는 안 된다. 다른 아이들 앞에서 징계해서는 절대로 안 된다. 징계의 목적은 아이에게 굴욕감을 주는 데 있지 않다. 아이의 인격을 보호해줌으로써 그를 존중한다는 것을 보여줘야 한다.

2. 구체적으로 아이가 무엇을 했고, 해야 할 것을 하지 않았는지 말해주라. 체벌은 구체적이면서 눈에 보이는 문제와 연관되어야 있어야 한다. 아이 스스로 혼자 생각할 수 있을 정도로 때로는 더 일반적인 문제나 태도의 문제를 고쳐주어야 한다. 그러나 취학 전 아동들은 그렇지 않다. 체벌은 문제 지향적이어야 한다. 매를 가할 때는 지적해야 할 구체적인 태도나 사건이 있어야 한다. '일반적인 목적'이나 '참다참다 더 이상 참지 못해서' 매를 들지는 말라.

3. 아이 스스로 자신의 행동이 의미하는 바가 무엇이었는지 분명히 알게 해주라. 이런 일에는 종종 시간이 걸린다. 대부분 아이들은 자기가 한 일에 대해 거짓말을 해서라도 매맞는 것을 피하려고 한다. 대화는 이렇게 진행될 수 있다.

아빠: "아빠가 너에게 장난감을 치우라고 얘기했지?"
아이: (끄덕이며) "네."
아빠: "하지만 넌 내게 순종하지 않았어. 그렇지?"
아이: (아래를 보며) "네."
아빠: "아빠가 어떻게 해야 하는지 넌 알 거야. 그러니까 이제 맞아

야 돼."

아이는 자기가 한 일을 시인했다. 이것은 왜 자기가 매를 맞아야 하는지 분명하게 해준다.

4. 부모의 실망을 보여주기 위해서나 화가 나서 아이를 징계하는 것이 아니라, 하나님이 축복을 약속하신 곳으로 아이를 인도하기 위해 징계하는 것이다. 바로 이 점을 상기시켜야 한다.

부모의 권위에 마땅히 순종해야 하는데도 불구하고 순종하지 않은 사실에 대해 부모로서 가지는 근심을 표현하라. 체벌은 하나님의 명령에 대한 부모의 순종과 아이의 유익을 위한 근심을 반영하는 것이어야 한다. 그 외의 다른 것은 아이를 단순히 두들겨패주는 것 밖에 안 된다. 부모는 성경적인 징계가 아닌 그 외의 상황에서 아이를 징계할 권리가 없다.

5. 얼마나 맞아야 하는지 아이에게 말하라. 이것은 부모가 자제하고 있다는 중요한 신호다. 매의 수는 아이들에 따라 달라진다. 우리 아들 중 한 명은 가죽 엉덩이를 하고 있었다(많이 맞아서 딱딱해진 엉덩이 – 역주). 그 아이는 쉽게 감동받지 않았다. 불평이 너무 심했던 또 다른 아들은 매를 보게 되면 곧바로 순종하고, 덜 요구했다.

6. 종아리를 때릴 때는 바지를 걷게 하라. 결정적인 순간에 그렇게 하라. 체벌이 끝난 후에는 부모가 바지를 다시 내려주라. 아이를 침대나 의자에 엎드리게 하기보다는 부모의 무릎에 앉혀두고 그렇게 하는 것이 좋다. 이렇게 함으로써 체벌의 이면에 부모와의 육

체적인 교감이 있음을 알게 하라. 징계를 한 다음 부모와 자녀 사이에 거리감이 생겨 어정쩡한 관계가 되어서는 안 된다.

아이들이 점점 나이를 먹고 자의식이 강해져 갈 때, 부모는 그들을 부끄럽게 하거나 난처하게 하지 않도록 주의해야 한다. 여기에 가장 좋은 규칙이 하나 있다. 만약에 부모가 아이의 위생을 돌봐줘야 할 만큼 아이가 어리다면, 매를 가할 때 부모가 아이의 엉덩이를 보는 것이 아이를 무안하게 하지는 않을 것이다. 왜냐하면 부모는 매일 일상적인 일로 아이의 엉덩이를 보기 때문이다. 만약 아이가 자신의 위생(스스로 목욕하고, 속옷을 갈아입는 것 등)에 책임을 질 만큼 충분히 나이가 들었다면, 아이의 속옷은 그냥 두라. 아이를 당황스럽게 하거나, 아이가 벌거벗은 것에 대해 수치심을 느끼는 것을 원하지 않는다면 말이다. 부모는 단지 부모의 효력이 미치지 않는 만화책들이 아이들의 바지 속을 채우고 있지는 않은지 확인하면 될 뿐이다.

7. 아이를 징계한 후에는 아이를 일으켜 안아주고 얼마나 그를 사랑하는지 또 그에게 매를 가하는 것이 얼마나 마음이 아픈지, 다시는 이런 일이 일어나지 않기를 바란다는 것을 말해줘야 한다. 이것은 체벌이 보복이 아닌 회복과 관계가 있음을 보여준다.

여기서 부모와 자녀 사이에는 완전한 회복 관계가 이루어져야 한다. 아이가 부모에게 화를 내고 있다면, 또는 그가 부모의 애정을 받아들이기를 거부한다면 뭔가 잘못된 것이다.

부모 자신의 영적 상태를 점검하라. 아이를 너무 거칠게 다루지는 않았는가? 너무 절제하지 못한 것은 아닌가? 아이를 징계하는 방법에 있어서 그에게 죄를 짓지는 않았는가? 그렇다면 부모가 자신의 죄를 고백하고 용서와 회복을 구해야 한다.

자녀의 영적 상태를 점검하라. 자녀가 화를 낸 것은 부모의 징계를 거부하는 것을 보여주는가? 자녀가 부모에게 화를 내고 있는가? 부모가 한 일에 대해 부모를 응징하려고 하는가? 그렇다면 훈육은 아직 끝나지 않은 것이다.

우리는 지금까지 계속 히브리서 12장 11절, "무릇 징계가 당시에는 즐거워 보이지 않고 슬퍼 보이나 후에 그로 말미암아 연단 받은 자들은 의의 평강의 열매를 맺느니라"는 말씀을 따라왔다. 징계가 평강과 의의 열매를 거두지 못한다면 그것은 끝난 것이 아니다. 자녀들에게 이렇게 말해야 할 상황이 생길 수도 있다. "아빠한테 맞고도 아직 정신을 못 차렸구나. 2층으로 다시 올라가렴. 매를 더 맞아야겠다."

분명히 아이가 자발적으로 회복하고자 애쓰지 않는다고 해서 전체 징계 과정을 몇 번이고 반복하지는 않을 것이다. 하지만 그 징계를 통해 화해와 평안이라는 열매를 추수하지 못한다면 뭔가 근본적으로 문제가 있음을 자녀에게 전달해야 한다. 이렇게 말해볼 수도 있다. "아들아, 아빠는 널 사랑한다. 이번에 필요한 만큼 아빠가 널 혼냈단다. 아빠의 소원은 네가 아빠에게 순종하는 모습을 보는 거란다. 너와 아빠의 관계가 완전히 회복되어 가까워지는 게 아빠의 목표야. 너와 아빠, 우리 둘을 위해 기도할게. 지혜롭고 친절한 아빠가 되게 해달라고 기도할게. 또 네가 가정 생활에 필요한 하나님의 질서에 복종하고, 엄마 아빠를 존경하고 순종할 수 있게 해달라고 기도할게."

이 회복의 과정은 매우 중요하다. 문제가 부모의 개인적인 분노가 아니라 아이가 안전한 지역에서 벗어나 있는 문제라면, 부모는 아이가 그렇게 사는 것을 원치 않을 것이다. 또한 부모 역시 위험한 곳에서 살기는 싫을 것이다.

징계가 끝나면 문제는 끝난 것이다. 더 질질 끌 필요는 없다. 기록판은 깨끗이 지워졌다. 새롭게 시작하는 시간이다. 회복하는 과정은 부모가 새로 시작할 수 있다는 것을 확실하게 보여주는 시간이 되어야 한다.

8. 같이 기도하라. 우리가 죄인이기 때문에 하나님이 그리스도를 보내신 사실로 격려하라. 그리스도 안에 용서가 있다. 또 그리스도와의 사귐이 가능하다. 그리스도는 돌 같은 마음을 없애고 살아 있는 마음을 주신다. 그리스도는 그의 영으로 아이를 하나님께 순종하게 할 수 있다. 그리스도는 능력을 주시고 앞으로 그를 순종하게 하신다.

부모는 언제나 하나님의 방법으로 자녀를 목양할 필요가 있다. 그러나 그리스도의 은혜와 능력의 필요에 직면하여 복음을 선포하기에는 자녀가 징계받을 때보다 더 좋은 시간은 없다. 징계하는 동안 마음이 부드러워졌을 때는 예수님의 구원의 영광을 심어주기에 가장 적합한 시간이다.

훈련 방법으로 볼 때, 우리는 하나님이 주신 매와 대화의 방법 모두를 사용하고 있다. 부모는 어린아이를 다루고 있기 때문에 체벌에 대해 부정할 수 없는 실감나는 경험에 아주 큰 비중을 두고 있다. 부모의 말이 매로 강조될 때 그 말은 어린아이들에게 매우 중요해진다.

7장에서 말한 '비성경적인 방법을 버리라'를 생각해보라. 성경적으로 바로잡고 훈육하는 것이 아니라면, 필연적으로 7장에서 다룬 버려야 할 방법 중 하나에 빠질 수밖에 없다. 일부 부모들은 뇌물을 주고, 계약을 맺고, 행동 수정 방법을 쓰고, 진지하게 감정적 호소를 하거나, 아이들을 감금하는 것 등에 굴복할 것이다. 자녀를 훈련시키지 않는 부모는 없다. 모든 부모는 어떤 방법으로든 훈련을 시킨다. 문제는 대개가 빈약한 훈련이라는 데 있다.

'왜' 체벌해야 하는가?

'왜' 매를 들어야 하는가? 하나님이 명령하셨기 때문이다. 덧붙이자면, 체벌은 마음의 문제를 다루는 것이다. 마음이 행동을 이끈다는 것을 기억하라. 징계는 마음을 다룬다. 징계는 행동에만 초점을 두지 않는다.

나쁜 행동은 순종하지 않은 태도가 밖으로 나타난 것이며, 그것은 곧 바르게 하는 기회다. 그러나 바르게 하는 초점은 행동이 아니다. 초점은 하나님의 권위에 순종하도록 부름받은 아이의 마음이다. 바르게 하는 목적은 단순히 행동을 수정하는 것이 아니라, 아이가 하나님 뜻에 순종하는 기쁘고, 착하고, 겸손한 마음으로 엄마 아빠에게 순종하는 것이다. 마음은 전쟁터와 같다. 체벌은 오직 어린아이의 마음에서 어리석음을 쫓아내는 하나님의 방법으로 사용되어야 한다.

현재의 일에 주시하는 동시에 부모는 그 이상의 것들이 있음을 알아야 한다. 아이가 언제든지, 자기가 하고 싶은 것은 무엇이든지 하는 것을 아무도 막지 않는다면 앞으로 30년 후에 이 아이는 어디에 있을지 생각해보라. 하나님의 법칙에 순종하기를 거부한다면 어떤 사람이 되어 있겠는가? 권위에 순종하는 것을 전혀 배우지 않았다면 어떤 사회인이 되겠는가?

아이의 마음에 가득히 얽혀 있는 어리석음을 쫓아내지 않는다면 앞으로 50년 후에 그들은 어떻게 되겠는가? 마음으로부터 하나님께 순종하지 못하는 무능력과 그 본성 그대로 하려는 반항심에 대면하지 않는다면, 어떻게 그리스도의 용서와 은혜의 필요성을 알 수 있겠는가?

자주 듣는 질문

세계 각처에 다니며 두세 살 난 어린아이들의 마음을 목양하는 것을 가르치다보면 나는 이런 질문들을 많이 받는다.

체벌이 필요한 경우는 언제인가?

자녀들에게 권위에 순종하는 사람이 되도록 가르치고 있는 이 단계에서 체벌은 공경하고 순종하지 않으려고 하는 반항의 문제에 한정되어야 한다. 유아를 다룰 경우, 집안의 규칙을 기억하는 문제는 덜 중요하다. 음식을 바닥에 집어던질 수 없도록 어린이용 식사 의자에 앉혀놓을 때마다 부모는 혼내지 말고 기꺼이 타이를 수 있어야 한다. 의젓하게 행동하지 않는다고 체벌하기를 원하는 부모는 분명 없을 것이다. 아이들은 미숙하고, 성숙한 판단 능력이 결여되어 있다. 물건들을 넘어뜨리고 깨뜨릴 것이다. 서투름으로 인해 사고를 낸다고 체벌을 받을 수는 없다.

어린아이들의 경우, 부모는 늘 반항할 경우에만 체벌한다는 원칙을 늘 명심해야 한다. 자녀들이 자랄수록 가정의 규칙에 관한 문제들을 다루는 것이 공평하다. 계단 난간으로 미끄럼을 타거나 계단 난간에서 소파로 뛰어내리는 것을 허용하지 않는다면, 학교에 들어갈 나이가 된 자녀들에게 그러한 규칙을 기억하도록 기대하는 것이 공평하다. 그때에는 그것을 불순종으로 인한 체벌 문제로 다루어도 괜찮을 것이다.

아이가 어린데 체벌해도 되는가?

부모의 지시에 저항하는 때라면 이미 그는 징계받기에 충분한 나이다. 저항은 곧 아이의 불순종을 의미한다. 이 저항에 대응하지 않으면 반항적인 행동은 뿌리를 내리게 된다. 부모가 징계를 미루면 미룰수록 불순종은 더 다루기 어려워진다.

반항은 어린 아기가 기저귀를 갈기 싫어하거나 무릎에 앉힐 때 몸을 꼿꼿이 뻗치는 것과 같은 단순한 일일 수도 있다. 그 징계의 과정은 앞에서 설명한 것과 같다. 우리는 한 살짜리 아기나 그보다 어린 아기들이 부모가 하는 말을 얼마나 이해하는지 알 수는 없지만, 그러한 이해는 아기가 말을 또렷하게 하기 훨씬 전에 이루어진다.

이렇게 반항하는 것을 다루기 전에 우리는 아이가 분명하게 반항할 때까지 기다리고 싶은 유혹을 받는다. 우리 큰아이가 약 8개월쯤 되었을 때 우리는 첫아이의 양육법에 부딪히게 되었다. 그때 우리집에는 나무판자와 벽돌로 만든 책꽂이가 있었다. 그 책장이 아이에게 떨어질까봐 아내마지는 아이에게 그 책꽂이에 가까이 가지 말라고 했다. 그녀는 책꽂이에서 아이를 멀리 옮겨놓은 다음 그 방을 나갔다. 그리고 아이가 어떻게 하는지 살짝 들여다보니 아기는 방 안을 두리번거리고 있었다. 아기는 엄마가 없는 것을 알고 가지 말라는 책꽂이로 향했다. 아직 걷지도 말하지도 못하는 어린 아기가 그때가 불순종할 수 있는 좋은 기회인지 알려고 살피고 있었던 것이었다. 분명히 그는 징계받기에 충분한 나이였다.

아이가 커서 체벌하기에 부적절한 때는 언제인가?

부모들이 이런 질문을 하면 나는 항상 이 질문에 대해 답을 모른다고 말한다. 고려해야 할 변수들이 너무나 많은 까닭이다. 자녀들마다 성숙에 도달하는 정도가 다르다. 가정 안에서 다른 자녀들과의 사이에 한 아이가 갖는 위치가 있다. 기질과 성향의 차이가 존재한다. 이 모든 요인들 때문에 체벌을 해서는 안 되는 나이를 획일적으로 정하는 것은 불가능할 뿐 아니라 현명하지 못한 처사다.

내가 발견한 점을 말하자면 이렇다. 체벌은 어린 자녀들을 대상으로 할 때 가장 효과적이라는 것이다. 어렸을 때는 체벌을 두려워한다. 체벌은 당신의 말에 무게를 실어준다. 아이로 하여금 경각심을 갖게 하고 순종하게 한다. 자녀들은 나이가 들수록 체벌에 대해서 더 무덤덤해진다. 어떤 식으로 대처해야 하는지 배운다. 두 살짜리 자녀에게 효과가 있는 체벌을 열두 살짜리 자녀에게 가해 동일한 효과를 보려면 그 체벌의 강도는 더 심해질 수밖에 없을 것이다.

아이들이 커갈수록 다른 방법들을 사용해야 한다. 뒷장에서 아동기와 십대들을 다룰 때 사용할 수 있는 수단들과 방법들을 살펴볼 것이다.

체벌 대신 타임아웃(시간 제한 벌칙)을 활용해도 되는가?

체벌에 관해 강의를 한 후 질의 시간에 나는 다음과 같은 식의 질문을 수차례 받았다. "테드, 축복의 원, 복음의 은혜에 대한 강조, 대화의 중요성 등 당신이 강의한 모든 내용들이 정말 마음에 듭니다. 모두 훌륭해요. 하지만 문제는 내가 체벌을 좋아하지 않는다는 겁니다. 체벌 대신 타임아웃을 사용하면 안 될까요?"

하나님이 명령하신 것을 현대 문화의 대중적인 사상들로 대체할 수 있는 권리는 당신에게 없다. 하나님은 자녀들에게 매를 들라고 부모들에게 요구하신다. 부모에게는 "난 하나님의 생각이 싫습니다. 내 생각이나 대중적인 문화에서 제시한 방법들이 더 좋습니다"라고 말할 권리가 없다.

당신은 하나님을 신뢰하고 순종해야 한다. 말을 듣지 않고 소란스럽게 하는 두 살짜리 자녀가 있다면 "너, 일 분 동안 여기 앉아 조용히 하고 있어야 돼. 네가 봐도 되는 책이 여기 있어. 언제 자리에서 일어날 수 있는지는 엄마가 알려줄게"라고 말해도 적절한 방법일 수 있다고 한다.

혹은 욕설을 입에 담은 여덟 살짜리 아이에게 "네 방으로 가서 내가 한 말 혹은 네 가 한 짓에 대해 생각해봐. 나중에 와서 너와 그것에 대해 이야기할 거야"라고 타이르는 것이 적절한 방법일 수 있다고 말한다. 이러한 태도가 모두 틀린 것은 아니지만, 매를 드는 것을 버리고 타임아웃을 택해서는 안 된다.

아이가 "난 못 들었어요"라고 말한다면?

나는 이 말의 타당성에 대해 깊이 생각해본 적은 없지만 우리 아이들에게 이것은 용납하지 않겠다고 가르쳤다. 우리 아이 중 하나는 '듣는 것'에 상당한 문제를 갖고 있는 것처럼 보였다. 우리는 아이와 앉아서 이런 대화를 나누었다. "너는 듣는 데 약간 문제가 있는 것 같구나. 나는 너에게 보통 대화하는 정도로 말했단다. 너는 충분히 들을 수 있는 가까운 거리에 있었어. 난 네가 세상에서 들리는 모든 소리 중에서도 아빠 목소리를 구별해 들을 수 있는 능력을 개발해야 된다고 생각한단다. 내 목소리가 들리면 귀를 바짝 세우렴, 이제부터는 '못 들었어요' 라는 이유를 대면서 순종하지 않으면 아빠 목소리를 듣지 못한 것에 대해 혼내주겠다."

듣지 못한 이유로 체벌한 적은 단 한 번이었다. 그후로 청각 문제는 해결되었다.

징계하다가 하루 해가 다 갈 정도라면?

종종 순종에 대해 이렇게 엄격하게 다루는 것이 그들과 자녀들에게 너무 많은 것을 요구하는 것 같다고 생각하는 부모들이 있다. 그러나 부모들이 일관성 있게 징계한다면 아이들은 잘 따라와주고 결과적으로 징계할 필요성은 줄어들 것이다.

부모가 하루종일 불순종하는 아이들과 만난다는 것은 부모가 그것을 허용하기 때문이 아닌가? 부모가 순종하는 것을 분명하고도 정확하게 요구하지 않는 한 아이들은 부모의 지시에 제대로 대응하지 않을 것이다. 일관성이 그 열쇠다.

여기에는 장기적인 문제가 있다. 아이가 취학 연령이 되기 전에 순종하는 문제를 해결하는 것은 가능하다. 권위는 아이가 어렸을 때부터 확고해질 수 있는데도 부모들은 평생 순종 문제로 고심한다. 일관성 있는 징계를 하려다가 다른 일은 아무것도 할 수 없는 날도 있을 것이다. 그러나 성실한 징계는 결과적으로 좋은 열매를 맺는다. 권위의 문제를 벗어나는 것은 가능한 일이다. 아주 어린 시기에 이 문제를 해결했다면 기본적인 순종은 가정에서 문제삼을 필요가 없다. 일관성을 유지하면 자녀와 줄기차게 순종을 두고 일어나는 갈등을 피할 수 있다. 이 문제는 분명히 극복할 수 있다.

너무 화가 났을 때는 어떻게 하는가?

부모들은 잘못된 행동을 하는 아이들에게 맹목적인 분노를 느낀다. 이것은 부모가 성경적인 징계를 할 수 있는 위치에 있지 않다는 분명한 표시다. 분노하면 성경적으로 문제를 바르게 취급할 수 없다. 부모 자신의 정의감만 만족시키는 것이다. 조심하지 않으면 부모는 거룩하지 않은 분노로 징계를 제대로 하지 못할 것이다.

만약에 당신이 분노의 문제로 고심하는 사람이라면, 당신은 그것을 잘 알 것이다. 만약 당신이 경계선 가까이에 있다고 생각된다면, 아이에게 필요한 매는 배우자가 다루도록 요청해야 한다. 만약 당신이 쉽게 분노가 폭발하는 사람이라면, 자녀들과 배우자에게 약속해야 한다. "나는 먼저 하나님과 홀로 시간을 가지면서 마음을 가라앉히고, 경건하고 자비로운 방법으로 훈육할 수 있을 때까지 절대로 매를 들지 않을 거란다."

적절한 징계가 어려울 만큼 너무 화가 나 있다면 아이에게 앉으라고 하거나 자기 방으로 가 있으라고 해야 한다. 그런 다음 하나님을 찾아야 한다. 부모는 자신의 분노를 회개해야 한다. 부모는 아이를 성실하고 균형 있게 다룰 수 있을 때까지 하나님 앞에 있어야 한다.

육신의 약함과 단점 때문에 아이에게 죄를 짓는다면 부모는 그들에게 용서를 구해야 한다. 용서를 구하는 것은 "내가 너에게 화를 내고 소리를 질러 미안하다. 그렇지만 네가 그렇게 하면…"이라고 말하는 것이 아니다. 용서를 구한다는 것은 "미안하다. 내가 너에게 죄를 지었구나. 화를 내고 성질을 부렸지. 그런 모습은 정말 잘못된 거야. 용서해다오." 부모 스스로 자신의 잘못에 이유를 붙인다면, 그것은 용서를 구하는 것이 아니라 단지 자신의 죄를 정당화하는 것밖에 되지 않는다.

집이 아닌 다른 곳에서는 어떻게 하는가?

징계하기 어려운 시간이나 장소에서 아이들은 순종하지 않으려는 경향이 있다. 성경적 징계와 어린이 학대를 구별하지 못하는 요즘 같은 때에, 아이를 사람들 앞에서 징계하는 것은 지혜롭지 못한 일이다. 가능하면 성경적인 징계를 할 수 있는 공간을 찾아야 한다.

자녀가 아주 어리다면 아마 몇 가지는 그냥 지나쳐야 할지도 모른다. 전체적인 면에서 볼 때 훈련하는 시간을 거의 집에서 보내기 때문에 별 문제가 안 된다. 아이가 학교에 갈 나이가 되면 일어난 일들을 충분히 기억할 수 있으므로 시간이 지난 다음에도 바르게 하는 것은 가능하다.

어떤 부모들은 이렇게 말한다. "만약에 우리가 집 밖에 있다고 해서 징계하지 않는다면, 아이들은 자기들이 집 밖에서는 나쁜 행동을 하고 도망칠 수 있다고 생각할 거예요." 만약에 아이들이 그렇게 영리하다면 아이들은 언제 부모가 집에 들어갈지도 기억할 것이다. 아이들이 학교에 입학할 나이가 가까워지면, 그들은 나중에 적당한 때에 그들을 바로잡아 주어야 할 사건들을 충분히 오랫동안 기억할 수 있다.

아이들을 훈련시킬 때 아이의 인격을 존중하는 것은 중요하다. 만약 다른 집에 있다면, 아이와 개인적으로 이야기할 수 있는 곳을 알아봐야 한다.

다른 사람과 같이 있을 때 자녀가 잘못 행동하는 것은 아주 불편한 일이다. 우리는 가끔 성공에 대해 매우 큰 사회적 압력을 받기도 한다. 예의 바른 아이를 기대하는 친척들의 시선을 부담스러워하기도 한다. 우리는 그들에게 좋은 간증거리가 되고 싶어 한다. 다른 사람들이 우리를 보고 성경적인 열매를 맺고 있다고 생각해주길 바란다. 난처함을 피하려고 적당히 타협해서 문제를 해결하고 싶은 생각도 간절하다. 그러나 부모가 자신의 신념을 고집하기 위해 자녀들을 이용해서는 절대로 안 된다. 징계의 목적은 복음 전파가 아니다. 징계의 목적은 아이의 마음을 목양하는 것이다. 부모 자신의 마음이 편하기 위해 그들을 이용하는 것은 그들의 존엄성을 남용하는 것이고, 자녀와 부모의 성실한 관계를 위협하는 것이다.

누군가 보고 있어서 압박감을 느낄 때는 그곳을 피하라. 다른 사람의 이목이 부담스럽지 않은 곳에서 필요한 행동을 할 수 있는 사적인 장소로 가라.

아이가 거짓말하는 것을 알았을 때는?

아이가 거짓말하고 있다고 느꼈을 때 처음 취할 좋은 방법은 대화를 통해 정직한 대답을 확보하는 것이다. 이것이 실패했을 경우(자주 실패하겠지만) 우리는 정직의 중요성에 대해 일반적인 토론을 해야 할 것이다. 하나님은 정직하기를 요구하신다는 것과 하나님 앞에서는 모든 것이 드러난다는 것, 그리고 하나님의 법정에서 마지막으로 모든 것을 정산해야 된다는 사실을 아이에게 상기시키라. 정직한 관계에서 얻을 수 있는 이익을 이야기하라. 정직함에는 어떤 유익이 따르는지 아이가 알게 하라.

어떤 때는 이들 방법 중 아무것도 효과가 없을 때도 있다. 아이의 마음은 굳어 있다. 부모는 어떻게 해야 하는가? 아이를 거짓말쟁이라고 부를 것인가? 그러면 절대로 안 된다! 아이를 못 믿겠다고 말하면 그들의 마음에 상처가 될 것이다. 자기들을 전혀 믿지 못하겠다는 부모의 말을 아이들이 받아들인다면, 그들과 말할 이유도 없고 미래의 관계를 가질 이유도 없다. 아이를 거짓말쟁이라고 부르지 않고 그들과 좋은 관계를 갖는 것은 그들을 더 정직하게 만드는 계기가 된다. 그 결과 아이들이 자신을 드러내는 정도나, 더 나아가 자기에게 혐의가 있다고 인정하는 정도는 매우 놀라웠다.

아이가 자신이 한 일에 대해 분명히 밝히지 않는다면 이번에는 그냥 지나치게 될 것이다. 이것은 슬픈 일이지만 그 아이를 거짓말쟁이라고 부르는 것보다 부모가 모르는척 하는 것이 유익할 것이다. 만약 아이가 부모를 속였다면 그것에 관해 이야기할 또 다른 기회가 있을 것이다. 부모와의 관계가 상하고, 거짓말하는 것을 다루지 못하더라도 이때는 좋은 관계를 유지하는 것이 훨씬 더 중요하다.

무슨 일이 일어났는지 잘 모를 때는 어떻게 하는가?

아이가 당신에게 아무 말도 하지 않고, 부모도 확실히 알지 못한다면 아무것도 할 수 없다. 무슨 일이 일어났는지 확실히 알 기회는 충분하다. 바로 이럴 때 자녀에게 필요한 것들을 다룰 수 있다. 부모가 무슨 일이 일어났는지 잘 모를 때, 어떻게 자녀에게 앞서 말한 징계의 3단계 절차에 따라 자기 잘못을 시인하게 할 것인가? 상황이 모호하다면 마음의 문제가 무엇인지 어떻게 알겠는가? 무슨 일인지 잘 알지 못할 때는 징계하지 않고, 무슨 문제가 발생했는지 분명히 알게 되었을 때 징계하는 것이 부모의 신뢰도를 더 높여줄 것이다.

아무것도 효과가 없으면 어떻게 하는가?

이 문제를 보는 데는 두 가지 방법이 있다. 첫째는 빠뜨린 일은 없는지, 혹은 일관성이 없지는 않았는지 평가해볼 필요가 있다. 둘째는 즉각적으로 열매를 맺든지, 맺지 않든지 간에 우리는 하나님께 기꺼이 순종

해야 한다. 내 경험으로는 성경적인 자녀 양육이 잘 안 된다는 대부분의
주장을 이해할 수 있다. 징계하는 데 일관성이 없든지, 또는 부모와 하나
님과의 관계나 아이와의 관계 또는 양쪽 모두와의 관계에서 기본적으로
성실함이 결여되었기 때문일 수 있다.

너무 늦었으면 어떻게 하는가?

이 모든 문제들을 지금 겪고는 있지만 자녀들이 이미 다섯 살이 넘어
버렸거나 그렇게 다루기에는 시기가 너무 늦었다고 생각할 수도 있을 것
이다. 그러나 올바르게 양육하는 것이 문제를 고쳐가는 것보다 쉽다. 하
나님은 능력의 하나님이시다. 또 순종으로 응답하지 않고 살 수 있는 상
황은 전혀 없다. 나는 하나님의 말씀에 정직하게 순종하고 참고 기다리
며 잃어버린 터전을 회복하는 가족들을 보아왔다.

다음은 부모가 해야 할 일이다.

1. 아이들과 같이 앉아서 당신이 새롭게 깨달은 것들을 설명해주라.
   그들을 키우면서 잘못했다고 생각되는 부분이 있다면 털어놓으라
   (자녀들의 문제가 아니라 당신의 부족함에 초점을 맞추라). 더 어렸을 때 권위
   에 복종하도록 당신이 가르쳤다면 그들에게 어떤 도움이 되었을 것
   인지 알게 하라.

2. 부모로서 실패한 부분에 대해 자녀들의 용서를 구하라.

3. 순종하는 사람이 되는 것이 왜 중요한지에 대해 명확한 성경적 교
   훈들을 아이들에게 알려주라. 하나님이 세상에 순종의 질서를 세
   워놓으셨음을 이해하도록 도와주라. 하나님의 권위 아래 순종하는

삶이 왜 놀라운 축복이 되는지 알려주라. 자신의 위치를 이해하는 것은 스퀘어 댄스(남녀 네 쌍이 한 단위로 추는 춤)에서 어느 발을 내밀어야 맞는지 아는 것과 비슷하다. 각자가 자기의 위치를 알아야 모든 사람이 그 춤을 가장 즐겁게 출 수 있다. 가정 생활에 어떤 변화를 시도하고자 한다면 항상 구체적인 내용을 설명해주는 것부터 시작하라.

4. 자녀들의 행동이나 태도 등등에서 변화가 필요하다고 생각하는 것이 있다면 구체적으로 지시하라. 이러한 것들을 가지고 서로 토론하라. 권위에 순종적인 태도가 인생을 순조롭게 살아가는 데 도움이 된다는 것을 이해하도록 도우라.

5. 앞으로 자녀가 불순종할 경우 어떻게 반응할 것인지 결정해놓으라. 그러한 당신의 대응에 대해 자녀들을 꼭 이해시키고 충분히 수용하라.

6. 자녀들을 바꾸겠다는 단 하나의 목적으로 아무리 새로운 방법을 시도해보아야 성공할 수 없다. 자녀들은 부모가 모든 생활 속에서 일관되게 성경적으로 살고자 시도할 때 반응할 것이다. 하지만 인위적인 조작처럼 비치는 것이면 거부감을 가질 것이다.

7. 무엇을 하더라도 인내심이 필요할 것이다. 한 가정이 방향을 수정하기란 쉬운 일이 아니다. 당신에게는 악의 세력에 대항해야 하는 영적 싸움이 기다리고 있다. 단순히 몇 가지 원리들을 적용하는 문제가 아니다. 기도하고 하나님의 도우심을 구하라. 하나님을 바라라. 자녀들과 같이 성경을 공부하라. 당신의 영적 순례 여행에 자녀

들을 함께 데리고 가고자 애쓰라. 당신이 깨닫고 있는 교훈을 함께 나누고 가정 생활에 변화들이 중요한 이유가 무엇인지 서로 이야기 하라.

문제의 핵심은 가정 생활에서 하나님께 영광을 돌리는 것이다. 아이들이 질서 있게 사는 것이 목표가 아니다. 아이들이 질서 있게 되는 것은 하나님을 존경하는 데 따른 부산물이다.

수와 닐은 딸들이 다섯 살과 아홉 살일 때 예수님께 나왔다. 그들의 삶은 아주 혼란에 빠져 있었다. 기준이나 진실 없이 살고 있었다. 수는 심리학자와 마주앉아 많은 시간을 보냈다. 닐은 너무 많은 시간을 일에 쏟았고, 알코올과 약물에 의지했다. 그들의 딸들은 울타리가 없는 세상, 일관성 있는 판단 기준이나 방향 없이 자라났다.

수와 닐은 아이들에 대해 명확한 성경적인 가르침을 주지 않는 교회에 다니고 있었다. 그들은 성경보다 심리학적인 사고를 수용한 크리스천 작가들이 쓴 책을 읽기 시작했다. 그들은 딸들을 돕고 싶었지만 상황은 더 악화되기만 했다.

그후에 그들은 하나님의 섭리 안에서 이 책에 있는 몇 가지 원리들을 배우기 시작했다. 그들은 〈그림 1〉과 '삶의 모양을 만드는 영향들(Shaping influence)'을 배웠다. 그들의 딸들은 하나님을 향하는 마음에서 인생의 태도를 새롭게 취하기 시작했다. 그들은 아이들을 목양하기 시작했다. 그리고 딸들을 잘 키우지 못한 자신들의 실패를 고백했다. 그들은 올바르게 가르치는 것과 징계하는 것이 새로운 중심이 되어야 한다는 것에 동의했다. 그들은 자녀와 함께 기도했다. 그들은 그냥 성경을 같이 읽을 뿐만 아니라 하나님을 알기 위해 가정 예배를 드리기 시작했다. 그들은 가정 생활에서 그리스도의 사랑을 보여주었다.

하나님의 은혜로 몇 년 만에 딸들은 변화되었다. 그들은 하나님을 아는 사람으로서 인생을 이해하기 시작했다. 그들은 부모에 대한 사랑 안에서 자랐다. 그들은 구조된 것이다! 수와 닐에게 이것은 쉽지 않았다. 집을 짓기 전에 기초를 놓는 것이 훨씬 쉽다. 하나님께 감사드리자. 길이 없는 것처럼 보여도 순종의 길은 반드시 있다.

자녀 양육 체크 리스트

1. '언제' 매를 들어야 하는지 알려주는 성경적인 원리는 무엇인가?

2. 아이들을 바로잡기 위해 매는 '어떻게' 들어야 하는가?

3. 바로잡기 위해 매를 들어야 한다면, 아이들이 가진 내면의 문제는 무엇인가?

4. 당신이 '가장 흔히 듣는 질문'은 무엇인가?

5. 그리스도가 하신 일을 알게 하는 소중한 기회로, 징계를 아이들에게 적용했는가?

6. 체벌은 아이들의 존엄성을 빼앗는 구식이라고 생각하는 사람들에게 당신은 어떻게 말할 수 있는가?

7. 체벌과 대화 중 당신은 어느 쪽이 더 쉬운가? 그 두 가지 방법이 균형을 이루지 못하는 것을 어떻게 막을 수 있는가?

16장
유년기: 훈련 목표

드디어 큰아이가 학교 가는 날이 다가왔다. 우리는 그애가 잘 해낼 것이라고 확신했다. 지난 몇 년 동안 우리는 순종하는 것을 꾸준히 가르쳐왔다. 아이는 반항하거나 변명하지 않고 즉시 순종하는 것을 배웠다.

우리는 필요한 모든 것을 준비했다. 도시락과 보온병을 사고, 아이 키에 맞는 책가방에 연필, 지우개, 종이, 크레파스 등 이것저것을 잘 정리해서 넣었다. 아이가 학교에 입고 다닐 튼튼한 옷도 샀다. 그래서 모든 준비가 완벽하다고 굳게 믿었다.

그러나 유감스럽게도 준비가 덜 되었다는 것을 곧 깨달았다. 필요한 물건들은 잘 준비되었지만, 가르친 것이 아무래도 미비했던 것이다. 부모에게 순종하는 것을 가르쳤지만, 문제는 그렇게 지시하는 우리가 늘 그 아이와 함께 있지 않다는 사실이었다. 학교 버스 안, 자유 시간, 점심을 먹는 곳 등 지도가 필요한 상황들은 아주 다양했다. 우리는 이 새로운 생활에 따른 다른 훈련 목표가 필요하다는 것을 뒤늦게 깨달았다.

유년기

나는 유아기와 청소년기 사이를 유년기(Childhood)라고 부른다. 시기적으로는 다섯 살에서 열두 살까지로 초등학교에 다니는 기간이다. 이 기간이 우리가 흔히 생각하는 '어린 시절'이다. 이 시기는 학교에 다니기 시작하는 연령에서부터 사춘기 전까지의 기간이다.

새로운 도전이 부모에게 다가온다. 아이 자신의 선택과 인격이 독립적으로 자란다. 아이는 부모의 시선과 지도로부터 벗어나는 시간이 더욱 많아진다. 아이들은 부모들이 눈앞에서 볼 수 없고 결정할 수 없는 경험들을 맞게 된다.

아이들은 부모로부터 떨어져 자립심을 개발해간다. 그들은 자신의 사고력을 키운다. 그들은 어떤 것이 재미있고, 어떤 것이 할 만하며, 어떤 것이 가치 있는지에 대해 자기만의 생각을 갖게 된다. 그들의 능력은 그들의 관심으로 나타나며, 그것은 성장하는 가운데 개성으로 나타난다.

어느 날 여섯 살과 열한 살인 우리 아들들이 우리집 옆에 있는 언덕 타기를 좀 더 즐기기 위해 놀이용 기차를 만들기로 하고 창고에서 나무를 가져다가 만들기 시작했다. 놀랍게도 내 도움이 전혀 없이 기차를 완성했다. 나는 이상한 감정에 휩싸이게 되었다. 그렇게 할 수 있는 아이들이 자랑스러웠다. 그러면서도 한편으로는 내 도움이 필요 없게 된 것이 슬펐다. 참으로 이상한 소외감이었다.

하나의 큰 문제

부모가 자녀에게 첫 번째 교훈을 가르쳤다고 가정해보라. 그는 하나님에 의해서, 그리고 하나님을 위해 만들어졌다는 것을 알게 된다. 아이는 권위 아래 있다는 것이 무엇인지 알게 된다. 아이는 반항과 변명 없이 즉각적으로 순종하는 것을 배운다. 당신은 이 기초 위에 어떻게 건물을 짓겠는가?

성품 형성

이 기간 동안 가장 큰 문제는 성품이다. 아이의 성품은 여러 방면에서 성장한다. 부모는 자녀가 정직, 친절, 겸손, 충성, 자기 절제, 돕는 것, 신중함, 부지런함, 의존함, 도덕적인 순수함 등 많은 다른 인격적인 특성들을 배우기 원한다.

부모는 아이와 항상 함께 있을 수는 없다. 아이들은 전혀 예상하지 못한 상황에서 무엇을 해야 하는지 알아야 한다. 아이에게는 성경적인 지혜가 필요하다. 아이의 양심은 영혼의 판단 요인을 잘 알고 있어야 하며, 그래서 부모가 없는 곳에서도 어떻게 해야 하는지 알아야 한다.

첫 번째 단계에서는 순종이 그 초점이었다. 아이 마음에 있는 본성적인 반항을 뿌리 뽑는 데 관심이 있었다. 부모는 권위에 반항하는 아이의 본성을 다루는 데 관심을 가졌다. 그래서 반항을 지적하면서 하나님의 권위에 순종할 것을 요구했다.

순종을 요구하는 것은 좋은 준비다. 그러나 이때는 부모가 다루어야 할 문제를 처리하는 것이 아니다. 징계하는 과정은 반항하는 행동을 다루는 것이다. 여기서 부모가 다루어야 하는 것은 잘못된 행동이지 반항이 아니다.

예를 들면 이기주의는 반항이 아니다. 그러나 잘못된 것이다. 아이는 축복의 원에서 벗어난 것이 아니라 그 안에 있다. 그는 못되고, 보기 싫고, 매우 어리석은 자기 중심성을 드러내고 있는 것이다. 또 다른 예는 조롱, 즉 비웃는 것이다. 아이는 부모에게 순종하지 않거나 공경하지 않으려는 마음 없이도 형제를 조롱할 수 있다. 목표는 아이를 도와서 그런 행동이 얼마나 추한 것인지 알게 하는 것이다.

어느 날 집에 돌아오자 아이들은 바닥에 벌렁 누운 채 끼리끼리 놀고 있었다. 그때 아이들 엄마는 아이들도 충분히 느낄 만큼 많은 일로 분주히 움직이고 있었다. 어떻게 생각해보면 아이들도 나름대로 의미 있는 시간을 보내고 있었고 그다지 반항적인 태도도 아니었다. 아이들이 엄마에게 불순종하는 것은 아니지만, 너무 노는 데 정신이 팔려 엄마가 많이 바쁜데도 거의 관심이 없는 것 같았다. 이기적인 아이들의 행동에 내 마음은 우울했다. 부모가 아이들의 성품 부분을 다루지 않는다면 단순한 순종 그 이상의 것을 결코 얻을 수 없다.

더 많은 규칙들을 정해서 이 문제를 해결하려는 부모들이 있다. 그러나 그 해결책은 좋지 않다. 만약 그렇다면 가정 생활은 곧 아이들과 부모가 기억할 수 있는 것보다 훨씬 더 많은 규칙들로 가득 찰 것이다.

내가 아는 한 가족은 아침 화장실 사용 시간에 대한 규칙이 있었다. 그밖에 학교 가기 전에 해야 할 상세한 규칙들이 있었다. 심지어 머리빗질은 몇 번 하라는 것까지! 누구나 이런 소리를 들으면 비웃거나 숨이 막힐 것이다. 그러나 그것은 성품의 문제를 건드리지 않고 가정 생활을 꾸려나가려는 솔직한 시도였다. 행동을 다루는 것보다 규칙을 만드는 것이 오히려 가정을 잘 꾸려나가는 것처럼 보인다.

그러나 이 방법의 문제를 한번 생각해보라. 모든 분야에서 모든 필요를 만족시키는 규칙을 만든다는 것은 불가능하다. 더 나아가 어른의 사고는 그 규칙을 피해 나가려는 아이들의 머리만큼 명석하지 못하다. 규칙이란 많을수록 일을 더 어렵게 만들 뿐이다.

당신이 차를 타고 가고 있다고 상상해보라. 한 아들이 한 묶음의 구명 장비를 가지고 있는데, 다른 형제자매와는 공유하지 않고 혼자만 차지하고 있다. 그 아들이 당신에게 불순종하거나 무례한 행동을 하지는 않았다. 그럴 때 당신은 그 아들에게 어떻게 하겠는가?

성품을 다루는 것은 마음의 문제를 강조하는 것이다. 이것은 행동 저변에 깔려 있는 마음의 생각과 동기 그리고 목적에 접근하는 것이다. 예를 들면, "사탕은 누나와 나눠 먹어야지" 하는 것은 순종의 문제다. 이기적인 사람도 같이 나눠 먹을 때가 있다. 그러나 성품의 문제는 더 근본적인 문제다. 하나님은 되돌려 받으려는 생각 없이 자유롭게 주는 마음의 자세를 요구하신다. 성품에 관한 문제를 다루는 것은 아이의 마음을 목양하며 깊숙한 내면을 살피는 것이다.

율법주의적인 문제

규칙에 관한 것으로 아이들의 성품 문제를 다루는 또 한 가지는 체계적으로 하는 것이다. 그 결과 아이는 규칙을 잘 지키는 것을 배우게 된다. 그러나 아이는 점잔을 빼며 자기 의로움에 빠진 독선적인 사람이 되기 쉽다. 컵의 바깥은 깨끗하게 닦았지만, 안에는 더러운 것으로 가득 찬 현대의 율법주의자 말이다.

조지가 미션 스쿨에 다니는 2학년생이었을 때 그는 꼭 현대판 바리새인 같았다. 부모는 그에게 순종하라고 가르쳤다. 그래서 조지는 학급 규칙도 잘 지켰다. 자기 본분에 충실했고, 허락 없이는 떠들거나 자리를 뜨는 법이 없었다. 놀이터에서도 다른 아이들에게 못되게 굴지 않았다. 품행이 좋았고 밖으로는 모범생이었다. 그러나 안으로는 많은 악한 마음을 품고 있었다. 그는 시도때도 없이 야단을 맞는 다른 아이들보다 자신이 분명히 더 낫다고 생각했다. 그는 남들이 나쁜 짓을 하는 것을 참지 못했다. 깔보는 태도로 용서를 베풀었다. 그는 자신 역시 죄의 본성을 가졌다는 것을 알지 못했고, 구세주 예수님이 필요한 것도 알지 못했다. 조지는 이기적이고 자만하는 자신의 모습을 보지 못하는 소경이었다.

조지의 부모는 진심으로 아들을 사랑하는 좋은 사람들이었다. 그들은 그를 조심스럽게 훈련시켰다. 그들은 마음의 문제를 다루기보다는 밖으로 나오는 행동의 문제들을 다루었다. 조지는 선생님에게 순종하지 않는 것 같은 밖으로 드러나는 문제만 죄로 생각했다. 반면에 다른 사람에 대한 아무 배려 없이 자신만 생각하는 것은 죄로 여기지 않았다.

자녀를 목양할 때는 성품 문제를 거론해야 한다.

세 가지 진단 방법

다음 장에서는 마음과 양심을 다루는 방법에 대해 알아보겠지만 성품을 다루는 과정에 들어가기 전에 그것을 분석 또는 진단하는 방법을 살펴보려고 한다.

부모는 아이들을 관찰하고 그들의 필요를 이해할 방법이 필요하다. 부모는 자녀의 인격 형성을 체계화시키는 종합적인 방법을 찾아야 한다. 아이들의 장점과 약점을 기록하는 도표를 이용해, 아이들의 실제적인 필요에 균형을 맞추어야 할 것이다.

이 방법은 간단하고 포괄적이므로 큰 도움이 될 것이다. 6개월마다 아이들의 필요를 분석 또는 진단하라.

하나님과 아이와의 관계

첫 번째 분석은 하나님과 자녀와의 관계다. 문제는 개인적인 복음 전

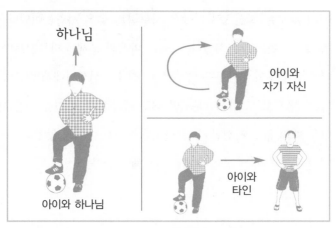

〈그림 9〉 **자녀에 대한 세 가지 관점**

도에 관한 것이 아니라, "아이가 하나님과 관계를 갖고 있는가?" 하는 것
이다. 이것은 그 관계의 본질이 어떤 것인지 부모가 분별하는 것이다. 당
신의 자녀는 의식적으로 하나님에 대한 필요를 느끼며 살고 있는가?

자녀와 하나님과의 관계에 있어 내적인 부분은 어떠한가? 아이가 하
나님을 아는 것과 사랑하는 것에 관심이 있는가? 하나님이 힘과 위로와
도움의 원천이라고 믿고 있는가? 아이가 하나님을 아는 것에 따라 매사
를 선택하고 있는가? 하나님의 방법과 사실에 따라 행동하는가? 영적으
로 살아 가고 있는가? 당신의 자녀는 부모와는 별개로 하나님과 독립적
인 관계를 맺고 있다는 증거가 있는가? 그가 하나님에 대해 말한 적이 있
는가? 하나님에 대해 어떻게 말하는가?

아이가 섬기고 있는 우상들이 있는가? 아이가 그것 없이는 행복할 수
없는 것은 무엇인가? 하나님 이외에 어떤 것들이 아이에게 동기 부여를
하고 있는가? 아이가 자신의 말을 어떻게 끝내는가? "내가 정말 원하는

것은, 하고 싶은 것은, 꿈꾸는 것은, 가장 중요한 것은…"

그는 하나님을 어떻게 생각하는가? 아이의 하나님은 아이에게 작은 존재인가, 아니면 거대한 존재인가? 그는 하나님을 친구로, 심판자로, 도우시는 분으로, 엄한 주인으로 생각하고 있는가? 그는 그리스도 안에서 충만함으로 살아가고 있는가? 아니면 스스로를 숭배하며 자신을 위해 살려고 하는가?

이것들은 성경적인 사실에 대해 당신 아이가 무엇을 이해하고 있는가의 문제가 아니라, 아이가 하나님에 대한 믿음을 통해 하나님의 은혜와 구원의 본질을 이해하고 있는가 하는 문제이다. 아이의 마음을 목양하는 것은 아이를 하나님께 인도하는 것이므로 부모는 자녀의 영적인 위치에 대해 어느 정도 알고 있어야 한다.

아이와 자기 자신과의 관계

아이는 자기 자신에 대해 어떻게 생각하는가? 자신을 얼마나 잘 이해하고 있는가? 자신의 장점과 단점을 얼마나 잘 알고 있는가? 자신의 성품에 대해 이해하고 있는가? 자신의 성향에 대해 의식하고 있는가?

내 친구의 딸인 제니퍼는 다른 사람들의 필요에 대해 마음 씀씀이가 넉넉한 아이다. 그래서 그 애는 다른 사람들이 어떻게 느끼는지 자주 말하곤 한다. 이것은 특별한 능력이다. 그녀는 다른 사람의 느낌에 민감했다. 그러나 이 능력에는 단점도 있다. 이런 사람은 다른 사람에게 조종당하기 쉽다. 자신이 느끼는 것이나 생각하는 것을 다른 사람에게 말하지 않는 것은 그녀에게 쉬운 일이다. 그녀는 때때로 다른 사람이 게임에서 승리하기를 바란다. 그렇게 해야 그들이 실망하지 않기 때문이다.

그러나 그녀는 자신에 대해 이것들을 알아야 한다. 그녀가 자기 성품의 특성을 분별한다면, 부모는 그것을 이해하고 딸을 도울 수 있어야 한다. 결국은 알게 되겠지만 그것들은 어른이 되어서야 알 때가 많다. 유감스럽게도 일부 부모들은 아이들의 반응을 이끌어내는 것이 성품의 문제라는 것을 이해하지 못한다.

사람은 장점과 약점으로 짜여 있다. 쉽게 할 수 있는 것들이 있는 반면, 고통이 따르고 무척 힘든 것도 있다. 이러한 것들을 이해하는 것은 우리의 약점을 접어두고 장점들을 계발시켜준다. 하나님은 아이들이 특별히 장점과 약점이 잘 조화된 어른으로 성장해가길 원하신다. 그러므로 아이들은 자기 자신을 받아들이고 감사할 필요가 있다. 하나님이 그들에게 명하신 모든 일들을 잘 감당해내고, 하나님이 원하시는 사람이 되도록 그들을 도와 자신을 포용하게 하라. 한마디로 그들 스스로에게 만족하게 하라.

자신에 대해 아이들이 알아야 할 것이 또 있다. 아이는 자신에 대해 어떤 태도를 보여주는가? 아이는 수줍은 편인가, 확신에 차 있는가? 교만한가, 자신이 없는가? 두려움에 사로잡혀 있는가? 자신을 다른 사람에게 보여줄 수 있는가? 다른 사람에게 의존하는 척 하는가? 아니면 다른 사람보다 자기가 낫다고 느끼는가, 못하다고 느끼는가?

1학년생 헤롤드는 관계광이다. 그가 하는 모든 것에는 관계의 의미가 부여되어 있다. 책 읽는 모임에 들었을 때도 그는 읽어야 할 것에 관심을 갖기보다는 주위에 있는 사람들과 먼저 인사를 터야 직성이 풀린다. 휴식 시간도 다른 사람의 이목을 끌려고 농담을 하는 시간이다. 자리에 앉아 숙제를 하는 시간은 누가 먼저 끝내나 시합을 해야 의미가 생길 정도다. 여자아이들에 대한 생각은 성적인 것뿐이고, 일곱 살짜리가 가져서는 안 될 것들도 수두룩하게 지니고 있다.

훌륭한 상담자가 헤롤드의 부모로 하여금 아이를 잘 이해하도록 도왔다. 그는 헤롤드가 인간 관계를 맺는 데 급급한 마음의 불구자이며, 그것은 우상 숭배와 같은 수준이라고 말해주었다. 헤롤드는 상호 관계에 대한 영혼의 목마름은 오직 하나님만이 채워주신다는 것을 알아야 한다. 많은 아이들은 자신이나 부모가 이해하지 못하는 욕구에 대해 분명한 생활 패턴을 가지고 있다. 어렸을 때부터 씨앗처럼 움트고 있는 작은 욕구의 노예가 되어 자라기 때문이다.

아이들의 자신과의 관계에는 또 다른 면이 있다. 이것은 자기 자신이 소유한 성향이다. 아이가 자신이 아닌 외부로부터의 요구 없이도 어떤 일에 몰두할 수 있는가? 스스로 독립적으로 일할 수 있는가? 다른 사람들에게 인정받는 데 의존하는가, 아니면 자기 자신에게 의존하는가?

부모는 이런 부분에 대해 자녀의 성장을 잘 이해할 필요가 있다. 그렇게 함으로써 부모는 아이를 목양할 수 있다. 부모는 적절한 질문으로 자신에 대한 아이의 생각을 알아내어 그 영혼의 목마름을 이해시키면서 아이를 그리스도께 인도해야 한다.

아이와 다른 사람과의 관계

아이에게 관계란 무엇인가? 아이는 다른 사람과 어떻게 관계를 맺는가? 어떤 종류의 관계를 갖고 있는가? 아이는 다른 사람들에게 무엇을 보여주는가?

아이가 맺고 있는 관계는 좋은가? 자기가 관계를 이끌어가는가? 아니면 관계에 끌려다니고 있는가? 다른 사람의 주목을 끌기 위해 아양을 부리는 경향이 있는가? 또래 친구들과 즐겁게 잘 지내는가? 사람들에게 실망할 때, 다른 사람이 아이에게 잘못했을 때 어떻게 대응하는가? 상호 관계에서 강점과 약점은 무엇인가?

크리스천 학교에 다니는 제니는 어디서나 한자리 해보려는 타입이다. 그 아이는 날 때부터 골목 대장 기질이 있었다. 그 아이는 아이들에게 그들이 옷을 잘 입었는지 그렇지 않은지 말해주었다. 제니는 각자에게 다음날 학교에 올 때 입어야 할 옷까지도 말해주었다. 제니가 머리를 땋기로 마음먹었으면 다른 아이들도 머리를 땋아야 했다. 쉬는 시간에 제니는 어떤 게임을 할 것인지 결정했고 자신이 직접 팀을 짰다.

제니의 선생님은 문제가 무엇인지 잘 파악하고 있었다. 그분은 제니에게 너무 보스같이 굴지 말라고 말할 수도 있었다. 제니가 순종은 하겠지만, 결국에는 그 대장 기질이 다시 발휘되리라는 것을 선생님은 알고 있었다. 그래서 제니를 도울 더 좋은 방법을 선택했다. 선생님은 제니의 좋지 않은 태도를 제니의 부모가 이해하도록 도와주었다. 그리고 부모의 도움으로 제니는 자신을 돌아보고 자신이 다른 사람에게 무엇을 하고 있는지, 어떻게 사람들을 조정하려고 하는지, 그리고 자신이 다른 사람들을 조정함으로써 마음에 안정을 갖는다는 것을 알았다. 제니는 자신이 다른 사람들을 조정하고 싶은 유혹을 받을 때 하나님께 기도하고 도움을 청하는 방법을 배웠다. 제니는 다른 사람을 조정하는 데서 안정과 의미를 찾으려는 삶에서 비로소 구조되었다.

정기적인 점검

내 친구는 한 소매업체의 주인이다. 그는 자신의 성공이 판매하는 물건에 있는 것이 아니라 판매원들의 능력 덕분이라는 것을 잘 알고 있었다. 그래서 그는 훈련 비디오를 만들어 판매원들의 성장에 신경을 많이 썼다. 어느 날 나는 그에게 회사에서 판매원들의 성과를 얼마나 자주 점검하는지 물었다. 그는 매 분기마다 검토한다고 대답했다. 나는 그에게 아내와 함께 얼마나 자주 자녀들을 검토하는지 물었다. 그는 얼굴을 붉혔다. 한 번도 하지 않았던 것이다. 이런 경우는 비일비재하다.

1년에 한두 번 부모가 서로 마주앉아 아이들을 평가해보아야 한다. 〈그림 9〉를 맨 앞에 두라. 각 부분의 아래에 걱정되는 사항을 모두 적은 다음, 마음이 놓이는 부분도 써넣으라. 우려하는 바를 보완할 전략을 만들라. 이렇게 할 때 자녀들이 많은 부분에 있어서 열매를 맺도록 도울 수 있다.

다음 장에서 어린 시절의 성품 발달을 다루기 위한 구체적인 과정들을 살펴보도록 하겠다.

1. 세 가지 진단 도구의 각 주제에 대해 몇 가지 질문을 만들 수 있는가?

2. 얼마나 자주 이 세 가지 문제에 대해 자녀들을 분석해보는가?

3. 첫 번째 단계와 두 번째 단계의 다른 점을 어떻게 명시할 수 있는가?

4. 학교에 다니는 아이들에게서 부모가 추구하는 특정한 성품의 목표들은 무엇인가?

5. "그 상황에 있었으면 아이를 통제할 수 있었을 텐데 내가 거기 없었어"라고 느낀 적이 있는가?

5. 자녀가 자신을 적절히 주체하지 못할 것 같아 어떤 활동을 하지 못하도록 한 적이 있는가? 부모가 없는 곳에서도 아이가 독립적으로 모든 일을 잘 해나가도록 하기 위해 부모는 무엇을 할 수 있는가?

17장

유년기: 훈련 과정

부모가 매일 듣는 소리가 하나 있다. 아이들이 서로 소리 지르는 것이다. 이런 장면은 너무나 익숙하다. 두 아이에 장난감이 하나일 때 모든 부모들은 나름대로 해결책을 가지고 있다. 대부분은 이것을 공평성의 문제로 보기 때문에, 누가 먼저 그 장남감을 가졌는지 묻는다. 그리고 같이 가지고 놀라고 하거나 싸우지 말라고 꾸짖는다. 어떤 사람들은 적당한 시간을 정해주기도 한다. "그래 네가 10분 갖고 놀고, 동생이 10분 갖고 놀게 해라."

어떤 사람들은 아이들 싸움을 모르는 체 하면 덜 싸우게 되지 않을까 싶어 아이들이 소리지르는 것을 무시한다. 또 경험에서 얻은 교훈대로 한다. 즉, 모든 아이들은 싸우면서 자란다는 생각에 스스로를 위로하며 싸움이 점점 없어질 거라고 지레짐작한다.

대부분 부모들은 더 좋은 방법이 있을 것이라고 생각하면서도 이런 일이 생겼을 때 상황을 애써 피한다. 그들은 아이들의 진정한 필요를 다루는 방법이나 이런 논쟁을 해결하는 만족스런 방법이 없다고 속단해버린다.

어떤 것이 더 좋은 방법인가? "엄마는 네가 …을 하면 아주 싫어" 또는 "네가 그렇게 하면 아주 속상해." 단순히 물질에 대한 그들의 집착만 짚고 넘어갈 수도 없다. " 넌 내가 장난감을 빼앗아가면 좋겠니?" 이러한 접근 방법들은 마음의 문제를 다루지 않기 때문에 영원한 열매를 맺을 수 없다. 이러한 접근 방법들은 부모의 마음에 드는 행동을 끌어내기 위한 동기 부여로써, 아이의 마음속에 있는 우상을 이용하는 것이다.

행동에 동기를 부여하는 것은 그것이 무엇이든지 간에 마음을 훈련시킨다. 만약에 부모가 부끄러움으로 동기 부여를 한다면, 부모는 자녀를 부끄러움에 반응하게 가르치는 것이다. 만약에 부모가 감정적인 호소로 동기 부여를 한다면, 부모는 자녀들을 감정적인 호소에 반응하게 가르치는 것이다. 만약에 부모가 물질적인 보상으로 동기 부여를 한다면, 부모는 자녀들을 물질적인 자극에 반응하도록 교육하는 것이다. 어른이 된 지금, 우리 가운데 많은 이들이 유년기에 받은 자극들에 매여 있는 자신만의 연약한 성품을 볼 수 있다.

마음을 다룸

행동에 초점을 두려는 유혹은 언제나 있다. 행동은 눈에 훤히 보이거나 들을 수 있기 때문이다. 그래서 행동은 더 쉽게 접근할 수 있는 것처럼 보인다.

1장에서 살펴본, 마음이 행동으로 나타난다는 원리를 생각해보라. 행동은 마음속에서 무엇이 일어나는가에 대한 표시다. 사람이 말하거나 행동하는 것은 마음을 반영한다. "마음의 가득한 것을 입으로 말함이니라" (눅 6:45).

8-10장에서 논의한 대화의 원리가 여기서 다시 나온다. 행동에는 '언제' '무엇' 그리고 '왜'가 있다. '언제'는 행동이 일어나는 주위 환경을 말해준다. '무엇'은 대화한 내용이나 한 일을 설명해준다. '왜'는 구체적인 행동에 대해 밀고 당기는 내면적인 마음을 보여준다. 부모는 아이들에게 '언제' 또는 '무엇'을 알아내야 할 뿐 아니라, '왜'라는 것을 눈여겨봐야 한다. 부모는 '왜'라는 견지에서 그들이 '무엇'이라는 스스로의 행동을 볼 수 있도록 아이들을 도와야 한다. 부모의 할 일은 그들의 행동에 대해 '마음에서 나오는' 면을 이해하도록 도와야 한다.

캐리는 어느 날 오후 불평하고 투덜대고 있었다. 문제의 원인을 가려내는 것이 어려웠다. 캐리의 부모는 단순히 행동을 언급하고 싶은 유혹을 받았다. "그만 좀 불평해라!" "네가 불평하는 것은 더 이상 한 마디도 듣기 싫다." 그들은 아마 "그렇게 많은 축복을 받았는데도 불평하다니 창피한 줄 알아"라고 말함으로써 아이에게 창피를 주는 확실한 방법으로 입을 다물게 할 수도 있었다.

그 대신 그들은 행동의 내면에 접근해 불평하는 기분에 대한 변명과 이유의 껍질을 한 꺼풀 벗겼다. 결국 그들은 '마음에서 넘쳐나오는 문제'에 접근했다. 캐리는 일이 자기 뜻대로 되지 않아 화가 났다. 내면에서 하나님을 만나고 싶어 했던 것이다. 캐리는 자기 마음대로 하고 싶었으며 세상을 지배하고 싶었다. 일의 진행 과정을 자신이 결정했지만, 그 일들은 자신이 원하는 대로 되지 않았다.

여기서 '마음에서 넘쳐나는' 문제는 하나님이 세상을 지배하시는 일에 불만을 가진 것이었다. 캐리는 이 모든 것을 깨닫지 못하고 있었는데 이것이 문제의 뿌리였다.

부모가 이런 방법으로 행동을 분석해서 다루지 않는다면, 항상 외면적인 문제를 다루는 데서 그치게 된다. 그것은 마치 잔디에 있는 잡초 문제를 해결하려고 잔디를 깎는 사람과 같다. 잡초는 항상 다시 자라는데도 말이다.

양심에 호소함

우리의 자녀는 마음이 변화되어야 한다. 마음의 변화는 죄에 대한 자각으로부터 시작된다. 죄에 대한 가책은 양심을 통해 온다. 자녀들은 하나님으로부터 떨어져나와 하나님과의 약속을 깨뜨린 사람이라는 것을 자각해야 한다. 그들은 하나님과 관계하는 속사람이 하나님 앞에 죄가 되는 우상 숭배자임을 깨달아야 한다. 그들을 도우려면 양심에 호소해야한다.

12장에서 언급한 것처럼 예수님의 사역 중에는 양심에 호소하는 예가 있다. 예수님은 계속 사람들에게 그들 자신과 동기를 판단하라고 말씀하면서 양심을 다루셨다. 성품의 문제를 다루려면 어떻게 양심에 호소하는가를 배우는 것이 필요하다. 부모가 단지 행동만이 아닌 성품을 다루고 싶다면, 자녀 스스로가 자기 행동에 내포된 의미를 알게 하고 이를 더 심오한 방법으로 다뤄야 한다.

누가복음 10장에서 한 율법사는 예수님께 와서 이런 질문으로 예수님을 시험했다. "선생님 내가 무엇을 하여야 영생을 얻으리이까?"

예수님은 그에게 율법을 어떻게 이해하는지 물으시고 두 가지 큰 계명으로 응답하셨다. "하나님과 네 이웃을 사랑하라." 곧 그 율법사는 "내 이웃이 누구니이까?"라고 물음으로써 자신을 정당화하려고 했다. 예수님은 이 사람이 언제든지 다른 누군가의 필요를 알게 될 때, 그 필요를 충족시켜주어야 할 책임이 있다는 것을 자각하도록 도전을 주셨다. 그렇게 하지 못했다면 그는 율법을 어긴 것이었다. 예수님은 선한 사마리아인의 이야기를 통해 이것을 가르치셨다. 이 이야기는 그 사람의 방어막을 거두고 그가 어떻게 실패했는지 이해하게 해주었다. 예수님은 이 이야기 끝에 그 불행한 여행자의 이웃은 누구냐고 물으심으로써 그의 양심에 호소하셨다. 그 율법사는 자신의 이웃이 누구인가를 물어서 결국 누가 이웃인지 똑똑히 알게 되었다.

마태복음 18장에서 베드로에 대한 그리스도의 답변은 양심에 호소하는 예수님의 본보기를 보여준다. 베드로는 용서의 한계에 대해 물었다. "주여 형제가 내게 죄를 범하면 몇 번이나 용서하여 주리이까?"(마 18:21) 예수님은 단순히 "베드로야, 네가 그런 질문을 하다니, 너는 용서에 대해 전혀 이해하지 못하고 있구나"라고 말씀하실 수도 있었다. 그 대신 예수님은 용서받은 사람이 되는 의미를 강력하게 보여주는 이야기를 들려주셨다.

누가복음 7장에는 죄 많은 인생을 산 한 여자가 예수님께 기름을 붓고 눈물로 예수님의 발을 닦은 이야기가 나온다. 바리새인이었던 시몬은 예수님이 분별력이 없다고 생각했다. 그는 이 죄 많은 여인에 대해 혐오감을 느꼈다. 그 생각을 아셨던 예수님은 시몬의 양심에 호소하는 이야기를 해주셨다. 그 이야기는 두 사람과 한 채주로 시작되었다. 한 사람은 큰 돈을 빚졌고 다른 사람은 적은 돈을 빚졌다. 둘 다 탕감을 받았다. "둘 중 누가 더 그를 사랑하겠느냐?" 예수님은 물으셨다.

시몬이 대답했다. "제 생각에는 많이 탕감을 받은 사람입니다."

"네 판단이 옳다." 예수님이 대답하셨다.

예수님은 시몬에게 그의 독선적인 생각에 대해 죄를 보여주기 위해 이 이야기를 사용하셨다. 시몬의 양심에 호소하셨던 것이다. 시몬은 자신의 말로 자기를 판단했다. 예수님이 하신 이야기의 초점은 자기 의로움이 있는 시몬보다 이 여인이 예수님을 더 사랑했다는 것이었다.

우리는 자녀들의 필요에 이와 같은 방법을 적용해야 한다. 우리는 양심을 다룰 때 문제의 뿌리까지 접근해야 한다. 로마서 2장 14-15절은 아이들에게 그들의 죄를 이해하도록 가르치는 데 있어서 양심이 우리의 동역자임을 말해준다. 사람 안에 있는 양심은 항상 변명이나 송사를 한다. 양심에 호소하며 바르게 교육하는 것은 부모가 자녀와 논쟁하는 것을 피하게 해준다. 자녀의 문제는 항상 하나님과의 문제다.

이런 방법으로 아이들을 다루는 것은 자신이 의롭다고 느끼는 기준대로 움직이는 사람이 되는 것을 막아준다. 아이들은 하나님의 방법과 급진적이며 개혁적인 그리스도의 사역이 얼마나 필요한 것인지 분명히 알게 될 것이다.

성령의 역사와 아이들을 다루도록 하나님이 정하신 방법을 통해 우리 자녀들이 자신의 죄성을 알게 될 때, 부모는 우리의 유일한 구세주이신 예수님께로 그들을 인도할 수 있다.

십자가에 못 박히신 그리스도의 은혜와 자비가 필요하다는 것을 알도록 이기적이고 죄인 된 자녀를 힘써 도우라. 누가 먼저 장난감을 가지고 있었는지 문제 삼기 전에 예수님의 십자가를 생각하는 것은 쉽지 않다.

진정한 마음의 문제를 다루는 것은 뒤틀리고, 비꼬이고, 죄 많은 아이들에게 용서가 있는 십자가로 가는 길을 끊임없이 열어준다. 진정한 크리스천이라면 그 반응이 형식적이어서는 안 될 것이다. 왜냐하면 그들은 단지 외적인 행동만 다루는 것이 아니라 태도의 문제를 논하기 때문이다.

성품 형성

유년기는 성품의 형성과 관련 있기 때문에 마음의 문제를 언급하고 양심에 호소하는 것은 매우 중요한 일이다. 성품이란 하나님이 누구시고 나는 누구인지 인식하여 건실하게 사는 것이라고 정의할 수 있다.

성품 형성 훈련

의존성과 같은 성품을 살펴보자. 의존성 훈련은 어떻게 이 정의에 적합한가?

하나님은 누구신가?	나는 누구인가?
하나님은 나를 만드셨다. 하나님이 지금 여기에 나를 두셨다. 하나님은 근본이시다. 언젠가 나는 하나님 앞에 서야 한다. 나는 하나님 앞에 서야 한다. 나는 하나님 앞에서 삶을 결산해야 한다. 하나님은 겸손하여 마음에 죄를 깊이 뉘우치는 사람을 가까이 한다고 약속하셨다. 하나님은 하나님의 능력과 도우심을 알도록 나를 도우신다. 나는 하나님을 알 수 있고 그분께 복종할 수 있다. 하나님은 하나님께 의존하는 사람에게는 축복을 약속하셨다.	나는 피조물이다. 나는 하나님을 위해 만들어졌다. 하나님이 나를 지금 여기에 있게 하셨고 이런 기회를 주셨다. 나는 하나님께 영광을 돌려야 한다. 나는 하나님께 영광을 돌리도록 만들어졌다. 내가 하나님께 가까이 가고 그분을 찾을 때 하나님은 나를 순종할 수 있게 하신다. 나는 하나님의 도우심과 능력을 알 수 있다. 하나님은 하나님께 부르짖는 자에게 은혜를 주신다고 약속하셨다.

위 두 부분의 후반부는 부모가 아이들에게 의존하는 것을 가르칠 때 아이들과 대화하는 기본 틀이다. 부모는 아이들이 무엇을 해야 하고, 어떤 사람이 되어야 하는지에 대한 선택의 근거로 하나님이 누구이신지를 제시한다. 피조물인 우리의 소명은 하나님께 의존하는 것이다. 하나님은 이것을 단순히 지켜야 할 율법으로 만들지 않으시고, 안으로부터 밖으로

사람을 변화시켜 하나님이 부르신 사람이 될 수 있도록 예수님을 보내셨다. 하나님은 우리 자녀를 대신해 그리고 우리 자녀 편에서 싸우실 것이다. 그러므로 부모는 하나님과 우리 자녀의 본질에 맞는 방법으로 권면하고 격려하라.

부모가 진심으로 말해서, 아이가 충분히 노력해서, 선해서, 정말 그렇게 되고 싶어서, 하나님이 원하시는 사람이 될 수는 없다. 우리 자신은 할 수 없다. 하나님의 은혜와 능력이 아닌 그 어떤 선천적인 것으로는 도저히 될 수 없다. 하나님과 관계 없이 아이의 내면에 좋은 성품을 만들 수 있는 방법은 어디에도 없다. 많은 사람들이 자녀가 하나님을 믿지 않는다면, 하나님의 존재를 알려주고 자녀에게 의무를 다하라고 강요할 수는 없다고 결론짓고 있다.

우리가 자녀에게 하나님이 명하신 사람이 될 것을 가르치지 않는다면 그것은 결국 하나님의 은혜를 떠나 그들 자신의 선천적인 능력과 기준에 따라 살라고 인정해주는 것이다. 이것은 하나님께 가까이 가게 하기보다는 반대로 더 멀어지게 한다. 다시 말해서 아이들에게 하나님의 은혜가 아니면 될 수 없는 사람이 되라고 하거나, 그들 나름대로의 기준을 인정해버리는 것이다. 만약 그렇게 한다면 하나님에 대한 그들의 필요를 부모가 직접 제거해버리는 것이 된다.

우리는 기꺼이 아이가 자신에게 맡겨진 일을 하는 데 책임을 질 수 있게 해야 한다. 의존하는 것을 가르치는 것은 하나의 과정이지 결과가 아니다. 그것은 앞에서 설명한 일들을 인내를 갖고 계속 연습함으로써 이루어진다. 이런 교육 과정은 체벌과 병행해서 강조될 수도 있다. 그러나 부모는 인내심 있는 교육을 해야 한다.

나는 앞에서 우리 아들 중 한 아이가 돼지를 기른 일을 말했었다. 돼지 축사에 물을 공급하는 수도는 축사에서 한참 떨어진 곳에 있었다. 돼지에게는 많은 물이 필요했는데 겨울이면 호스가 얼어서 물을 길어다 줘야만 했다. 물을 길어오는 것은 여간 큰일이 아니었다. 고작 열한 살 된 사내아이가 한 시간 동안 해야 하는 일이었다. 아이는 가끔 비틀거리다 물을 엎지르곤 했다. 우리는 아이에게 이 일이 네가 할 수 있는 일이고, 자신의 동물을 적절히 잘 돌보는 것은 너의 의무이며, 그 일이 힘들 때마다 하나님이 도우신다고 격려했다.

그후로 나는 두 번 정도 이 이야기를 해주었다. 한번은 아들이 자기 짐을 힘겨워하는 것을 보고 도움을 주려던 이웃과의 대화였다. 또 한 번은 그때 그 시절이 자신에게 매우 값진 것이었다고 거듭 말했던 아들과의 대화였다. 그 시절은 곰과 사자 때문에 힘들었던 다윗의 소년 시절과 같은 시기였다. 그 시절은 하나님의 능력 안에서 다윗이 골리앗과 싸울 수 있도록 준비되는 시간이었다.

겨우 소년일 때 다윗은 "여호와께서 나를 사자의 발톱과 곰의 발톱에서 건져내셨은즉 나를 이 블레셋 사람의 손에서도 건져내시리이다"(삼상 17:37)라고 말했다. 그렇다면 다윗이 어린 소년으로서 사자나 곰과 같은 어려움 속에서 하나님을 신뢰하는 것을 배운 사실을 알면서도, 우리 아이들이 이러한 믿음의 교훈을 배울 수 없다고 생각하는 이유는 무엇인가? 더 좋지 않은 것은 부모가 아이들에게 믿음이 요구되지 않는 인생을 설정해두는 것이다. 부모는 아이들에게 자기 스스로를 의지하며 지킬 기준들을 부여하고 있다. 이것은 그리스도와 그의 십자가로부터 더욱 멀어지게 하는 처사다.

그러면 다른 성품상의 특성을 살펴보자. 도덕적인 순수함은 항상 부모의 관심사다. 성품은 하나님은 누구시며 나는 누구인지 인식하고 진실하게 사는 것이라는 점을 기억하라.

하나님은 누구신가?	나는 누구인가?
하나님은 나를 만드셨다. 그분은 나의 주인이시다. 모든 관계의 한계 설정은 하나님께 달려 있다. 하나님은 그들과의 관계에서 하나님을 높이는 자에게 큰 축복과 보호를 약속하시고, 하나님의 뜻을 존중하지 않는 자에게는 속박과 멸망을 경고하셨다. 인생에서 내가 즐기는 모든 관계는 교회와 하나님과의 관계를 묘사한 것과 같다. 하나님은 명령하신 것을 주시는 분이다. 그러므로 하나님을 알면 자기 절제가 가능하다.	나는 피조물이다. 나는 전능하신 하나님에 의해, 또 하나님을 위해 창조되었다. 나는 오직 하나님이 허락하신 상황 안에서 이루어질 수 있는 필요한 것들을 갖고 있다. 나는 충성된 삶을 살도록 부름받았다. 나는 내가 갖는 모든 관계에 대해 하나님을 공경할 때 하나님 안에서 온전함을 찾을 수 있고, 하나님이 나를 위해 준비하신 사람 안에서 온전함을 찾을 수 있다. 하나님을 공경하지 않거나 하나님이 금지하신 것을 하게 될 때, 나는 수치와 타락과 위엄을 상실하는 고통을 겪게 될 것이다.

나는 인간이 할 수 있는 모든 방법을 동원해 성을 착취하는 문화 속에서 살면서도 도덕적으로 순수한 아이를 기를 수 있다고 확신한다.

매일 잠언을 읽는 것은 도덕적인 순수함에 대해 토론할 수 있는 자연스러운 배경을 제공한다. 잠언 5장에서는 성적 순결함과 그에 따른 결과에 대해 광범위하게 말하고 있다. 이 구절은 죄의 줄로 매이고 함정에 빠지게 되는 위험에 대해 직설적으로 경고하고 있다. 잠언을 자주 읽는 것은 성적인 죄를 짓는 위험과 결혼 안에서의 성적인 자유로움의 기쁨에 대해 생각할 많은 기회를 제공한다.

잠언 7장은 간음하는 여자를 그리고 있다. 이것은 또한 유혹과 그 결과도 보여준다. 이 성경 구절들은 성에 대해 매우 솔직하게 토론할 거리를 준다. 여기에는 경고와 분별력과 지시로 가득 차 있다.

나는 이러한 문제들을 이해하는 어린이들이 주의깊고 조심스런 십대로 자라는 것을 보았다. 이런 아이들은 성은 하나님이 주신 기쁨이자 선물이라고 확신한다. 자녀들이 부모의 관계 속에 성이 있다는 사실을 아는 것은 매우 중요하다. 어떤 크리스천들은 아이들이 엄마와 아빠가 친밀하게 포옹하는 것을 보아서는 안 된다는 잘못된 견해를 갖고 있다.

그렇게 되면 그 결과는 텔레비전이나 타락한 사람들의 부정한 정사가 그들이 본 유일한 성적인 표현이 되기 쉽다. 아이들을 부모의 침실에 초대하라는 것이 아니라, 그들이 엄마 아빠의 관계에 성의 영역이 있다는 것을 알아야 하는 중요성을 말하는 것이다.

상당히 교훈적인 의미가 담겨 있는 이 일과 함께 우리는 아이들의 생활에서 표현되는 잘못된 성의 개념에 대해 이야기할 준비를 해야 한다. 예를 들면 많은 여자아이들의 짐짓 부끄러운 체하면서도 선정적인 방법으로 걷고 앉는 것을 배운다. 어른들은 그 아이들이 단지 어리다는 이유로 그런 유혹의 몸짓을 그저 귀엽다고 생각하며 크게 상관하지 않는다. 이것은 오히려 어린 여자아이에게 정숙하게 행동해야 하는 이유를 가르칠 황금 같은 기회다.

어린아이들이 성적으로 시시덕거리는 행동을 하면 바로 그때가 성경적인 성적 개념을 가르칠 절호의 기회다. 이때가 바로 하나님이 성적으로 기쁨과 충만한 생활을 즐길 수 있도록 우리에게 선물로 주신 것들에 대해 말해줄 시간이다. 이것은 또한 하나님이 허락하신 영역 밖에 자신을 노출시켰다가 성적인 경험을 한 사람에게 따르는 무서운 상처에 대해 말할 좋은 시간이다.

아이들은 이러한 진실을 알기 시작하면서 성적인 죄에 대한 자신의 내적 절제를 계발하게 된다. 그들은 성을 이기적인 목적으로 이용하는 것은 진실하지 못하며, 하나님이 주신 성의 즐거움을 위조하는 것임을 알게 된다.

성품 형성에 관한 두 영역을 분석하면서 여기서 제시한 접근 방법들은 성품의 성장이라는 어떤 영역과도 잘 맞는다.

성품으로 행동을 해석함

우리는 성품을 생각하는 데 있어서 몇 가지 문제를 안고 있다. 하나는 위에서 언급한 문제를 보지 못하는 것이다. 이러한 실수 때문에 성품의 성장에 관한 장기적인 목표를 가질 수 없는 경우가 생기기도 한다. 또다른 함정은 행동으로는 적절한 성품의 문제를 다룰 수 없다는 것이다. 이것은 성품과 행동을 별개로 생각해버리는 결과를 가져온다. 역시 장기적인 성품 성장의 목표를 세우기 어렵게 만든다.

부모들은 자녀들의 행동을 아주 순진한 견지에서 보려고 한다. 우리는 실제적으로 다른 사람을 우선으로 여기지 않는 차원의 문제를 보고도, 장난감을 갖고 싸우는 것을 단순히 장난감에 대한 다툼으로 본다. 이것은 이기심이다. 이것은 다른 사람에게 "난 네가 무엇을 원하든 상관 안해. 난 내가 원하는 것을 갖고 싶을 뿐이야"라고 말하는 것이다. 이것은 자기가 가진 모든 기회를 다 이용하면서 살겠다는 결심의 표출이다.

이렇게 분석함으로써 그런 아이들을 비방하려는 것은 아니다. 그러나 부모는 자녀를 목양하고 그들 자신과 그들의 필요를 알게 하면서 이러한 통찰력을 가져야 한다.

소유욕의 우상이 되어 "난 그것을 원해"라고 말하는 아이들의 욕심을 종종 보는가? 그리고 그것이 언젠가는 사라질 단순히 본능적인 것이라고 생각하는가? 그렇다면 부모는 자녀들이 영적 현실과 맞서 싸우는 것을 도와주지 못하게 될 것이다. 소유하는 것에 의미와 중요성을 부여한다면 결코 죄성에 맞설 수 없다. 인생은 소유가 풍부하다고 해서 만족할 수 있는 것이 결코 아니다.

수지는 생일을 맞았다. 삼촌과 이모, 고모들로부터 적잖은 용돈을 받을 것을 기대하면서 무엇을 살 것인지 계획을 세우기 시작했다. 새로운 물건을 기대하면서 그 아이는 벌써 행복해졌다. 그것을 누구에게 보여줄 것인가도 계획하고 그들이 뭐라고 말할지도 상상해보았다.

수지의 부모들은 수지가 하나님의 관대하심에 감사하는 것을 배우는 데 관심을 쏟고 있었다. 그들은 지혜롭고 온유하게 이런 것들을 언급하기 시작했다. 그들은 수지가 고대하는 새로운 것들을 얼마나 오랫동안 즐길 수 있는지 생각해보자는 말로 이야기를 꺼냈다. 그리고 그들은 새로운 물건이 얼마나 일시적인 기쁨을 주었는지 돌아보게 했다. 수지는 새로운 물건을 소유해 그런 기쁨을 맛보았던 때를 기억할 수 있었다. 수지와 함께 수지의 부모는 새로운 것을 가졌을 때 감사가 있는 반면 그 매력도 곧 잃어버린다는 것을 깨닫게 되었다. 그들은 수지가 갖고 기뻐하던 모든 것들에 감사드리는 시간을 가졌다. 그들은 소유한 것에 대한 자만감으로부터 벗어나 하나님의 복을 더 성경적이고 현실적인 관점으로 보도록 아이의 마음을 온유하게 목양했던 것이다.

장기적인 비전

부모는 장기적인 비전을 가진 사람이어야 한다. 부모는 단순히 지금 여기에서가 아닌 장기적인 안목에서 아이를 목양하기 위해 아이의 필요를 보아야 한다.

어쩌면 아이의 행동이 아침 일찍 일어났을 때 항상 기분이 침울한 그저 그런 일일 수도 있다. 그러나 그런 짜증나고 화난 행동을 어느 날 아침에 일어난 별개의 사건으로 볼 것이 아니라, 일생에 영향을 끼치는 중요한 것으로 생각해야 한다. 이런 식으로 사람들에게 말하면 그들은 종종 이렇게 반응한다. "그런데요, 저도 아침엔 항상 기분이 별로예요." 아마 그럴지도 모른다. 그러나 문제는 이것이다. 그런 성품의 습관이 과연 축복인가, 저주인가?

성품에 관심을 갖는 것은 더 이상 자녀를 걸음마나 하는 어린아이로 취급하지 않는 것을 의미한다. 나는 학교 다니는 아이들을 마치 서너살 아이인 것처럼 대하는 부모들에 대해 들은 적이 있다. 그들은 소리지르며 지시한다. 아이들은 몇 년 동안 계속된 똑같은 지시를 듣지만, 그렇다고 분별력과 이해력은 향상되지 않는다. 그들은 다음 성장 단계인 청소년기를 위한 준비가 덜 되어 있기 때문이다.

자녀 양육
체크 리스트

1. 자녀의 성장에 중대한 성품의 문제가 있지만 그것을 어떻게 해야 할지 모르는 경우가 있었는가? 그 사례들을 프로젝트로 삼으라. 장기적인 문제가 무엇인지 판단하고, 이번 장에서 토의한 내용들을 적용해 이것을 어떻게 다룰 것인지 살펴보라.

2. 아이에게 지킬 기준을 주는 것이 편하다는 이유로, 그런 기준을 주고 싶은 유혹을 받은 일이 있었는가?

3. 아이가 마음으로부터 행동하지 않는다는 것을 알면서도 부모가 요구하는 행동만 하면 그냥 넘어가려고 생각한 적이 있는가?

4. 행동의 '언제' '무엇' 그리고 '왜' 의 차이를 구분해서 설명해보라.

5. '언제' '무엇' 그리고 '왜' 중에서 무엇이 가장 중요한가?

6. 양심에 호소하는 예를 하나 들어보라.

7. 당신의 자녀를 위한 다섯 가지 성품 훈련의 목적을 들어보라.

18장
십대: 훈련 목표

"**아버지.**" 방과후 백화점에 가려고 차를 빌리기 위해 서재에 들른 아들의 목소리였다.

"그래, 무슨 일이니?" 나는 일상적이면서 기운 찬 목소리로 물었다.

"차에다 열쇠를 놓고 잠가버렸어요." 긴장된 대답이었다.

"어, 그래? 내 지갑에 열쇠가 또 있지. 내가 가볼게." 그때 아들은 조심스럽게 덧붙였다.

"아버지, 저… 저기, 차 안에 키를 놓고 닫기 전에 사고가 났어요. 저, 작은 사고라 그렇게 나쁘지는 않아요. 제 잘못은 아닌 것 같아요. 저… 아버지, 저는 괜찮아요."

어린 초보 운전자들로부터 늘상 듣는 이야기 중 하나는 항상 사고가 '그저 작은 것'이라는 것과 자신은 잘못하지 않았다는 것이다.

많은 사람들이 자녀가 십대가 되면 일말의 두려움을 느낀다. 이런 두려움은 그저 사고 때문만이 아니다. 우리는 지금까지 차가 없어도 좋다고 배워왔다. 부모들이 자녀가 십대가 되는 것을 두려워하는 것은 이 성장기 때 나타나는 소외감 때문이다. 주변에서 흔히 십대 자녀를 둔 부모들을 보면서, 또 그런 십대를 보면서 막연한 걱정을 해본 적이 있을 것이다. 그러면서 속담 하나를 생각해내곤 한다. "작은 아이는 작은 문제를, 큰 아이는 큰 문제를 가졌을 뿐이다."

십대들의 특징

이 성장기를 표시하는 눈금은 사춘기부터 자녀가 집을 떠나 독립된 자기 공간을 갖는 시기를 가리킨다.

십대는 아주 불안정한 시기다. 그들은 아이도 아니고 어른도 아니다. 그래서 어떻게 행동해야 할지 확실히 알지 못한다. 어린아이처럼 굴면, "나이답게 행동하라"고 꾸지람을 듣기 일쑤다. 그러다 어른처럼 굴면 "나이에 비해 너무 주제넘게 굴지 말라"고 한소리 듣는다. 어떤 때는 온 세계가 굉장히 매력적으로 보이기도 한다. 그럴 때 그는 자기가 십대인 것을 좋아한다. 또 어떤 때는 십대라는 사실이 겁이 나고, 자신에 대한 세상의 요구가 많은 것 같고 감당하기 벅찬 것처럼 느낀다. 이럴 때 그들은 이 시기를 그저 피하고 싶다고 생각한다.

우리 아이들 중 하나는 열일곱 살이 된 것을 기뻐했다. 아이에게 열일

곱은 완전한 나이였다. 그 아이는 더 이상 초보 운전자도 아니고(그때까지 몇 번의 사고 경험도 있었으니까) 그렇다고 법적인 어른도 아니다. 대학 진학을 비롯해 심각하게 보이는 여러 결정에 직면한 우리 딸은, 엄마 아빠를 껴안으며 자기는 결코 집을 떠나고 싶지 않다고 말하곤 했다. 아이는 그저 소녀로 남고 싶어 했다. 아이는 자신의 일들을 해나갈 만큼 성장했지만, 한편으로는 가정의 아늑함과 보호를 즐기는 소녀로 남고 싶어 했다.

십대들은 모든 것에 상처받기 쉽다. 언제나 자신의 외모 때문에 걱정한다. 옷을 잘 입은 것인지, 똑바로 입은 것인지, 친구들이 자신의 셔츠나 스커트, 또는 새 머리 스타일을 어떻게 생각할지, 혹시 약속 장소에 도착했을 때 자기만 전혀 다른 차림새면 어떻게 하는지 등등에 대해서 말이다.

그들은 인생에 대해 자신이 제대로 이해하고 있는지 걱정한다. 레스토랑에서 어떤 말과 행동을 해야 하는지 걱정한다. 그들은 자신들이 경험하고 싶어하는 상황들에 적절히 대응할 만큼 자신들의 지식이 충분한지를 걱정한다.

십대들의 사고 세계는 매우 불안정하다. 우리는 저녁 식사를 하면서 사람들의 관심을 끌고 있는 정치나 시사 그리고 일반적인 생각들을 나눈다. 한 번의 대화로 어떤 생각에 대해 다방면으로 논쟁할 능력은 어느 누구도 갖고 있지 않다. 그런데도 십대들은 처음부터 독립적인 자기 의식을 분명하게 가지려고 한다. 대화에 개입할 만큼은 알고 있지만 사고는 아직 완전히 무르익지 않았는데도 말이다.

십대들은 자신들의 신체에 불완전함을 느낀다. 그들은 많은 시간을 거울 앞에서 보낸다. 그들은 제 나이에 맞는 육체적인 변화가 있는지 걱정한다.

십대들은 자신들의 성격에 대해 걱정하기도 한다. 그들은 스스로가 적당히 진지한지, 유머가 있는지, 창조적인지, 근심 걱정이 없는지 궁금해한다. 우리 아이 중 한 아이는 그런 두려움을 직선적으로 드러내곤 했다. 아이는 아침을 먹으면서 이제 자기 성격을 바꾸기로 했다고 선언하곤 했다. 어떨 때는 셔츠를 갈아입는 것보다 더 자주 성격을 바꾸었다. 그 아이는 성격이라는 것이 탄력적이라는 사실을 알지 못했다. 아이가 정말로 보여주었던 것은 자신이 누구인가에 대한 불확실성이었다.

이 기간은 불안정하고, 근심하고, 상처받기 쉬운 시기이기도 하지만 역설적으로 아이들 스스로가 독립적인 인격체를 만들어가는 과정이다. 십대들은 자신이 원하는 사람이 되고 싶어 한다. 그런 아이들을 지도해야 할 필요성은 더 커졌지만, 십대들은 그들을 가두어두려는 듯 느껴지는 지나친 간섭은 거부한다.

반항

십대의 시기를 흔히 반항기라고도 말한다. 어떤 반항은 개성을 드러내기 위해 단순히 왜곡하려는 시도일 때도 있다. 십대들의 반항은 대개 그보다 더 깊은 뿌리를 갖고 있다. 어떤 아이들은 항상 잠재해 있던 반항을 드러낸다.

부모는 그런 자세한 상황을 보통 잘 알지 못한다. 나는 많은 사람들을 만나 이야기해보는데, 대개는 아이들이 반항하는 원인을 가족이 이사했기 때문이라든가, 새 친구를 사귀어서 그렇다든가, 요즘 유행하는 헤비메탈 음악을 들어서 그렇다고 말한다. 가족이 이사한 것이 아이에게 충격적일 수 있고, 친구들이 부정적인 영향을 주었을 수도 있다. 또 어떤 음악들은 반항을 표현하기 위함이라는 것도 인정한다. 그러나 문제는 이보다 더 심각하다.

나는 한 아버지가 초등학교 4학년생 아들을 훈육하는 것을 본 적이 있다. 아들은 다른 사람들 앞에서 야단을 맞았고, 아버지에게 순종하라는 말을 들었다. 순종하는 동안 아이는 얼굴을 찡그리며 아버지에 대한 분노와 깊은 적대감을 드러냈다. 그때 아이로 하여금 대놓고 반항하는 것을 막은 것은 무엇인가? 그것은 간단하다. 아이는 너무 어렸기 때문에 아버지가 무서워서 감히 자신의 분노를 표현할 수 없었던 것이다. 단지 있는 대로 얼굴을 찡그리며 분노를 드러낼 뿐이었다.

몇 년 후에 아이는 반항하기 시작했다. 아이는 못된 친구들과 어울렸고 반사회적인 음악을 들었다. 그러나 반항의 씨앗은 못된 친구들이 뿌린 것이 아니었다. 반항적인 아이의 사고방식은 팝 뮤직의 반사회주의적 성향에서 시작된 것이 아니다. 아이의 반항은 많은 사람들 앞에서 꾸지람을 듣던 순간 분노를 참은 4학년으로서 자신의 느낌을 표현한 것이다.

나는 항상 반항적인 십대들이 서로를 빨리 알아보는 데 놀란다. 학교의 새로운 반항아 친구에게 빠지는 것은 그 자신이 반항적인 아이이기 때문이다. 절대로 새로 사귄 친구 때문에 반항아가 되지는 않는다.

반항적인 아이들이 서로를 부추길 수는 있지만, 마음으로 순종하는 아이가 다른 아이의 영향을 받아 반항하는 경우는 드물다.

어릴 때 아이는 때때로 반항하고 싶은 마음을 느낄 수도 있다. 반항을 표현할 수도 있다. 그러나 어린 데다가 엄마 아빠에게 완전히 의존하는 한 아이는 드러내놓고 반항하지 못한다. 아이는 아직도 엄마와 아빠가 필요한 것이다. 부모에게는 아직 힘이 있다. 그러다가 부모 없이도 살아갈 수 있다고 생각할 때 아이는 반항을 드러내기 시작한다. 실제로 이런 반항은 몇 년 동안 잠복해 있었음에도 부모들은 갑자기 기습당한 것처럼 생각한다.

삶의 세 가지 기초

이 기간 동안 자녀 교육의 목표는 무엇인가? 부모는 이때 무엇을 바랄 수 있는가? 부모의 개인적인 아이디어가 아닌 어떤 튼튼한 기초를 놓을 수 있는가? 기억하기 쉬우면서도 다방면으로 충분히 적용할 수 있는 목표는 무엇인가?

잠언 1장 7-19절은 바로 이 부분을 우리에게 말해준다. 이 구절은 우리에게 삶의 세 가지 기초를 가르쳐준다. 하나님을 경외하는 것(7절), 부모의 가르침을 따르는 것(8-9절) 그리고 악한 것으로부터 멀어지는 것(10-19절)이다.

여기서 나는 아이의 자녀 양육이 이 책에 쓴 모델에 따라 이루어지고 있다고 전제하고 있다. 그에 따른다면 이 기간 동안 부모는 자녀가 어린 시절 내내 들은 교훈이 모두 조화를 이루어 아이 안에서 내면화되는 것을 볼 수 있다.

하나님을 경외하는 것

잠언 1장 7절은 "여호와를 경외하는 것이 자식의 근본이어늘 미련한 자는 지혜와 훈계를 멸시하느니라"고 말한다. 십대들은 부모로부터 독립하는 생활의 문턱에 있다. 그들은 자신의 삶에 주된 영향을 끼치는 것들을 이미 선택하고 있다. 매일 중요한 결정들을 스스로 내리고 있다.

3장에서 살펴본 〈그림 3〉을 보자. 이 그림은 하나님을 향하는 각 개인의 태도를 반영한 것이다. 이 그림은 둘로 나뉘어 있는데, 그 이유는 모든 사람에게 하나님을 향하는 마음이 있기 때문이다. 모든 사람은 하나님 아니면 우상을 숭배한다. 누구든지 하나님이 아니면 우상을, 그것이 어떤 종류건 무엇이건 간에 경외하며 산다.

우리의 자녀는 하나님에 대한 존경과 경외하는 마음을 가져야 한다. 부모는 아이들이 하는 선택이 하나님을 예배하는 사람으로서 어떤 의미를 내포하는지 그들이 보다 잘 이해하기를 원한다. 질문은 '만약에' 가 아니라 '무엇을' 당신 아이가 숭배하느냐이기 때문에, 부모는 아이에게 우상을 숭배하는 것에 대한 분별 없는 행동에 자유롭게 도전을 주어야 한다.

하나님을 경외하면서 산다는 것은 하나님께 대한 책임을 깨달으면서 사는 것을 뜻한다. 이것은 그분은 하나님이시고 우리는 피조물이라는 사실을 기억하며 사는 것이다. 그분은 모든 것을 보신다. 모든 것이 아이 앞에 있다. 경건한 두려움을 갖고 사는 것은 자기 백성에게 거룩하라고 하신 거룩한 하나님의 완전한 빛 가운데서 사는 것이다.

십대 시기에 대선지서와 소선지서들을 읽게 하라. 아이들은 하나님을 우습게 여겨 시련을 맞고 있는 최근의 복음주의 문화에 젖어 있다. 선지서를 읽으면 자기 백성에게 책임을 갖게 하는 거룩하신 하나님을 만날수 있다. 십대에게는 "하나님은 당신을 사랑하십니다"라는 요즘 유행하는 자동차 스티커보다는 그와 반대되는 스티커가 더 필요할지도 모른다. 즉 "두려워하라. 하나님은 소멸하는 분이시다"라고 말이다. 아이들로 하여금 성경의 3분의 1에 해당하는 주된 주제가 심판인 것을 깨달아 깨어있게 하라.

신학적인 사실도 마찬가지지만, 성장의 주된 핵심은 사실을 인식하고 분별하는 것이 아니다. 이것은 일상생활에서 그 사실의 타당성을 이해하는 것이다. 부모와 자녀들은 생활을 재정비하는 자세로 하나님을 경외하는 것을 이해해야 한다.

우리는 하나님을 경외하는 것을 정상적인 생활에 반영해야 한다. 예를 들면 십대들은 사람을 두려워하는 것과 싸운다. 친구들이 자기에 대해 뭐하고 말할까 걱정한다. 또한 또래 친구들의 비난을 두려워하면서 결정을 내린다. 이렇게 동료의 압력에 이끌리는 것은 하나님을 경외하는 것이 아니라 단순히 사람을 두려워하는 삶이다.

부모가 해야 할 일은 사람을 경외하며 사는 것이 아니라 하나님을 경외하며 사는 십대를 목양하는 것이다. 부모는 자녀에게 소멸하는 분이신 하나님을 알도록 가르쳐야 한다.

자녀들과 대화를 나누고, 그들을 도와 그들이 사람을 두려워하고 있다는 사실을 알게 해주어야 한다. 그때 부모는 다른 사람들의 인정을 받고 싶은 생각 때문에 느껴지는 부담감을 아이들이 이해하도록 도와야 한다. 인정받고 싶은 욕구에 따라 사는 삶의 무익함과 그로 인한 잘못된 우상 숭배의 위험을 알려주라.

가장 좋은 방법은 자신의 경험을 서로 나누는 것이다. 내가 웨스트민스터 신학 대학에서 박사 과정을 시작했을 때 우리 아이들은 모두 십대였다. 나는 교회에서 목회를 하고 있었고, 일주일에 하루는 학교에 갔다. 수업은 모두 목요일에 있었다. 그래서 매주 수요일 밤이면 나는 늦게까지 공부했다. 어느 수요일 새벽 두 시쯤에 나는 정신 없이 글을 쓰고 있었고 아내는 내가 쓴 것을 정리하느라 타자기 앞에 매달려 있었다. 갑자기 나는 도대체 내가 무엇을 하고 있는 것인가 하는 생각이 들기 시작했다. 그런 식으로 나는 우리들의 잠을 빼앗고 있었던 것이다. 인내심 많은 아내는 밤새 일하고 있었다. 교사인 아내는 아침이 되면 다시 아이들이 북적대는 교실에서 가르쳐야 했다. 그녀는 지쳐 있을 것이다. 또 나는 필라델피아로 운전해가면서 위험을 무릅써야 했다.

나는 "왜 이것을 하고 있는지" 곰곰이 자문해보았다. 하나님이 아내와 나 두 사람이 잠들지 않기를 원하시는가? 하나님의 의와 진리가 내가 밤새도록 일하기를 요구했던 것인가? 아니었다! 나는 하나님을 경외하는 것에 근거해 일하고 있는 것이 아니었다. 나는 사람을 경외하는 것을 따라 일하고 있었다. 나는 교수들이 나를 효율적이고 능력 있는 목회자로 생각해주기를 원했던 것이다. 나는 그들이 인정하지 않는 것을 두려워했다. 나는 그들에게 인정받고 싶었던 것이다. 나는 하나님을 기쁘시게 하는 사람이 아니라 사람을 기쁘게 하는 사람으로서 선택하고 있었다. 나는 그날 밤 기도했다. 나의 죄를 아내와 하나님 앞에 자백했다. 나는 사람을 경외하면서 산 것을 회개했다.

이 경험을 우리 아이들과 같이 나누며 나는 많은 대화의 열매를 얻었다. 그들은 내가 한 선택을 분별할 수 있었다. 그들도 그와 비슷한 자신들의 경우를 생각해냈다. 그리고 그들 역시 사람보다도 하나님을 경외하는 것이 얼마나 자유스러운 일인지 깨달을 수 있었다.

사람들이 십대들에게 하나님을 경외하는 것의 중요성을 알게 하는 데 회의적인 태도를 보이는 것은 참 어처구니 없는 일이다. 이것은 흔히 젊은 아이들이 경건한 동기에 따라 움직일 수 없다고 가정하는 것이다.

무엇 때문에 그렇게 회의적인지 확실히 알 수가 없다. 나는 이렇게 한번 생각해보라고 권하고 싶다. 아이들이 하나님을 경외하는 것을 알기 원한다면, 하나님이 그들을 가르치도록 임무를 부여하신 사람들(부모들)은 그것을 분명히 가르칠 수 있다는 것이다.

하나님을 경외하는 것을 이해하는 십대들은 위험에서 벗어날 수 있다. 그들은 지혜를 소유하게 될 것이며, 하나님의 지식 안에서 자랄 것이다.

부모의 가르침에 따르는 것

삶의 두 번째 기반은 부모의 가르침을 따르는 것이다. 잠언 1장 8-9절을 보라. "내 아들아 네 아비의 훈계를 들으며 네 어미의 법을 떠나지

말라 이는 네 머리의 아름다운 관이요 네 목의 금사슬이니라." 잠언 6장
은 지혜 가운데 행하라는 이 부르심을 확대 반복하여 보여주고 있다.

> "내 아들아 네 아비의 명령을 지키며 네 어미의 법을 떠나지 말고 그
> 것을 항상 네 마음에 새기며 네 목에 매라 그것이 네가 다닐 때에
> 너를 인도하며 네가 잘 때에 너를 보호하며 네가 깰 때에 너와 더불
> 어 말하리니 대저 명령은 등불이요 법은 빛이요 훈계의 책망은 곧
> 생명의 길이라"(잠 6:20-23).

부모의 말씀을 잘 듣는 자녀는 풍성한 축복을 받는다.

흔히 십대들은 부모를 부당하다고 생각한다. 또 대부분은 부모와 자
녀의 관계가 선택이라기보다는 오히려 편리와 필요에 의한 관계라고 여
긴다.

잠언 1장 8-9절은 지혜와 교훈의 근원을 그들의 부모에게서 보며 자
라는 아이들의 비전을 알려준다. 이 말씀은 아이들이 부모의 가치와 가
르침에 따를 때 큰 도움을 받을 것이고, 많은 것을 얻게 될 것이라고 단언
한다. 오히려 십대들은 부모의 사고방식을 옳지 않다고 거부하지 말고
그것을 잘 받아들이라고 솔로몬은 가르친다.

놀라운 일인가?

누가 아이들과 올바른 관계를 갖고 있는가? 부모는 그들을 잘 아는
사람들이다. 부모는 그들 인격의 미묘한 뉘앙스를 알고 있고, 그들의 장
점과 약점도 알고 있다. 또 그들의 생활 경험도 잘 알고 있다. 부모는 크

리스천으로 살면서 고군분투하고 있다. 부모는 크리스천으로서의 삶의 훈련과 위험도 이해한다. 부모는 그들이 사는 세상을 알고 있다. 부모는 아이들이 직면해 있는 여러 압력들도 이해하고 있다. 부모는 자녀들에게 책임이 있고, 또 하나님께도 책임이 있다. 어느 누구도 부모보다 더 그들을 사랑하는 사람은 없고, 어느 누구도 부모보다 더 그들을 위해 헌신하는 사람도 없으며, 어느 누구도 부모만큼 그들을 조건 없이 받아들이지 않는다. 어느 누구도 부모만큼 더 솔직하고 더 부드러운 사람은 없다. 그러므로 자녀가 부모의 지시나 가르침을 외면하는 것은 절대로 있을 수 없는 일이다.

만일 우리가 지금 하나님 및 아이들과 함께 온전히 잘 살고 있다면, 위의 어느 것도 과대 평가된 것이 아니다. 부모가 자신의 인생 경험과 아울러 어떻게 더 깊이 하나님을 알게 되었는지, 그리고 어떻게 하는 것이 하나님을 더욱 기쁘게 하는 것인지 솔직하게 증거한다면, 부모는 크리스천의 믿음이 어떻게 자라나는지를 생생하게 보여주는 것이다.

자녀와 부모의 관계는 솔직해야 한다. 부모의 편리에 따른 충고나 부모가 곤란해지거나 난처한 입장에 빠지는 것을 피하기 위해 하는 충고들은 절대로 해서는 안 된다. 부모는 어떤 방법으로든 아이들을 이용하지 않고 있다는 것을 보여주어야 한다. 그렇게 한다면 자녀들은 대개 자발적으로 부모의 가르침을 받으려 할 것이다.

대학에 다니는 우리 아이는 주말에 긴 휴가를 내서 약 320킬로미터나 되는 자전거 여행을 생각하고 있었다. 아이는 우리와 자동차로 6시간이나 걸리는 곳에 멀리 떨어져 있었다. 우리는 연락도 하지 않았는데 아이는 조언을 얻기 위해 전화를 해왔다. 그 아이는 바른 결정을 내리기 위해 필요하고 적절한 세부 사항들을 아주 잘 처리해왔다. 그렇지만 자기 생각을 부모에게 알리려고 전화했던 것이다. 왜 그렇게 했을까? 우리가 요구했기 때문이 아니다. 그것은 아이가 스스로 결정하는 것이 불안해서가 아니라 부모가 신뢰할 수 있는 인도자임을 확신하기 때문이었다. 아이는 또한 우리가 그를 대신해 결정해주지 않으리라는 것도 잘 알고 있었다. 우리는 단지 아이가 중요한 자료들을 검토해보도록 도왔을 뿐이다.

가르침을 받으려는 것은 단지 부모의 가르침에 따르려고 하는 태도를 보여준다. 또 한 가지 중요한 것은 부모의 가르침을 따르려는 데는 부모가 배워온 진리의 틀을 갖는 것도 요구된다는 것이다. 이것은 부모가 가르침을 받아온 진리의 틀 안에서 사는 것과 일하는 것을 배운다는 의미다.

여기서 좋은 예는 우리 아이 아론이다. 고등학교 영어 수업에서 아이는 분명한 가치관 형성에 대해 배우고 있었다. 윤리적 딜레마가 가치 기준의 상대성, 가치의 불완전한 본질을 설명하기 위해 제시되었다. 선생님은 윤리적인 딜레마를 제시하고 학급 토론을 열었다. 윤리적인 딜레마에 대한 전체의 의견이 완전히 빗나갈 때, 아론은 자신의 의견을 말했다. 아이의 제안은 그 논쟁을 해결했다. 아이는 딜레마의 함정에 빠지지 않았다. 부모의 가르침대로 아이는 성경적인 해결책을 제안했다. 그 해결책 덕분에 아론은 선생님으로부터 '아주 훌륭한 답'이라는 칭찬을 들었다. 선생님은 "네 답이 이 책에서 제시한 것보다 훨씬 좋구나"라고 덧붙였다.

아론은 부모의 가르침을 신뢰했기 때문에 큰 도움을 받았다. 아론은 우리 시대의 가치 없는 지적인 분위기에 물들지 않고 딜레마를 분명히 해결할 수 있었다. 성경적인 가르침이 풍성한 아이는 절대적인 것이나 선생님도 바로 깨닫지 못하는 원칙 없는 세상에서 확실한 기초를 갖고 살 수 있다(시 119:99-100).

부모의 가르침에 배경이 되는 것

부모의 지시나 가르침의 중요한 내용은 신명기 6장에 나와 있다. 이것은 우리가 매일 생활에 적용하는 구절이다. 자녀들은 부모의 믿음 생활을 봄으로써 믿음에 따른 삶의 능력을 알게 된다. 완전할 필요는 없지만, 부모는 풍성하고 튼튼한 하나님의 진리의 말씀 안에서 살아가는 성실한 사람일 필요가 있다.

비디오를 보고 있든지 게임을 하고 있든지, 아니면 그저 자기 일에 몰두해 있든지, 아니면 받기 싫은 전화를 받고 있든지, 성공하고 있든지 실패해서 슬퍼하고 있든지 그 모든 무엇과도 상관 없이, 부모는 일상에서 크리스천의 믿음과 능력과 생활을 보여주고 있는 것이다.

가정 예배

가정 예배는 가르침에 있어서 또 하나의 특별한 상황을 제공한다. 가정 예배를 의무적으로 드리려는 유혹은 언제나 있다. 생활은 방탕하면서도 가정 예배는 결코 빠트린 적이 없다고 자랑하는 사람들이 얼마나 많은가?

십대들이 세상과 삶을 경험하는 것처럼 가정 예배도 세상과 삶을 연결하는 것이어야 한다. 가정 예배는 십대들이 직면한 문제들을 생생한 방법으로 다루어주어야 한다.

다나는 남편 없이 혼자서 세 명의 십대 아이를 키우고 있다. 큰딸이 남자아이들에게 관심을 갖기 시작할 무렵이었다. 더 정확하게 말한다면 남자아이들이 큰딸에게 관심을 갖기 시작했다. 다나는 딸과 남자 친구의 관계가 어떻게 진행되는지 관심을 갖고 지켜보았는데, 관계는 잘못 나가는 것 같지 않았다. 그러나 한편으로는 걱정이 되었다. 딸이 남자 친구와의 관계에서 수준 높은 기준들을 지켜나갈 수 있을지 걱정이 들었던 것이다.

다나는 하나님의 말씀이 사람들과 그들의 필요를 충족시킨다는 것을 믿고 있었다. 그녀는 성경의 약속과 경고가 모든 사람에게 적용된다는 것도 알았다. 그녀는 딸과 남자 친구에게 가장 필요한 것은 하나님의 방법을 앎으로써 채워질 수 있다고 확신했다. 또 하나님의 진리는 신실하다는 것과 그 진리의 말씀이 딸과 남자 친구의 관계를 잘 조화시켜주시리라는 것도 알았다.

다나는 남녀 관계에 대해 심도 있는 성경 공부를 준비했다. 그리고 딸과 그 아이의 남자 친구와 함께 성경 공부를 했다. 아이들이 성경 공부를 아주 좋아해서 그녀가 공부하려 했던 속도보다 더 빨리 성경 공부를 준비하느라 바빴다.

이 이야기는 아주 모범적인 가정 예배의 한 예다. 가정 예배는 청소년들의 필요와 관심에 민감해야 한다. 다나는 성경을 가지고 그들을 쫓아다닐 필요가 없었다. 오히려 그들이 다나를 찾은 셈이다. 하나님의 말씀의 능력을 항상 기억하라. 믿음은 들음에서 나며 들음은 그리스도의 말씀으로 말미암는다는 것을 기억하라.

악한 자와 어울리지 않는 것

세 번째로 기반이 되는 문제는 잠언 1장 10절에서 볼 수 있다. "내 아들아 악한 자가 너를 꾈지라도 따르지 말라." 솔로몬은 아들에게 악한 사람을 멀리 하라고 명한다. 하나님은 영향력에 관한 문제를 잘 알고 계신다. 악한 사람과 사귀는 사람은 악한 것들을 배울 수밖에 없다.

이것이 사실이라는 증거를 우리는 주변에서 많이 본다. 그러나 이것만으로 이 말씀의 진의를 완전히 파악할 수는 없다. 이 구절은 단순히 악한 사람에게서 멀어지라고 말하지 않는다. 이 말씀은 아이들이 왜 그런 사람들에게 관심을 갖게 되는지도 말하고 있다. 1장 10-19절까지 스무번 이상 사용된 복수형 인칭 대명사가 있다. 이것을 주목하라.

"우리와 함께 가자… 우리가 온갖 보화를 얻으며… 너는 우리와 함께 제비를 뽑고… 우리가 함께 전대 하나만 두자…."

잠언 1장에서도 알 수 있듯이 십대들을 들뜨게 만드는 것은 무엇인가? 바로 소속감이다. 악한 것에 굴복하게 만드는 이 매력적인 것은 동료 관계다. 이 매력은 다른 사람들과 상호 관계를 원하는 사람의 필요에 있다. 아이들은 어디엔가 소속되고 싶어 한다.

나는 어느 이른 여름 저녁, 목회 사역을 위해 한 신임 장로의 집을 심방했다. 차를 마시면서 그들 부부와 대화를 나눌 때 그 집 딸이 아래층으로 내려왔다. 아이는 정숙하지 않은 야한 옷을 입고 있었다. 아이가 거실에 들어서자 그 장로는 심하게 꾸중하는 목소리로 말했다. "너, 지금 어디를 가려는 거니?" 우유라도 얼려버릴 것 같은 섬뜩한 분위기였다. 딸은 "밖에요"라고 짧게 대답했다. "너, 그렇게 입고는 아무데도 못 간다. 어디서 그 따위로 입고 다녀?" 그 말을 들은 아이는 문을 쾅 닫고 사라졌다.

나는 그날 저녁 이후 어떤 일이 발생했는지 모른다. 내가 얼마나 더 오래 머물렀는지 또 무엇을 말했는지도 확실히 기억할 수 없다. 생각나는 것이 있다면 그 가족의 소외감이었다.

그 딸이 발 닿는 대로 서둘러 집을 나간 것은 전혀 놀랄 일이 아니다. 나 또한 더 이상 그곳에 있고 싶지 않았다.

아이가 악한 친구의 유혹에 미혹되는 것을 막는 가장 강력한 방법은, 가정이 바로 아이의 마음에 끌리는 장소가 되어야 한다는 것이다.

십대는 그들이 사랑을 받고 조건 없이 받아들여지는 가정에서 뛰쳐나가지 않는다. 그들은 튼튼한 관계를 가진 가정에서 뛰쳐나가지 않는다. 그들은 가족이 특별 활동을 계획하거나, 재미 있는 것들을 하는 집으로부터 뛰쳐나가지 않는다.

나는 앞에서 우리 가족이 함께한 1만 킬로미터의 자전거 여행을 이야기했다. 이 여행은 2년 동안 우리 가족의 상호 교류를 만든 기폭제였다. 우리는 함께 계획했다. 필요한 장비의 목록을 만들었고, 자전거를 샀으며, 캠핑 장비를 준비했다. 우리는 행로를 계획하기 위해 수없이 지도를 들여다보았다. 우리는 다른 사람으로부터 배운 자전거 여행에 관한 책을 읽었다. 운동을 하면서 육체적인 준비도 함께했다. 아이들은 우리의 계획들을 친구들에게 말했다. 아이들은 자신들이 보통 다른 사람들과는 다른 특별한 가족에 속한 것처럼 느꼈다. 자전거 여행은 단합의 소중함을 깨닫게 해주었다. 이것은 우리 세 아이의 삶에서 가장 중요한 시기에 소속감을 제공했다.

중요한 것은 이것이다. 아이들에게 악한 자와 함께 어울리라는 압박이 다가온다면 부모는 가정을 재미있는 곳으로 만들도록 힘써야 한다. 십대들에게 가정은 이해하고, 사랑받고, 격려받고, 삶의 길이 보이는 피난처가 되어야 한다.

이 세 가지 기반은 십대들과의 모든 대화를 통해 드러나야 한다. 하나님을 경외하는 것, 부모의 가르침에 따르는 것 그리고 악한 자와 어울리지 않는 것. 이렇게 할 때 우리는 우리의 노력 위에 하나님의 은혜를 기대할 수 있다.

1. 십대 자녀가 부모로부터 독립해서 살아보겠다고 했을 때 부모는 어떤 문제들을 양보할 수 있는가?

2. 자녀 교육에 있어서 부모의 실수 때문에 자녀가 반항했던 일이 있었는가? 그리고 그 일들을 솔직하게 말하기 위해 어떻게 할 수 있는가?

3. 당신은 아이에게 하나님은 두렵고 경외스러운 분이라는 것을 잘 알려주고 있는가? 히브리서 12장 29절 말씀, "우리 하나님은 소멸하는 불이심이니라"는 뜻을 자녀에게 어떻게 가르치고 있는가?

4. 하나님의 속성 중 이런 면을 강조하기 위해 아이들과 성경의 어느 부분을 읽고 있는가?

5. 십대 자녀에게 적합하게 가르치기 위해 당신은 무엇을 할 수 있는가?

6. 당신은 하나님의 방법을 상고하기 위해 자녀와 자신의 경험을 같이 나누고 있는가?

7. 당신과 자녀들을 위해 도움이 될 성경 공부 주제는 어떤 것이 있는가?

8. 당신은 가정을 자녀가 사랑을 느끼고 받아들여지는 곳으로 만들고 있는가? 당신의 가정은 자녀의 친구들이 하나님을 믿건 안 믿건 간에 환영하고 있는가?

9. 당신은 자녀들이 가정에 특별한 소속감을 느끼게 하기 위해 무엇을 하고 있는가?

19장

십대: 훈련 과정

십대 자녀 양육을 주제로 한 주말 수련회에 참석한 적이 있다. 나는 우리 아이들이 거의 십대여서 앞으로 닥칠 일들을 어떻게 준비해야 하는지 배우고 싶었다. 그 강사는 훌륭했다. 말솜씨가 좋은 그는 자신의 경험에서 얻은 많은 이야기를 들려주었다.

그런데 수련회는 결국 나를 더욱 노심초사하게 만들었다. 모든 이야기는 한 아버지와 아들에 관한 것으로 누가 먼저 허를 찌르냐에 관한 것들이었다. 그들의 관계는 마치 쫓고 쫓기는 헐리웃 영화의 변형판같았다.

자녀 양육이 아버지가 먼저 선수치는 것에 따라 좌우되는 것이라면 그 자녀 양육은 실패한 것이라고 생각했던 것을 기억한다. 나는 십대를 양육하는 것이 선수를 쳐서 조정하는 문제가 아니라고 확신한다. 십대를 양육하는 것은 그것보다 훨씬 더 신나고 만족스러운 일이다.

복음의 내면화

복음의 내면화는 자녀가 하나님의 것을 자신의 산 믿음으로 받아들이는 과정이다. 이 기간 동안 부모의 소망이 있다면 자녀가 하나께 속한 사람이라는 자기 정체감을 계발해나가는 것을 보는 것이다.

복음을 내면화하기 위해서는 자녀의 내면에 성령의 역사가 반드시 필요하다. 그 일을 대신할 수 있는 부모는 아무도 없다. 부모가 힘들게 수고한다고 될 일이 아니다. 그러나 부모는 하나님이 약속을 지키실 뿐만 아니라 하나님의 방법을 통해 일하신다는 소망을 가지고 수고해야 한다. 부모는 감히 하나님의 주권적 자비에 주제넘게 구는 것이 아니라, 복음의 능력이라는 소망을 갖고 수고해야 한다.

자녀 양육 전반에 걸친 부모의 간절한 소망은 아이들이 복음을 내면화하는 것을 보는 것이다. 모든 훈련이나 호소 그리고 바르게 함과 징계에 있어서 부모의 소망은 자녀가 크리스천으로서 믿음을 갖는 것을 보는 것이다.

아이들의 마음을 목양하고, 양심에 호소하며, 바르게 가르치고, 징계하며, 생명의 근원인 마음을 다루고, 삶에서 그리스도를 간절히 필요로 하는 일정한 기준을 갖게 하려는 이유는 자녀가 하나님께 나아오는 것을 보고 싶기 때문이다. 부모는 자녀들이 하나님을 필요로 하고, 그리스도를 받아들이며, 하나님 나라의 빛 안에서 사는 것을 보고 싶어 한다.

복음의 내면화는 모든 자녀 양육이 맺어야 할 열매다. 〈그림 3〉에 있는 하나님을 향한 마음을 다시 상기해보자. 내면화는 자녀가 하나님을 알고 섬기는 사람으로 성숙하게 되는 것이다.

　나는 우리 자녀들이 크리스천이 될 것이라고 생각했느냐는 질문을 종종 받는다. 부모들은 자녀가 믿음을 갖게 되리라는 약속을 성경에서 필사적으로 찾으려 한다. 나는 하나님의 말씀에서 그 약속을 찾을 수 없다고 믿는다.

　"자녀를 올바른 방법으로 양육한다면 하나님이 그들의 구원을 약속하셨다고 생각하지 않는가?"라는 질문도 받는다. 그런 약속이 있다 해도 내게 위로가 되지 못할 것이다. 나는 아이들을 잘 키우지 못했다. 그들의 삶을 돌이켜볼 때 다시 한 번 시작하고 싶은 평범한 부모의 마음일 뿐이다. 왜냐하면 나는 나의 단점과 한계를 잘 알고 있기 때문이다.

　복음 전도의 입장에서 '자녀들이 구원받는 것'에 대해 나는 아직까지 언급하지 않았다. 그보다 나는 하나님을 깊이 알고 헌신하는 길로 그들을 인도하려 했다. 하나님께 회개하고 주 예수 그리스도에 대한 믿음을 갖는 것은 하나님에 대한 깊은 이해와 헌신의 삶의 한 부분이 될 것이다.

　자녀들이 믿음을 갖기를 바라는 부모는 소망에 대한 이유를 가지고 있다. 복음의 능력이 곧 소망이다. 복음은 사람의 조건에 꼭 맞다. 복음은 매력적이다. 하나님은 이미 우리 자녀에게 큰 자비를 보여주셨다. 특권적인 귀중한 장소도 그들에게 주셨다. 하나님의 진리를 들을 수 있는 가정에 살게 하신 것이다. 그들은 하나님 백성들의 삶 속에서 하나님의 은혜로 인한 변화의 능력도 보았다. 부모의 기도와 기대는 부모 자신에게도 그랬던 것처럼 복음의 능력으로 십대의 반항을 극복할 것이라고 믿는 것이다.

십대에 대한 대부분의 책들은 십대의 반항을 당연시하거나, 아니면 그들에게 거부감을 주는 강한 통제는 하지 말라고 말한다. 그러나 우리 집은 그 반대다. 우리 집의 목표는 부모가 성실하게 부모의 역할을 잘 수행해서 디도서 1장 6절의 말씀처럼 아이들이 "방탕하다 하는 비방이나 불순종하는 일이 없는" 것이다.

아이가 제멋대로 행동하고 부모와의 관계가 이미 심각한 단계라고 낙담하고 있다면 앞에서 언급했던 것을 다시 말해주고 싶다. 가족과 함께 회개하며 하나님께 돌아서서 하나님의 은혜 가운데 새로운 목표를 정하면 우리는 하나님과 화목하게 될 것이다. 구부러진 것을 바르게 하시는 하나님을 바라라.

나는 십대 자녀를 가진 가족들이 많은 고통과 고생을 넉넉히 이겨내는 것을 지켜보며 기뻤던 적이 있다. 하나님은 고통의 긴 밤 내내 하나님을 찾는 은혜를 그들에게 주셨으며, 새로운 기쁨과 평화를 주셨다. 지금 그들은 한때 반항적이었던 아이들과 함께 하나님 나라를 위해 수고하고 있다.

복음의 내면화를 위해 목양하라

이 기간 동안 부모의 역할은 복음을 내면화하는 과정에서 자녀에게 영향을 주고 격려하면서 그들을 목양하는 것이다.

부모는 자녀에게 하나님에 대해 가르치면서 하나님의 속성을 보여준다. 또 하나님의 영광을 선포한다. 부모는 아이가 보는 가운데 하나님의 보호하심 아래서 삶의 축복을 누린다. 인간의 궁극적 목적인 '하나님을 영화롭게 하며 하나님을 영원히 즐거워하는 것'을 아이들에게 말해주고 있는 것이다. 뿐만 아니라 하나님을 사랑하지 않고 신뢰하지 않는 위험에 대해 경고하고 있다. 남을 쉽게 믿는 어린아이의 타고난 마음 덕분에 아이는 부모의 말을 잘 받아들인다.

십대 시절 동안 아이는 새로운 것들을 받아들인다. 그리고 자신의 죄악성과 연약함을 점점 더 깨닫게 된다. 그는 자신이 배운 기준을 받아들인다. 이제 그는 자기 자신을 잘 알게 되면서 자신이 해야 할 일을 하지 못하는 무능력에 직면한다. 지금까지 지내왔던 생활보다 더 나빠진 아이들은 자신의 약점과 필요를 스스로 더 잘 알게 된다.

십대는 또한 모든 사람이 자기가 배운 것처럼 믿지는 않는다는 것을 알게 된다. 그래서 배우고 있는 모든 것에 도전하는 책을 읽고, 듣고, 배운다.

부모의 임무는 자녀가 복음을 내면화하도록 목양하고 지도하는 것이다. 어떻게 우리는 이렇게 어른으로 자라나고 있는 십대에게 접근할 수 있을까?

십대 자녀와 목양 관계를 개발하라

나는 부모가 자녀의 성장 발달의 처음 두 단계를 성공적으로 잘 다룬다면 성령님이 그런 수단을 통해 일하시므로, 부모의 역할은 치료하는 것이 아니라 지시하는 것이라고 생각한다. 부모는 자신의 역할과 권리를 잘 설정해서 자녀의 삶에 개입해왔다. 그것은 하나님 아래 있는 부모로서 대리인의 역할을 아주 잘한 모습이다. 그때 자녀들은 부모의 권위를 이미 인정한 것이다.

부모의 권위가 십대 아이에게 확립되지 않았다면 하나님께 나아가는 시간을 갖고, 십대와 함께 다시 시작해야 한다. 자신의 죄를 고백하고, 재고하며, 하나님의 말씀 위에 선 부모의 권위와 책임을 자신과 자녀 앞에 세우라. 그들의 목자로서 갖는 부모의 권리나, 아이들이 목양받고 싶어 하는 욕구에는 지름길이 없다. 그렇게 되는 유일한 길은 회개와 믿음뿐이다.

6-7세 정도 되는 아이의 성품을 다룰 때 자녀의 삶에 있어서 건설적인 힘이 되는 부모의 관심은 이미 정해져 있으며 또 드러나 있다. 이제 부모의 목양은 아이의 삶에서 단순히 그 역할의 연장일 뿐이다.

권위 대 영향력

목양의 근본적인 요소 가운데 하나는 영향력이다. 10장에 있는 〈그림 6〉을 다시 보라. 이 그림에서 권위는 부모가 아이보다 더 강하고 더 빠르고 더 크기 때문에 아이와 함께 성취할 수 있는 것을 나타내고 있다. 영향력은 아이가 부모를 신뢰하므로 자발적으로 부모의 권위 아래 자기를 놓으려는 의지를 의미한다. 영향력을 주는 사람으로서 부모의 역할은 아이들이 자신의 필요를 알게 하고, 또 자신에게 정직하도록 돕는 것이다.

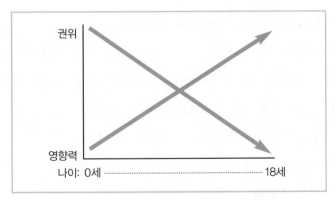

〈그림 6〉 권위와 영향력의 관계

예를 들면 십대 자녀와 같이 지내는 것은 쉬운 일이 아니다. 대개 십대들은 제멋대로 모든 사람에게 퉁명스럽게 군다. 부모가 권위를 행사하려면 어떤 식으로든 규칙을 정해야 할지도 모른다. "그런 말은 다시는 듣고 싶지 않구나. 한 달 동안 외출 금지다. 전화도 쓰지 말구. 그런 것들도 집에 들여놓지 말구."

반대로 영향을 주고 싶다면 아이에게 다가가 온유하게 책망해야 한다. "난 네가 그런 식으로 하면 상냥한 사람이 되는 데 문제가 있다고 생각해. 난 너를 사랑해. 너에게 건설적인 방법으로 말하는 법을 알려주고 싶구나."

언급한 첫 번째 접근 방법은 아이에게 소외감을 주어 아이가 오히려 위험한 모임에 빠질 수도 있다. 두 번째 방법은 사랑과 온유한 책망으로 다가가는 것이다. 이 방법은 포용하며 받아들인다. 이것은 현명한 사람에게 말하는 것처럼 느껴져 아이로 하여금 바른 가르침을 받아들이게 한다. 아이가 스스로를 어리석은 자처럼 느끼지 않도록 주의하라. 아이를 꾸중할 때도 인격적으로 모욕해서는 안 된다.

목양하려는 부모는 자녀가 성경에 따라 인격적으로 행동하도록 영향을 주고 싶어 한다. 부모는 영향을 주고 조언을 주려 한다. 단순히 권위만으로는 영구적으로 가치 있는 것은 아무것도 성취할 수 없다. 부모는 조언과 영향을 함께 주어야 한다.

열여섯 살이 된 우리 아들이 어느 날 오후에 늦게 돌아왔다. 그날은 눈 때문에 학교가 쉬는 날이었다.

아들: "아빠, 옆집 애들이랑 한두 시간 썰매 타도 되요?"

아빠: "글쎄. 넌 몇 시간 동안 계속 나가 있었잖니? 마쳐야 할 숙제도 있을 텐데."

아들: "나중에 할 거예요. 숙제는 어두워져도 할 수 있지만 썰매는 어두우면 못 타잖아요."

아빠: "걱정이 돼서 그래. 벌써 몇 주전에 시작한 숙제가 아직도 끝나지 않아서, 그게 염려가 되는구나. 왜냐하면 넌 너무 자주 숙제를 안 한 채로 놔두는 것 같더구나. 넌 엄마나 내가 무엇을 하라고 할 때마다 아주 훌륭한 태도로 잘해왔어. 그런데 시간이 많이 걸리는, 그래서 시간에 신경 써야 하는 작업은 네가 좀 힘들어 하는 것 같아."

아들: "저는 너무 바빠요. 학교 끝나고 레슬링 연습하고 나면 시간이 없어요."

아빠: "그래. 네가 바쁜 줄 알아. 그렇지만 오늘은 노는 날인데도 숙제

에 손을 못 대고 있지 않니? 그것은 너에게 좋지 않다고 생각해. 나는 네가 오랜 시간이 걸리는 작업을 싫어하는 것을 극복하는 걸 보고 싶구나. 나는 그저 네가 염려가 돼서 그래."

아들: "아빠가 뭘 말씀하시려는지 잘 알아요. 그렇지만 썰매를 탄 다음에 그 일을 할 수 있다고 생각해요."

아빠: "그래, 해야 할 일은 네가 잘 알아서 할 거라 믿는다."

나는 잠시 후에 아론이 여전히 집에 있는 것을 알았다.

아빠: "너 썰매 타러 안 갔니?"

아들: "네, 먼저 숙제를 하기로 결정했어요."

그것이 전부였다. 큰소리도, 위협도, 마음 상한 말도 없이. 왜 아이는 집에 있기로 결심했을까? 아이는 우리가 나눈 대화를 다시 생각해보고 내 생각이 맞다고 판단했기 때문에 집에 있기로 결정한 것이다. 아이는 기꺼이 아버지의 영향력을 받아들이기로 한 것이다.

부모들이 십대 아이들에게 해야 할 것과 하지 말아야 할 것을 요구해야 할 때가 있다. 그러나 매일 요구하고 아이들에게 강요하는 경우라면 부모는 성경적 원리를 실행하지 않고 있는 것이다. 그 요구에 따라야 하는 아이들은 아마도 그런 요구들을 교묘하게 피해 어쨌든 자기가 원하는 것을 하고 말 것이다.

의문을 통한 목양

크리스천 가정에서 자란 자녀들이 삶 속에서 의심과 의문을 가질 때가 온다. 내면화하는 데는 자신의 믿음을 자각하는 것도 포함되어 있기 때문이다. 모든 십대들은 그리스도에 대한 믿음을 일정한 간격을 두고 점검하는 시간을 갖는다.

십대 자녀는 자신이 스스로 믿었거나 가족들에게 끌려오다시피 한 자신을 보게 된다. 그는 성경의 타당성에 대해 의심할 때도 있다. 믿음에 대한 중요한 진리를 더 잘 이해해야 하기 때문이다.

부모들은 아이들이 질문할 때 제대로 답하지 못해 두려울 때가 더러 있다. 그들은 "네가 하나님을 의심하다니 믿을 수 없다" "그냥 믿어" "그런 것들은 질문하지 않는 게 가장 좋아" 식으로 반응한다.

자녀들이 질문을 포기하지 않도록 격려하라. 모두가 그런 의문을 가질 필요는 없지만, 자신이 느끼는 의문을 해결할 필요는 있다. 크리스천의 믿음은 자세히 살펴보아도 허점 없이 아주 견고해야 하기 때문이다.

부모는 결코 어렵지 않은 문제에 답변을 해줘야 할 때도 있다. 공부해야 할 필요가 있을지도 모른다. 나는 성경적인 관점에서 아이들을 도와 이런 점을 볼 수 있도록 기본적인 물리학을 공부해야 했다. 아마도 부모는 자녀들이 책이나 다른 변증학적 자료를 찾을 수 있도록 도와주어야 할지도 모른다.

믿음에 관한 문제에 대해 부모 자신이 겪었던 경험을 말해줄 수도 있다. 인간과 우주에 관한 중요한 철학적인 의문에 비기독교적인 철학이 답을 줄 수 없다는 것을 아이들에게 가르쳐야 한다.

성경적인 믿음을 갖고, 세상의 사상을 이해하는 사람들과 관계를 가질 수 있도록 아이들에게 기회를 주어야 한다. 우리 자녀들과 공통의 관심을 갖고 있는 크리스천들과 가족이 함께 관계를 갖는 것은 아이들에게 매우 중요하다. 우리 아이들은 그들보다 훨씬 나이가 많은 크리스천들과 관계를 가짐으로써 삶이 더 풍성해졌다. 이러한 관계를 통해 우리의 가르침은 아이들에게 더 지지를 받을 수 있었고, 더 강력한 영향을 줄 수 있었다.

무엇보다도 중요한 것은 이 기간 동안 당황하지 않는 것이다. 자녀들과 같이 행동하며 전능하신 하나님께 그들을 의뢰하고, 그들의 구원과 훈련을 맡기라.

긍정적인 교류

부모는 십대 아이들과 긍정적인 관계를 유지해야 한다. 부모와 자녀의 상호 관계는 목회 차원의 목적을 가져야 한다. 아이의 삶에 적극적인 힘이 되어주라. 부모가 격려와 영감을 주는 원천이 되어야 함은 물론이다.

그러나 그것이 항상 쉽지만은 않다. 십대 아이들은 큰 실수를 저지를 가능성이 너무 많다. 자기 스스로 독립하려는 욕구와 실제 삶에 대한 그들의 이해와는 큰 차이가 있다. 이것이 바로 커다란 실수를 할 수 있는 잠재적인 부분이다. 부모는 초점을 잃기 쉽다.

어느 여름 우리 아들은 여름 아르바이트를 위해 우리 자동차를 사용했다. 어느 날 오후 아이는 뒤쪽 범퍼를 노끈으로 묶어 집으로 돌아왔다. 자연히 나는 궁금증이 생길 수밖에 없었다. 사건은 이랬다. 커브 길을 돌

때 연필이 굴러 차 바닥에 떨어졌다. 아이가 연필을 주워올리려고 밑으로 굽혔을 때 차가 길 옆의 보호대를 들이받아 그만 뒤쪽 범퍼가 떨어진 것이다.

우리는 그때 범퍼 부분은 멀쩡한 망가진 자동차가 있었는데 우리 아들은 그것으로 차를 고치겠다고 했다. 그날 밤 그는 망가진 범퍼를 떼어내긴 했지만, 다른 범퍼로 바꾸어놓을 시간은 없었다.

다음 날, 그는 좁은 길에서 차를 돌리다가 산 쪽으로 차를 후진시켰다. 만약 차 범퍼가 있었으면 손상은 그렇게 크지 않았을 것이다.

위에서 말한 것 같은 실수를 할 때 십대 아이들에게는 긍정적인 관계가 필요하다. 우리는 아이들을 향한 부모의 목표에 초점을 맞추어야 한다. 그들에게는 적극적이고 창조적인 부모가 필요하다. 부모는 자동차보다도 아이들이 훨씬 귀중하다고 생각하는 균형 감각을 가져야 한다.

책임감을 무시하라는 말이 아니다. 판단할 때 그들의 실수를 무시해버리라는 말이 아니다. 이런 실수들을 건설적으로 다루면 매우 중요한 교훈이 된다. 자녀와 부모와의 상호 관계가 희망과 격려로 가득 찬 것이어야 한다는 말이다. 이런 상호 관계는 하나의 큰 실수가 곧 더 배우고 발전할 기회가 된다.

부모는 파괴적인 언사로 아이를 호되게 꾸짖어서는 안 된다. "천하에 쓸데없는 못된 녀석"이라고 말한다면 아마 그들은 그런 부모의 말처럼 자랄 것이다.

선한 말은 교훈을 더한다고 잠언은 말한다. "마음이 지혜로운 자는 명철하다 일컬음을 받고 입이 선한 자는 남의 학식을 더하게 하느니라"(잠

16:21). 선한 말은 곧 교훈의 바퀴에 기름칠을 하는 것이다. 다음 구절은 이 교훈을 더 강조하고 있다. "선한 말은 꿀송이 같아서 마음에 달고 뼈에 양약이 되느니라"(잠 16:24).

많은 십대들이 부모의 교훈을 받아들이지 않는 것은 놀랄 일이 아니다. 그들은 오히려 거칠고 잔인한 부모의 말로 고통당하고 있다. 심지어 어떤 교훈은 아이의 영혼에 상처를 내고 메울 수 없는 거리감을 만들어 낸다.

"지혜로운 자의 마음은 그 입을 슬기롭게 하고 또 그 입술에 지식을 더하느니라"(잠 16:23).

자녀와의 모든 관계에서 부모의 초점은 아이가 하나님을 아는 데서 위로와 힘을 찾는 것에 있다.

십대들은 자주 실패한다. 그러므로 크리스천 부모는 아이를 십자가로 인도해 용서를 구하고 삶의 능력을 다시 찾게 하는 데 익숙해져야 한다. 부모가 실수에 대한 모든 변명들을 무시하고 그들을 십자가로 인도하지 않으면서 그들의 죄만 보도록 강요한다면 그것은 아이들을 크게 학대하는 것이다. 십대 크리스천들이 그렇게 빈약한 자아상을 갖고 있다는 것은 놀라운 일이 아니다. 그들은 죄의 문제를 다룰 때 잘못된 개념으로 죄를 보도록 배웠을 뿐, 그것을 어디로 가져가야 하는지에 대해서는 적절한 가르침을 받지 못했다.

부모는 경고할 때도 긍정적인 일격을 가해야 한다. 히브리서에서 좋은 예를 찾을 수 있다. 히브리서 6장은 매우 단호한 경고의 말을 덧붙인다. "사랑하는 자들아 우리가 이같이 말하나 너희에게는 이보다 더 좋은

…을 확신하노라"(히 6:9).

성인 관계를 개발하라

부모와 십대 자녀의 관계에 대한 좋은 비유는 어른들 상호간의 관계다. 부모와 십대 자녀의 관계와 평행을 이루는 몇 가지 요소는 어른들의 관계에도 있다. 이 말은 아이들이 부모의 감독에서 벗어나도 좋다는 뜻이 아니라, 성년기로 돌입하는 아이들에게 부모가 특히 민감할 필요가 있다는 말이다.

이러한 견지에서 자녀와의 관계를 생각해보라. 당신은 성인 친구와의 관계를 든든하게 지켜가기 위해 어떻게 그 우정을 돈독히 하겠는가? 어른들 간의 관계에서 '해야 할 것'과 '하지 말아야 할 것'은 무엇인가?

적절한 시간을 기다리라

보통 친구 관계에서 친구의 생각이 틀렸거나 그가 지혜롭지 못한 일을 했을 때 우리는 절대로 성급하게 결론을 내리지 않는다. 그의 생명이 위험하지 않는 한 우리는 그의 행동이나 말에 대해 순식간에 그를 다그쳐 세우지 않는다. 때를 기다리고 적당한 순간을 기다린다. 십대 자녀들에게도 그에 못지 않은 신중함이 요구된다.

나는 십대 자녀를 둔 부모들과 함께하면서 그들이 자녀들의 모든 작은 잘못에 대해 질책하는 것을 들을 때 매우 당황하곤 한다. 아이들이 부모에게 거슬리는 일을 할 때마다 아이들을 꾸짖을 성경적인 의무는 없다. 부모는 십대 자녀들이 태도와 스타일을 다르게 하는 것에 대해 더 여유를 갖고 이해하며, 도덕과 윤리적인 잘못을 고쳐주어야 한다.

어떤 문제에 대해 자녀에게 말을 해야겠다고 결정한다면 부모는 적절한 시간을 살펴야 한다. 만약 토론해야 할 중요한 문제가 있다면, 원활한 대화를 위해 함께 산보를 하거나 조깅을 하는 것은 어떤가? 드라이브를 하면서 방해받지 않는 시간을 마련하는 것도 도움이 된다.

아이들에게 민감하도록 부모 자신을 개발하라. 어떤 때 아이들은 매우 말이 많다. 또 어떤 때 그들은 뒷전에서 말이 없다. 아이들이 부모 곁에 있을 때 그들과 친해지도록 준비해야 한다. 그렇게 하는 것이 부모에게 불편할 수도 있지만 아이들과의 관계에서는 매우 중요하다.

폭넓은 주제를 다루라

성인 친구와의 관계에서 우리는 신경에 거슬리는 작은 문제 때문에 친구의 흠을 잡지는 않는다. 그보다는 그것을 지적하기 위해 넓은 주제를 찾아본다. 우리는 반응의 패턴을 이해하려고 하면서 그것을 주제로 대화를 나눈다.

앞에서 예를 든 아들에게 말했던 주제는 장기적인 일들을 염두에 둔 것이었다. 아이가 해야 할 과제는 그 외의 다른 것들을 대표한 예였다. 그 것이 내가 지적한 이유이고, 또 그 아이가 반응을 보인 이유였다. 내가 말한 것은 그 아이에게 아마 메아리가 되었을 것이다. 내가 그것에 대해 주의를 환기시킬 때 그는 자기 안에 형성된 패턴을 보았기 때문에 그 문제와 자신을 연관짓게 되었다. 그것과 싸울 필요가 없었다. 그는 나의 분노나 반대에 부딪히지 않았기 때문에 나의 지시에 응답하는 것은 그 외의 다른 일에 비해 쉬웠던 것이다.

의견 차이를 인정하라

같은 성인의 관계에서 서로 의견이 달라도 친구로 남아 있을 수 있다. 자녀와의 관계에서도 마찬가지다. 아이들이 부모를 존경하기 위해 부모의 모든 것에 대해 동의할 필요는 없다.

어떤 때 부모들은 성경적인 것과 그들 개인의 기호를 구별하지 못한다. 옷, 머리 스타일 등등에 대해 고지식한 사람들은 동의하지 않을 수 있다. 한편으로는 고삐를 잡아당겨 십대 아이들에게 명확한 지시를 주어야 할 또 다른 영역이 있다. 중요하지 않은 것에 부모로서 영향력을 미치려고 하지 말라. 때때로 아이들은 좀 너무하다 싶은 옷을 입을 수도 있다. 걱정하지 말라. 사람들은 곧 잊어버릴 것이고, 그들이 망설이며 한번 해보고 싶던 일들을 하고나면 곧 안정될 것이다. 거룩해지기 위해 아이들이 부모 자신과 똑같은 복사판이 될 필요는 없다!

내면화를 넘어서

내면화 과정은 끝이 아니다. 그것은 자녀가 미래의 발전을 위한 길로 나아가도록 문을 여는 것이다. 자녀들이 하나님 아래서 자율적인 인격체로서 자신의 위치를 찾는 것이 목표라는 사실을 기억하라. 그것은 다음 사항들을 포함한다.

1. 크리스천의 마음을 개발하기. 우리 자녀들은 크리스천답게 생각할

능력을 개발할 필요가 있다. 그들은 어떠한 사고나 주제의 영역도 성경적인 비판으로 분석할 수 있도록 배워야 한다.

우리 딸아이 헤더는 연구 논문을 써야 했는데, 논문 주제는 어린이 학대였다. 헤더는 크리스천의 시각을 반영하는 자료를 선택했다. 논문을 다 썼을 때 헤더는 우리의 의견을 물어왔다. 우리는 딸아이의 결론이 크리스천의 믿음이 궁극적인 치료의 원천이 된다는 것을 반영하는 문제와 해결책에 대한 크리스천의 비평이었던 것에 마음이 흡족하고 기뻤다.

2. 어른과의 관계를 개발하기. 여기에는 두 가지 요소가 있다. 첫째, 교회와 지역 사회 안의 어른들과 좋은 관계를 맺는 것, 둘째, 그들의 동료 친구들과 건설적인 친구 관계를 개발하는 것이다.

3. 하나님의 일을 하는 그들 고유의 영역을 발견하고 개발하기. 이것은 어떻게 하나님이 자기 백성을 위해 자신들을 준비시켰는지 이해하는 것을 포함한다. 이것은 또한 다른 사람들과 더욱 깊은 상호 관계를 가지는 것을 수반하며, 하나님의 사람들과 마음으로 함께 일하는 것을 확립하게 한다. 부모는 이 일을 가능케 할 수 없다. 단지 그 과정을 목양하기를 바랄 뿐이다.

4. 그들 자신을 부양하고, 또 도움이 필요한 사람들과 서로 나누라는 하나님의 명령과 문화적으로 요구되는 것을 성취하는 직업을 선택하기. 여기서 부모의 역할은 자녀의 강점과 약점을 그들 스스로가 잘 이해하도록 돕는 것이다. 아이들이 어떤 사람이 되기를 바라는 부모의 욕망을 억제하라. 그들이 되고 싶은 사람으로 성공할 수 있

도록 자녀 스스로가 결정할 수 있게 도우라.

5. 사회의 일원으로 또한 그리스도 교회의 한 부분으로 아이들 자신의 가정과 가족에 대한 정체감을 설정하기. 그들의 새로운 가족 관계를 성실하게 유지하도록 도우라. 그들을 기대하면서 경건하고 현명하게 행하라. 전에 부모와 가졌던 관계에 집착하며 그것을 고수하지 말라. 그들이 하나님 앞에서 가정과 가족을 세우려면 그들과 부모와의 관계는 변화되어야 한다. 부모와 자녀의 관계는 일시적이지만 부부 관계는 영원하다는 것을 기억하라. "이러므로 남자가 부모를 떠나(일시적인 관계) 그 아내와 연합하여 둘이 한 몸을 이룰지로다(영구적인 관계)"(창 2:24).

6. 부모와 성숙한 관계를 개발하기. 이것은 상호 의존의 관계를 말하며, 하나님의 섭리가 허용하는 대로 하나님의 일에 동참하는 것이다.

하나님께 그들을 의탁하라

드디어 자녀 양육이라는 임무의 종착지에 다다랐다. 부모는 더 이상 양치는 목자가 아니다. 그런 면에서 부모의 관계는 완성되었다. 그들이 결혼을 하든지 사회적 성인으로서 자리를 잡든지 그것은 엄연한 현실이다. 하나님은 양육하는 일을 부모에게 일시적인 임무로 주셨다.

결국 부모는 아이를 하나님께 맡겨야 한다. 아이들이 어떻게 자랄 것인지는 부모가 모양을 만드는 영향을 어떻게 형성하는가에 의해서라기보다는 하나님을 향한 그들의 헌신의 본질에 따라 크게 좌우된다. 궁극적으로 부모에게 그렇게 큰 자비를 베푸시는 하나님께 아이들을 맡길 수 있다는 것을 기억하면서 하나님께 그들을 맡기라.

자녀 양육
체크 리스트

1. 부모와 자녀와의 관계가 어렵게 된 경우, 이해와 상처의 회복을 위해 무슨 일을 할 수 있는가?

2. 당신은 십대 자녀에게 성경적인 영향을 주기 위해 온유한 꾸지람과 상냥한 말을 사용하고 있는가?

3. 십대 자녀가 믿음에 대해 의심하고 혼란스러워할 때 어떻게 목양해야 하는가?

4. 당신이 십대 자녀와 함께 다뤄야 할 것을 말하기에 좋은 시간은 언제인가? 대화와 행동을 같이 하면서 마음을 열거나 수용하는 것을 언제 찾아볼 수 있는가?

5. 당신은 의식적으로 자녀들이 언젠가 떠나도록 키우고 있는가? 목양에 대한 당신의 비전은 성인 자녀들과의 상호 관계로 발전될 수 있는가?

어떤 일이든지 그 근본을 이해하고 그와 관계된 문제를 올바로 파악한다면 그 문제에 대한 해결책을 찾는 것은 아주 쉬워지고 문제는 올바로 해결될 수 있을 것입니다. 요즘처럼 고도로 기술이 발달된 복잡한 시대라 할지라도 그 노하우(Know-how)를 알고 이해하며 적용한다면, 어떤 어려움이라도 그것을 극복하는 길에 쉽게 접근할 수 있을 것입니다. 반면에 당면한 문제의 근본을 깨닫지 못하고 문제가 무엇인지조차 파악하지 못한다면 어떻게 그 문제의 실마리를 찾을 수 있겠습니까?

자녀 교육! 모든 사람이 똑같은 말을 하겠지만, 이 어디 쉬운 말입니까? 사람으로서 자녀 교육을 올바로 하는 것이 무엇인지 감히 정의조차 제대로 할 수 있겠습니까? 상대적인 윤리가 난무하는 이 시대에 자녀 교육이 중요한지는 알면서도 그 근본이 무엇인지 정말로 이해하기 힘든 시대가 되었습니다.

이런 시대를 사는 우리에게 「마음을 다루면 자녀의 미래가 달라진다」는 자녀 교육이 무엇인지 그 근본을 정확히 지적하고, 그 해결책이 무엇인지를 알려주는 책입니다. 자녀 교육의 이해는 부모 자신의 위치와 자녀의 위치를 얼마만큼 잘 이해하고 있는가와 관계가 있음이 틀림없습니다. 부모나 자녀나 하나님이 만드신 피조물일진대 하나님의 방법대로 자녀 교육을 하는 것만이 올바른 길이요 절대적인 길입니다. 이 책은 이 길에 대해서 눈을 뜨게 하고, 하나님의 방법이 어떤 것인지를 자세히 밝혀주고 있습니다. 특히 사람의 행동이 마음으로부터 나온다(막 7:21)는 말은 우리에게 많은 것을 깨닫게 해줍니다. 그러므로 행동의 근본이 되는 자녀의 마음을 목양하는 것은 부모가 마땅히 해야 할 일입니다.

이 책을 번역하면서 자녀 교육에 관해 많은 것을 깨닫고 또 사람의 근본 위치도 다시 깊이 생각해볼 수 있었습니다. 또 잘못해왔던 자녀 교육을 바로잡아가면서 참으로 우리에게 필요한 책을 하나님이 쓰게 하셨구나 하고 감사하게 되었습니다. 아무쪼록 이 책을 읽는 독자들이 성경적인 자녀 교육이 어떤 것인지를 이해하고 실행하면서 가정에 큰 기쁨이 깃들고, 또 하나님께 큰 영광 돌리는 귀한 가정으로 만들어가시기를 원합니다.

이 책의 번역을 허락해주신 테드 트립 박사님과 출판에 관한 일을 도와주신 이재학 목사님께 감사드립니다. 또한 타이핑을 도와준 유대선 씨와 이주용 씨, 또 많은 격려를 해주신 저의 모친과 남홍, 남찬 그리고 존 김 선생님 그리고 항상 많은 도움을 주시는 마이클 김 박사님과 신수희 박사님께 감사드립니다.

역자

자녀의 마음에 주어야 할 가장 중요한 3가지
내 아이에게 주고 싶은 최고의 선물

자녀의 마음에는 부모가 채워주어야 할 근본적인 세 가지 필요가 있다. 바로 수용, 애정, 지지다. 성공적인 자녀 양육은 부모가 이미 소유하고 있는 것, 즉 수용, 애정, 지지에 대한 자녀의 마음의 부르짖음에 응답하는 능력을 요구한다. 이 능력을 행사함으로 부모는 사랑받고 있다는 것을 느끼며 다른 사람들을 사랑할 수 있는 자녀들, 인생에 대한 열정을 가지고 있는 자녀들 그리고 우리 세상에 큰 공헌을 할 수 있는 자녀들로 키울 수 있다.

프레드 A. 하틀리 3세 지음 | 오현주 옮김 | 244쪽 | 8,500원

우리 아이는 왜 이럴까?
행동 유형으로 풀어보는 자녀 양육 실마리

이 책은 DISC 행동 유형의 이해를 통해 자녀가 자라감에 따라 자녀의 독특한 장점을 발견하고 북돋아주도록 부모에게 유익한 도구를 제공해주고 있다. 우리의 자녀들과 가족들에 대해 알게 되었을 때 우리는 이제 더 이상 아내나 남편, 자녀, 부모 그 밖의 다른 사람들을 똑같이 대하지 않거나 적어도 그들이 모두 똑같다고 생각하지 않게 될 것이다.

찰스 F. 보이드 지음 | 김영회·허흔 옮김 | 327쪽 | 9,500원

그리스도인 가족의 경건 훈련
풍성한 영적 유산을 물려줄 실제적인 아이디어

이 책은 자녀 양육에 대해 일관되고 창의적이며 사랑으로 가득 찬 태도로 접근한다. 네 자녀의 부모이자 열여덟 명의 손주를 둔 할아버지, 할머니인 저자 부부는 경건한 가족을 만들기 위한 그리고 그 과정에서 즐거움을 만끽하게 해주는 간단하고 실제적인 아이디어와 풍부한 경험을 갖고 있다. 성경을 바탕으로 한 그들의 경험은 경건하고 따뜻한 가정을 세우는 데 큰 도움을 줄 것이다.

켄트&바바라 휴즈 지음 | 김현회 옮김 | 285쪽 | 10,000원

자녀 양육을 위한 행복 플러스
부모인 당신, 지치고 낙심한 가운데 있는가?

부모인 당신, 지치고 낙심한 가운데 있는가? 끝없는 질문에 대답하고, 운전수 노릇을 하며, 누군가의 필요에 부응하느라 하루 종일을 허비하고 있는 것 같은가? 마치 브레이크가 고장난 화물 열차처럼 질주하면서 하루를 보내고 있는가? 이 책에서 제시하는 일곱 가지 제안들은 '일상의 공포'에 지쳐버린 부모의 삶에서 돌아서서 평안과 안식이 있는 보다 충만한 삶으로 향하게 해줄 것이다.

제임스 답슨 지음 | 박혜경 옮김 | 157쪽 | 7,500원

성경적인 자녀 양육의 디딤돌

마음을 다루면 자녀의 미래가 달라진다

1쇄 발행   1998년 11월 5일
개정 3쇄 발행 2011년 5월 30일

지은이   테드 트립
옮긴이   조경애 · 조남민
펴낸곳   주)도서출판 디모데 〈파이디온 선교회 출판 사역 기관〉

등록   2005년 6월 16일 제 319 - 2005 - 24호
주소   서울 강남구 개포동 1164-21
전화   마케팅실 070) 4018-4141
팩스   마케팅실 02) 6919-2384
홈페이지   www.timothybook.com

값 10,000원
ISBN 978-89-388-1394-7
Copyright ⓒ 주) 도서출판 디모데 1998, 2009 〈Printed in Korea〉